丸山英二
Eiji Maruyama

入門アメリカ法
第4版

An Introduction to the Law of the United States

弘文堂

第 4 版はしがき

　筆者は 2017 年 3 月に神戸大学を定年退職した．同 4 月からは 2 年の任期で慶應義塾大学大学院健康マネジメント研究科に所属し，医学研究の研究倫理教育教材の開発に携わった．その間，本来の職務である医学研究の法的・生命倫理的ガバナンスのみならず，臓器移植，出生前診断，インフォームド・コンセントなどこれまでの医事法研究を継続することができた．

　反面，もう一つの研究分野である英米法研究は医事法に関わるところを除いて手つかずで，文献のフォローも十分でなかった．そのような状況であったところ，神戸大学における後任の英米法担当者が長期在外研究に従事される間，2019 年秋学期において学部の英米法，2020 年春学期において法科大学院のアメリカ法の非常勤講師を務めることになった．

　英米法関係の文献は基本的なものを除いて，神戸大学を退職する際に処分しており一時はどうなることかと思ったが，新刊書の購入の他，図書館に戻した図書や Westlaw などのデータベースが利用でき，また，古い資料の多くがネット公開されていることのおかげで，学部講義は何とか終えることができた．その過程において，講義の対象となる法は止むことなく変化しており，それを教科書に反映させる必要も痛感した．

　図らずも第 3 版が品切れとなり弘文堂編集部の北川陽子さんに相談したところ，第 4 版刊行の機会を与えて頂いた．今回の改訂は，法令や判例の変更を反映させるためのものが大半だが，その作業においても新たな発見があり，楽しさもあった．なお，刊行後の追加情報や補訂は，従前通り，本書を用いた講義の配付資料とともに筆者のウェブサイト「医と法のホームページ」(http://www2.kobe-u.ac.jp/~emaruyam/) で示す予定である．

　最後に，今回もお世話になった北川さん，そして公私にわたり筆者を支えて下さった方々に感謝を申し上げてはしがきに代えることにしたい．

　　　令和 2 年 2 月

　　　　　　　　　　　　　　　　　　　　　　　　　　　　　丸山　英二

第3版はしがき

　第2版を刊行してから4年が経過した．その間，連邦民事訴訟規則が改正され，連邦最高裁から合衆国憲法第2修正の武器を保有する権利の保障が州にも適用されることを示した McDonald v. City of Chicago, 130 S. Ct. 3020（2010）判決や対人管轄権に関する新たな判断を示した J. McIntyre Machinery, Ltd. v. Nicastro, 131 S. Ct. 2780（2011）判決が出され，また，裁判地に関する連邦の法律が改正された．第3版では，これらの動きを織り込み，併せて，専占および dormant commerce clause に関する記述を改めるとともに，契約法をカバーする第5章においてこれまで欠けていた意思の不存在・意思表示の瑕疵の説明を追加した．加えて，情報の更新や事例の追加など，若干の加筆を行っている．より規模の大きな改訂をなしえなかったのは忸怩たる限りであるが，止むところのないアメリカ法の変貌を取り込んだものとして本版を上梓することにしたい．

　その他の改訂の方針は，第2版はしがきに記したところに大きな変化はない．刊行後気づいた間違いの補正などについてホームページ上での提供を予定している点も同様である．

　今回も，弘文堂編集部の北川陽子さんにお世話になった．厚くお礼を申し上げたい．

　　　平成25年2月3日

　　　　　　　　　　　　　　　　　　　　　　　　　　丸山　英二

第 2 版はしがき

　第 2 版の上梓にあたり，初版刊行後20年近くになるまで（細部の補正を除いて）版を改めなかったことを，まずお詫びしたい．初版を出して何年かが経過し，改訂すべき時になりながら，筆者が専攻するもう一つの分野である医療・医学に関わる法的・生命倫理的問題の研究に没頭して，地道に本書の改訂を進めることができなくなり，今日に至ってしまった．本書を読んでくださった方々，とくに，教科書として本書を指定されて読まざるを得なかった学生の皆さんに深くお詫び申し上げる．
　改訂の方針として，全面的な書き直しを考えたこともあるが，種々の制約から，初版をベースに新しい情報を盛り込むという線にとどまらざるを得なかった．具体的にいくつか書いておきたい．
　第 1 に，本書は当初から，講義用テキストとして，教室での講義と一体となってアメリカ法の基礎的知識を提供するものとなるよう執筆した．したがって，本書を読むだけでは情報が十分に分かりやすいかたちで得られないという憾みがあった．本来であれば，アメリカのケースブックに用意されているティーチャーズ・マニュアルのようなものを作成すればよいのであるが，怠惰な筆者にそれは難しかった．しかし，近年の情報化社会の進展のおかげで，インターネットによる情報提供が容易になり，筆者も，講義で配布した資料（著作権の点で問題のないもの）を自分のホームページに掲出するようになっている．そこで，そのアドレスを，このはしがきの末尾に示すことによって，筆者の講義の一端を示し，本書の叙述を補うことにしたい．それとともに，より新しい情報が得られたときや間違いに気づいたときの追加情報の提供も，ホームページによって行いたいと思っている．
　第 2 に，「初版をベースに新しい情報を盛り込む」作業のあり方について一つお断りをしておきたい．法律学の学習においては，判例など過去に作成された資料を読む作業の占める割合が大きい．本書は，アメリカ法について，そのような資料を読む際の助けとなるように書かれたところが大きい．ところで，資料は，作成当時の制度を前提として作られる．したがって，過去の資料を読む助けとなるためには，アメリカ法に関わる連邦制度なり訴訟手続なりに関して，現在の制度について説明するだけでは足らず，すでに廃止されている過去の制度についても

ある程度の説明を施すことが必要になる．今回,「新しい情報を盛り込む」際に初版の記述を残したところが少なくないのはそのような考慮からである．ご了解をお願いしたい．

　第3に，今回の改訂においては，契約法を取り扱う第Ⅴ章については，大きな加筆は行わなかった．契約法の分野において，初版以降に見られた大きな動きに，2003年の統一商事法典第2編の改訂がある．この改訂は，第2編を全面的に見直す大規模なものであるが，すでに半数ほどの州で採択された2001年の第1編の改訂と対照的に，これまでにそれを採択した州はなく，今後も採択の見通しは明るくないといわれている．無論，新たな判決の取り込みなど加筆の必要性は小さくないが，今回は早期刊行を優先して，第Ⅴ章の大がかりな加筆は次回を期すことにした．お詫び申し上げるとともに，ご了解をお願いしたい．

　第2版の校正については，関西学院大学法学部の木村仁さんと沖縄国際大学法学部の舩越優子さんの手を煩わせた．また，弘文堂編集部の北川陽子さんには辛抱強くかつ厳しくお世話いただいた．お名前を掲げるのを控えるが，これまでお世話になったり迷惑をかけたりした多くの方々とともに，深く感謝し，心からのお礼を申し上げたい．

　　　平成21年2月3日

　　　　　　　　　　　　　　　　　　　　　　　　　　　丸山　英二

●**第2版2刷の刊行に際して**（2011年1月）

　2009年3月の連邦民訴規則改正や2010年6月のMcDonald v. City of Chicago判決などを織り込むとともに，不正確・不適切な記述を改めた．

初版はしがき

　本書は，わたくしのアメリカ法の授業のための講義案をまとめたものである．カバーする範囲は，アメリカ法の特徴の概略と民事手続および契約法の主要部分である．

　自らの菲才も顧みず，このような本の刊行を考えたのは，アメリカの契約法と民事手続に重点を置いたコンパクトな教科書がほとんど存在していないためである．より大きな体系書や，より本格的な研究書は，優れたものが多く刊行されており，後に触れるように，本書もその恩恵を大きく蒙っている．しかし，それらを講義のための教材として指定することは，1，2冊では済まないこともあって，わたくしにはためらわれることであった．アメリカ法の特徴，民事手続，契約法について，わが国あるいはアメリカにおける標準的知識を簡潔に提示すること，これが本書の刊行の意図であり，独創性は本書のねらうところではない．

　本書の意図はそのようにささやかなものであり，またその拙なさや中途半端なところは否めないのであるが，アメリカの民事手続や契約法について書かれた概説書がわが国には少ないことを考えると，本書のようなものでも，あるいは一般的に役に立つことがあるかもしれない．ことに，民事手続については，簡単な概説書がほとんどないといってもよい状態であるので，講義案には不必要とは思ったが，主要な法律・規則の条文数を引いておいた．

　執筆においては，各章の冒頭や脚注において掲げた文献をはじめとして，多くの文献を参照させていただいた．先学の学恩に深く感謝する次第である．

　とくに，本書の前半3分の1を占めるⅠ章〜Ⅲ章，なかでもⅡ章については，その内容・構成において田中英夫先生のご研究に大きく依拠している（もっとも，個々的には，概ねのところでは田中先生のご見解に沿いながらも，新たな法制度の変更を書き加えたことは別にしても，視点や具体的な説明において異なっているところが，細かいところも含めるとかなりある）．本書の稚拙さを思うとき，このような依拠は，先生にご迷惑であり，かつ失礼なものであると恐れるが，先生のご著作を出発点として，あるいは軸として英米の法制度やアメリカ法の歴史を学んできた者にとって，上記のような意図のもとに本書を書こうとするとき，それを避けることは不可能であった．先生および読者のご海容を切にお願いする次第である．

また，本書全体の構想については，恩師早川武夫先生の英米私法の授業から学んだところが少なくない．さらに，助手時代に東京大学で学ぶ機会を持つことができたのは伊藤正己先生のご厚意によるものであった．

　このような拙ない本書のはしがきにお名前を挙げさせていただくことはご迷惑になるのではないかと懸念されるが，わたくしの英米法研究を導いてくださり，公私ともお世話になった上記の三先生に衷心からの感謝を申し上げることをお許しいただきたい．

　樋口範雄教授は本書の校正刷りを読み，貴重な助言をしてくださった．また，何回かの挫折にもかかわらず，何とか本書が日の目を見ることができるようになったのは，弘文堂編集部丸山邦正氏のお蔭である．さらに，お名前を掲げることは控えるが，本書の執筆のために，多くの人にご迷惑をかけ，またお世話になった．ここに心からのお礼とお詫びを申し上げたい．

　顧みれば，自らの未熟さを痛感させられるばかりの本書執筆であった．次の機会があればもう少しよいものを，と思うが，それまでに，非力ではあるが，今少し研究を深める努力を積み重ねたいと思う．

　　平成2年3月

　　　　　　　　　　　　　　　　　　　　　　　　　　　　丸山　英二

目　　次

I．英米法概観　*1*

1．英米法・英米法系 …………………………………………………… *1*
　　(1)　英米法・英米法系とは（*1*）
　　(2)　英米法系に属する地域（*2*）
　　(3)　英米法と大陸法（*2*）

2．英米法ないしアメリカ法の特徴 ………………………………… *3*
　　(1)　歴史的連続性（*3*）
　　(2)　判例法主義（*4*）
　　(3)　陪審制度（*8*）
　　(4)　アメリカの連邦制（*10*）

II．アメリカ法の形成──その歴史的過程　*12*

1．植民地時代 …………………………………………………………… *12*
　　(1)　イギリス人による植民（*12*）
　　(2)　イギリス法の継受──コモン・ローの原則（*14*）
　　(3)　イギリス法の継受──実際の過程（*15*）

2．本国との抗争 ………………………………………………………… *16*
　　(1)　重商主義植民政策（*16*）
　　(2)　重商主義的政策の厳格な実施と植民地人の反発（*17*）

3．アメリカ独立戦争 …………………………………………………… *19*
　　(1)　第1回大陸会議（*19*）
　　(2)　開戦と第2回大陸会議（*20*）
　　(3)　独立宣言（*20*）

4．13邦の成立とアメリカ連合 ………………………………………… *21*
　　(1)　邦の憲法の制定（*21*）
　　(2)　連合規約の採択・批准（*22*）

        (3) 連合規約の内容 *(22)*
        (4) 連合の危機 *(23)*
    5. 合衆国憲法の制定 ……………………………………………*24*
        (1) 合衆国憲法の制定に向けて *(24)*
        (2) 合衆国憲法の内容 *(25)*
        (3) 合衆国憲法の成立と権利章典の追加 *(26)*
    6. 新生合衆国の裁判所と法 ………………………………………*28*
        (1) 連邦裁判所制度の成立 *(28)*
        (2) 違憲立法審査権の確立 *(29)*
        (3) アメリカ法の形成 *(33)*
    7. 法典編纂運動 ………………………………………………*37*
        (1) 法典編纂運動とその背景 *(37)*
        (2) ニュー・ヨーク州における法典編纂 *(38)*

Ⅲ. 連邦制のもとでのアメリカ法　*41*
    1. 立法権 …………………………………………………………*41*
        (1) 連邦の立法権 *(41)*
        (2) 州の立法権 *(48)*
    2. 裁判所・裁判権 ……………………………………………*53*
        (1) 連　邦 *(53)*
        (2) 州 *(57)*
    3. 法 ………………………………………………………………*63*
        (1) 州裁判所における適用法 *(63)*
        (2) 連邦裁判所における適用法 *(64)*
        (3) 法の統一 *(65)*

Ⅳ. アメリカの民事訴訟手続　*69*
    1. アメリカの訴訟手続の特徴 ……………………………………*69*
        (1) 対審的性格 *(69)*
        (2) 陪審制度の存在 *(70)*
    2. アメリカ民事訴訟法の法源 ………………………………………*70*

3．民事訴訟の過程……………………………………………………71
    (1)　裁判地（*71*）
    (2)　訴訟の開始——召喚状の送達（*71*）
    (3)　訴　答（*74*）
    (4)　略式判決の申立て（*77*）
    (5)　開示手続（*79*）
    (6)　事実審理前協議（*88*）
    (7)　事実審理（*88*）
    (8)　裁判官による事実審理の場合（*97*）
    (9)　事実審理・判決後になされる申立て（*97*）
    (10)　上　訴（*98*）
    (11)　判決の強制執行（*101*）
    (12)　判決の効力（*101*）

Ⅴ．アメリカ契約法　　103
1．概　説……………………………………………………104
    (1)　契約の定義（*104*）
    (2)　契約の種類（*106*）
2．申込と承諾——契約の成立………………………………110
    (1)　申　込（*110*）
    (2)　承　諾（*118*）
    (3)　明確性の要件（*127*）
3．約　因……………………………………………………130
    (1)　約因の定義（*130*）
    (2)　約因の提供者・受領者（*131*）
    (3)　約因を欠く約束（*132*）
    (4)　約因の相当性（*136*）
    (5)　既存義務の原則と契約の変更（*137*）
    (6)　Pinnel's Case の原則ないし Foakes v. Beer の原則（*140*）
    (7)　和解契約と約因（*140*）
    (8)　約束的禁反言の法理（*142*）

4. 意思の不存在・意思表示の瑕疵 ………………………………… 150
  - (1) 能　力（*150*）
  - (2) 錯　誤（*151*）
  - (3) 不実表示（*154*）
  - (4) 強迫・不当威圧（*155*）
  - (5) 非良心性（*158*）

5. 口頭証拠法則 ………………………………………………………… 163
  - (1) 概　説（*163*）
  - (2) 口頭証拠法則の内容（*164*）
  - (3) 付随契約の原則（*167*）
  - (4) 具体的事例（*168*）
  - (5) 口頭証拠法則によって排除されない証拠（*169*）
  - (6) 契約書の訂正と口頭証拠法則（*172*）

6. 債務の履行・不履行 ………………………………………………… 174
  - (1) 双務契約における両当事者の債務の牽連関係（*174*）
  - (2) 実質的履行の法理（*175*）
  - (3) 契約違反を理由とする契約の解除と損害賠償（*177*）
  - (4) 履行期到来前の履行拒絶（Anticipatory Repudiation）（*180*）
  - (5) 反対債務の履行の保証（*183*）
  - (6) 債務者に責なき履行不能・目的達成不能（*185*）

7. 救済方法 ……………………………………………………………… 192
  - (1) 概　説（*192*）
  - (2) エクイティ上の救済方法（*194*）
  - (3) コモン・ロー上の救済方法──損害賠償（*199*）

索　引──和文事項索引／欧文事項・人名索引／判例索引 ……………… *211*

I. 英米法概観

　本章では，アメリカ法，あるいはアメリカ法を包摂する英米法ないし英米法系について概説したいと思う．

　アメリカ法ないしそれを含む英米法の概説書・参考図書として，以下のようなものがある．本章の叙述はこれら（およびその旧版），とくに1に依拠するところが大きい．
1. 田中英夫『英米法総論上下』（東京大学出版会，1980）．
2. 伊藤正己=木下毅『アメリカ法入門』（日本評論社，第5版，2012）．
3. 望月礼二郎『英米法〔新版〕（現代法律学全集55）』（青林書院，1997）．
4. 樋口範雄『はじめてのアメリカ法』（有斐閣，補訂版，2013）．
5. 別冊ジュリスト213『アメリカ法判例百選』（有斐閣，2012）．
6. 田中英夫編集代表『英米法辞典』（東京大学出版会，1991）．
7. 田中英夫編集代表『BASIC 英米法辞典』（東京大学出版会，1993）．
8. 小山貞夫編『英米法律語辞典』（研究社，2011）．

1. 英米法・英米法系

(1) 英米法・英米法系とは

　一般に英米法（Anglo-American law; common law）とは，イギリス法，およびイギリス法を継受した国々の法（その中でとくにアメリカ法）の総称である．このような意味での英米法は，共通の特徴によってまとめられた多数の法体系を含むものであり，厳密には英米法系というべきものである．英米法・英米法系に対比されるのは，ドイツ法，フランス法，スイス法などの総称である大陸法・大陸法系（continental law; civil law）である．

(2) **英米法系に属する地域**

① 連合王国のうち England, Wales, Northern Ireland（Scotland は大陸法系に属する）
② アメリカ合衆国（Louisiana 州を除く）
③ カナダ（Quebec 州を除く）
④ オーストラリア
⑤ ニュー・ジーランド
⑥ インド

（上記の国々は，かつて大英帝国の領土であった国々であるが，そのような国であっても大陸法系に属するものもある（例：スリランカ，南アフリカ共和国——オランダ古法（Roman-Dutch law）を基礎とする法；スコットランド）．II 1 (2) 後掲参照）

(3) **英米法と大陸法**

英米法（系）と大陸法（系）という区分をするとき，両者の間のもっとも基本的な違いは，ローマ法の影響の大小ということである．すなわち，大陸法はローマ法の影響を強く受けているのに対して，英米法に対するローマ法の影響ははるかに弱い．ドイツ，フランス，スイスなどの大陸法系諸国においては，主として18～19世紀に（14～15世紀から継受が始まっていた）近代化されたローマ法を基礎とする法典の編纂が行われ，そのためにローマ法継受以前の固有法との断絶現象が見られるが，イギリス法はそのような法典編纂による過去との断絶を経験しておらず，そのため英米法には現在までゲルマン的伝統が強く残っているのである（たとえば，陪審制度や法の支配）．また，このようなローマ法を基礎とする法典編纂の有無が，大陸法においては第一次的法源が制定法である（制定法主義）のに対して，英米法においては判例法である（判例法主義）という違いをもたらしたともいえるのである．

【参考——法治主義と法の支配】

ドイツなどで認められている法治主義というのは，行政，そして司法は，議会によって（あるいは，少なくとも議会の参与によって）制定された法律によってなされなければならない，とする主義をいう．これに対して，法の

支配の理念は、「国王といえども神と法の下にある」という Bracton（13世紀のイギリスの法律家）の言葉によって表される中世ゲルマン的思想に由来するもので、何人も通常裁判所の運用する法以外のものには支配されず、王権（行政権）もそのような法の制約を免れない、とする。法の支配の理念は、その本国イギリスでは、1688年の名誉革命（Glorious Revolution）および翌1689年の権利の章典（Bill of Rights）以降、国会主権の原理となったが、アメリカでは、より一層の発展を見せ、司法権の優越の原理、すなわち議会制定法や行政府の行為に対してその合憲性を審査する裁判所の権限の承認に至った。わが国の裁判所、とくに最高裁判所の違憲立法審査権も、このような法の支配の理念に由来するものである[1]。

2. 英米法ないしアメリカ法の特徴

(1) 歴史的連続性

上でも指摘したように、英米法においては、法典編纂による従前の法との断絶がなく、そのため法の歴史的連続性は強く保たれている。それは、ゲルマン法の伝統の保持に端的に現れているが、それ以外にも次のような例を挙げることができる。

イギリスの制定法集である Halsbury's Statutes of England and Wales の索引巻（4th ed. Consolidated Index）にある制定法の年代順一覧表を見ると、その冒頭に13世紀に制定された数個の法律が現行の効力を持つものとして挙げられており、その中にマグナ・カルタ（1297年）も見出すことができる[2]。

アメリカにおいても、後に見るように、1677年にイギリスで制定された

---

1) 法の支配については、伊藤正己「英米法における『法の支配』」（同『法の支配』（有斐閣、1954）所収）；伊藤正己『憲法』14〜16頁（弘文堂、1982）などを参照。
2) マグナ・カルタは、1215年、領主らの圧力に屈した国王 John が受諾したものが有名である。封建的慣習を確認するとともに、教会や自由人の自由を保障した。この当初のマグナ・カルタは、John 王の懇請を容れた教皇インノケンティウス3世の教書によって、成立後わずか9週間で無効と宣言された。しかし、その後も、1216年、1217年、1225年に再発布され、1225年のものは、1297年に制定法集に収められた。現行法としての効力を持っているのは、その1条、9条、29条、および37条（一部）である。

詐欺防止法が実質的に継受されて，現在でもほぼすべての法域で適用されており（V **1**(1)(a)後掲参照），また，12～13世紀に起源を有する捺印契約に現在でも通常の契約と異なる効力を認めている法域がかなり存在するのである（V **1**(2)(a)後掲参照）．

(2) 判例法主義
(a) 判例法主義
英米法においては，契約法や不法行為法のような基本的法分野は概ね判例法によって成り立っている．このような分野においては，裁判は，過去に下された判決に見いだされる判例法原則に従って行われることになる．

わが国をはじめ大陸法系に属する国々においても判例の重要性は否定できず，また英米においても制定法は増加の一途にある．しかし，少なくとも基本的法分野についてみる限り，大陸法系の国々では判例法がなくても民法典などの制定法だけで統一的な法体系が成り立つのに対して，英米においては判例法なしに制定法だけでは法体系は成り立たない．英米において，第一次的法源は判例であるとされるのは，このような意味においてである．

(b) 先例拘束性の原理
判例法主義を支えるものは，先例拘束性の原理（doctrine of stare decisis; doctrine of precedent）である．その内容は，基本的には，過去に，現在訴訟が行われている事件と同様の事実関係をめぐる事件について判決が下されている場合には，裁判所はその先例に従って裁判しなければならない，というものである．この先例拘束性の原理があってはじめて，裁判の結果予測や法原則の認識が可能となり，法的安定性が達成されるのである．

イギリスでは，先例拘束性の原理が徹底され，（最高裁判所としての）貴族院の先例に絶対的拘束力が認められた時期があった．すなわち，1898年の London Street Tramways Co. v. London County Council, [1898] A. C. 375における「法律問題について貴族院が下した判決は最終的なものであって，国会の法律以外にそれを改めることができるものはない」との判示に代表されるように，19世紀中葉以降，1966年の Practice Statement において，必要な場合に判例変更を認める方針が表明されるまで，貴族院は自ら

が下した判決を変更することができなかったのである．

アメリカでは，判例変更を禁止する実定法原則が設けられたことはない．上級の裁判所の判例は下級の裁判所を拘束するとされているが，上級の裁判所は，必要があると考えれば自らの判例を変更することができる．しかし，判例変更は法的安定性を損なうものであるので，基本的に，強い必要性がある場合にしかなされず，先例拘束性の原理が遵守されるのが通例である．

先例拘束性の原理において拘束力を持つのは，先例中の判決理由（ratio decidendi）である．判決理由とは，判決の結論を導くための前提として必要であった法原則であり，事実的要件と法的効果とを結び付けたものから成り立っている．判決理由と区別されるものとして，傍論（obiter dictum, 複数は obiter dicta）がある．これは，判決の結論を導くために必要ではなかった法原則であり，拘束力は否定される．

　(c) コモン・ローとエクイティ

英米法において，判例法は，当初それを運用した裁判所によって，コモン・ローとエクイティ（equity の訳として「衡平法」という言葉は今でもかなり一般的に用いられるが，common law の訳としての「普通法」という言葉は，今日では避けられる傾向にある）とに分けられる．コモン・ローは，12世紀末頃よりイギリスの国王裁判所が下した判決が集積してできた判例法体系（ないしはそれに由来する判例法体系）である．エクイティは，14世紀頃からコモン・ローが硬直化し，社会の要請に対応したあるいは正義にかなった裁判がなされない場合に，大法官（Lord Chancellor）が個別的に与えた救済が集積してできた判例法（ないしはそれに由来する判例法）である．

少し詳しく述べると，イギリスでは，12世紀の第4四半世紀から14世紀初めにかけて，人民訴訟裁判所（Court of Common Pleas），王座裁判所（Court of King's Bench），財務府裁判所（Court of Exchequer）という三つの国王裁判所が，国王の統治を助けた会議体である王会（Curia Regis）から派生・分化するかたちで，（そして当初は領主裁判所，地方共同体裁判所，商事裁判所，教会裁判所などの既存の裁判所に割り込むかたちで）設けられた．これら三つの裁判所は順に，人民間の訴訟，（刑事事件や不法行為事件等の）重大事件，租税に関する事件を担当するものとされていたが，14〜15世紀以降は

後者の二つの裁判所も人民間の訴訟を扱うようになった．

　国王裁判所で裁判をしてもらうためには，原告となる当事者は，事件の種類に応じた訴訟開始令状（original writ）を大法官府（Chancery）から料金を支払って発給してもらう必要があった．大法官府は国璽保管者である大法官の主宰した役所で，中世以来，国璽が押捺されたすべての令状の発給を担当していた．12世紀末までに，事件の類型ごとに定型化された多くの訴訟開始令状ができたが，13世紀中頃までは，原告の請求の内容が定型化された訴訟開始令状に合致しない場合であっても，大法官府は比較的自由に新しい訴訟開始令状を発給した．しかし，それ以降は，封建領主の抵抗や，裁判所の保守化のために，大法官府が発給した新種の令状の効力を裁判所が否定したり，大法官府自体が新種の令状の発給を拒んだりするようになった（とくに人民訴訟裁判所が管轄する事件について）．なお，どのタイプの訴訟開始令状を選択するかによって，その後の訴答や審理のやり方，判決の効力等が決まった．このように，訴訟開始令状の選択によって規定される訴訟の類型を訴訟方式（forms of action）という．

　一方，国王裁判所が設けられたにもかかわらず，国王や国王評議会に対して救済を求める請願がなされることが少なくなかった．その背景にあったものとしては，国王裁判所の適用する原則が（手続上も，実体上も）硬直的で具体的正義が達成できない場合があったこと，有力者が一方当事者である場合にその圧力を受けた陪審が公正な判断を下し得ない場合があったこと，さらには，コモン・ロー上の訴訟開始令状が固定化し，新たな需要に適合した訴訟方式を導入することができなくなっていたこと，が挙げられる．14世紀から15世紀にかけて，このような請願の多くは大法官によって処理されるようになったが，大法官はそのさいに，コモン・ロー上の原則を覆すことなく，個別的に，被告とされた人のみを拘束する対人的命令を下すという方法を用いた．このような大法官の処理が集積してできたものがエクイティである[3]．

　　3）　コモン・ローとエクイティの由来については，伊藤正己監修／イギリス法研究会訳『プラクネット／イギリス法制史総説篇上』第2部第5章以下（東京大学出版会，1959）およびJ・ベーカー著／小山貞夫訳『イングランド法制史概説』第4～5章，第9章（創文社，1975）などを参照．

現在では，イギリスにおいても，またイギリス法を継受したアメリカにおいても，コモン・ローとエクイティが別個の裁判所によって運用されるということはほとんどなくなっているが，この2種類の判例法の間には依然として少なからぬ違いが残っている．

　大まかにそれぞれの特徴をいえば，コモン・ローが形式的で厳格なのに対して，エクイティは具体的正義を達成すべく柔軟で，かつ裁判官の裁量が幅広く認められる．コモン・ローでは陪審による審理が認められるのに対し，エクイティでは陪審は用いられない．さらに救済方法に関しては，たとえば契約違反あるいは不法行為の場合では，コモン・ローの与える救済は損害賠償であるのに対して，エクイティの与える救済は特定履行（specific performance）や差止命令（injunction）といった対人的なものである．

　なお，コモン・ローという言葉は，下記のような種々の意味で用いられるので，注意が必要である．

① 上で述べたような，12世紀以降，国王裁判所が下してきた判決が集積してできた判例法体系（ないしはそれに由来する判例法体系）という意味．エクイティに対比される．

② ①の意味のコモン・ローにエクイティなどを加えた判例法という意味．制定法に対比される．

③ 判例法のみでなく制定法も含めた，全体としてのイギリス法という意味．

④ 英米法系に属する国々の法という意味．大陸法に対比される．

⑤ 教会法に対して世俗の法という意味．

(d) 具体的法思考

　判例法主義がとられていることによって，英米の法律家の思考方法は，抽象的法規範からの演繹ではなく，過去の先例からの類推・区別によるものとなった．

　すなわち，新たな事件がでてきた場合に，類似の事実状況を持つ過去の先例が参照され，まず，両事件の事実の比較による先例の適用の有無が決定され，先例の適用がないとされた場合にも，事実関係の異同の重要性によって，先例の法原則の類推適用の可否が検討されて，新たな事件に適用されるべき法が確定されていくのである．

(e) 訴訟中心主義

　英米法においては，基本的に判例法主義がとられ，また，長い間，請求の認否は訴訟方式の要件の充足に係っていたので，法理論は訴訟上の要件や効果を中心に発展することになった．

　具体例としては，時の経過に伴う権利の消滅について，大陸法では，実体法上の消滅時効の問題として考えるのに対して，英米法においては，訴訟を提起できる期間（出訴期限）の徒過の問題としてそれを考えることが挙げられる（もっとも，わが国で消滅時効が抗弁と扱われ，英米でも出訴期限が抗弁と扱われる点に着目すれば，実際上の効果は同じともいえるが）．

(3) 陪審制度

(a) 概　説

　英米の裁判の大きな特徴として，陪審（jury）制度を挙げることができる．

　陪審には，犯罪捜査活動を行ったり，証拠の十分性などの点から刑事訴追の可否を決定したりする大陪審(grand jury, 起訴陪審——通常12～23人で構成される) と，訴訟において事実の認定を行う小陪審 (petty jury; petit jury, 審理陪審——伝統的に12人で構成されるものとされてきたが，最近は 6 人で構成されることも多い．また，かつては評決の成立に全員一致が必要とされていたが，この要件も緩和されているところが少なくない) とがある．

　陪審の起源については諸説あるが，少なくとも 9 世紀初頭のヨーロッパ大陸フランク王国で用いられた，国王の権利を確認するために地域の重要な者の証言を強制した制度にまでは遡ることができる．それは，ノルマンディー公領を経てノルマン征服後のイギリスに伝えられるにつれて機能が拡張され，国王の一般的情報獲得手段となり（この方法でまとめられた検地記録として Domesday Book (1085-86) がある），さらには，12世紀に，犯罪を告発させる手段となり，訴訟における審理の方法となった．ここに，大陪審と小陪審の原型が見られるのである．なお，陪審員は，当初は自らの知識に基づいて行動したのであるが，時代が下るに従って，法廷などに提出された証拠に基づいて行動するものに変わっていった（とくに小陪審について）[4]．

　アメリカにおいては，陪審は，植民地時代の早くから用いられ，とくに

植民地時代末期にはイギリス本国政府の抑圧から植民地人の自由を守る砦として強く支持された(陪審審理を受ける権利は,イギリス臣民のコモン・ロー上の生得の権利と主張された).アメリカではその後も,陪審の持つ独立性や民主性が高く評価され,刑事事件はもちろんのこと,民事事件においてもそれがコモン・ロー上のものである限り,陪審審理が憲法上の権利として(連邦の裁判所については合衆国憲法において,〔大部分の〕州の裁判所については各州の憲法において)保障されている[5].

これに対してイギリスでは陪審の重要性は薄れる傾向にある.刑事事件については,大陪審は1933年に廃止され,また小陪審は依然として使用されているもののそれが用いられる割合は漸減しており,また民事事件における陪審の使用は大幅に制限され,詐欺,名誉毀損,悪意訴追,不法監禁の場合に限って認められるとされている.

(b) 陪審制の影響

陪審制度,なかでも民事の小陪審の存在が英米法,とくにアメリカの法と手続に与えた影響の主要なものを以下に掲げる.

(イ) 陪審審理がなされる場合には,陪審は事実を認定するだけではなく,その認定した事実に法を適用する作業も行う.適用すべき法については,陪審が評議に入る前に裁判官が説示するが,そのさいに裁判官は,法に関して素人の陪審にも理解できるように説明しなければならない.そのことによって,法が難解なものになることがある程度防止された.

(ロ) 別に職業を持っていることが多い陪審員は期間をあけて何回も出頭することが難しいこと,また,(口頭主義がとられていることもあって)記憶の低下や外部からの影響を防ぐ必要があることから,事実審理は(何日かにわたることがあっても) 1回限りで集中してなされる.

(ハ) 集中審理方式がとられているため,当事者は不意打ちを食らうと取り返しがつかない.そのようなことを防ぎ,当事者が十分な準備をなし得るように,開示手続などが発達した.

---

4) 陪審の起源については,伊藤監修・前掲注3) 第2部第4章参照.
5) 合衆国憲法においては,U.S. Const. amend. Ⅴ (大陪審); art. Ⅲ, § 2, cl. 3; amend. Ⅵ (刑事小陪審); amend. Ⅶ (民事小陪審).なお,刑事小陪審を保障する合衆国憲法第6修正は州の裁判所にも適用されるものと解釈されている.

㈡ 労力・費用などの点で相当なコストを伴う陪審審理を不必要に開くことを避けるために，訴答や略式判決など，事実に関する真の争点を含んでいない事件を早期に選別する手続が発達した．また，指図評決や評決無視判決（現在の名称については，Ⅳ 3 (7)(c)および(9)(a)参照）など，陪審の認定が合理性の枠内にとどまるよう裁判所がコントロールするための手続も発達した．

㈤ 素人の陪審による事実審理においては，説得と論証の技術が訴訟の勝敗を左右する度合いが大きい．そのため，証人に対する反対尋問の技術などの法廷技術が発達した．

㈥ 素人である陪審が証拠の評価を誤らないようにするために，証拠法が発達した．とくに，伝聞証拠など一般に信憑性が低いとされる一定の種類の証拠の提出を禁じる証拠法則が発達した[6]．

(c) 陪審制に対する批判

アメリカにおいても，陪審制に対する批判がないわけではない．陪審制に対して批判的な見解をとる者が掲げるのは，①証拠に基づく事実認定および説示された法の適用を正しくなし得る能力を陪審は有しておらず，また裁判所も陪審を有効にコントロールできていないこと，②陪審審理に要するコストはその便益をはるかに超えていること，などである．しかし，陪審は社会的規範を法原則に取り込むという重要な機能を果たしていることを指摘するものなど陪審制肯定論も強く，現状においては，否定論が多数を占めているということはできない[7]．

(4) アメリカの連邦制

アメリカ合衆国は連邦国家であり，連邦（合衆国）の統治機関だけでなく，50州それぞれに州の統治機関が存在する．すなわち，連邦の議会，大統領，裁判所とならんで，州の議会，知事，裁判所が存在するのである．そして，基本的には州がすべての統治権限を有しており，連邦の機関の権

6） 田中英夫『英米法総論上』28〜29頁（東京大学出版会，1980）参照．
　なお，訴訟手続の具体的内容については，Ⅳ章後掲を参照．

7） J. H. Friedenthal, M. K. Kane & A. R. Miller, Civil Procedure 507-11 (West, 4th ed., 2005); see also id. at 567-70.

限は合衆国憲法において連邦に委譲されたものに限られる，とされている．詳細はⅢ章に譲るが，以下において，立法権と司法権について簡単に説明しておく．

　立法権について，連邦議会は，租税・関税の賦課徴収や外国との通商および各州間の通商の規制など，合衆国憲法に列挙された事項についてのみ法律を制定することができる（連邦の裁判所が判例法を形成し得る分野はきわめて限られている）．契約法，不法行為法，家族法，相続法，会社法，商取引法，一般刑法などについては，連邦に立法権が与えられておらず，州法によって規律される．州法の支配する領域では，州によって法の内容が異なることが珍しくない．

　司法の領域でも，連邦の裁判所は，合衆国憲法で認められ連邦の法律で定められた種類の事件についてのみ裁判できる．その中で重要なものは，①連邦の憲法，条約，法律の下で発生する事件と，②相異なる州の市民間の訴訟で，これらの事件は，州の裁判所で訴訟をしてもよいし，連邦の裁判所において訴訟をしてもよいとされている．しかし，②のタイプの訴訟の場合，連邦の裁判所で訴訟がなされる場合であっても，（連邦法の問題が絡んでいない限り）適用されるのは州法である．

II. アメリカ法の形成——その歴史的過程

本章では，アメリカ法の基礎の形成・確立に焦点を定めて，植民地時代および建国当初の歴史をたどる．

アメリカ法の歴史に関する標準的文献として以下のようなものがある．本章の叙述もこれら（およびその旧版），とくに1および2に依拠している．
1. 田中英夫『アメリカ法の歴史上』（東京大学出版会，1968）．
2. 田中英夫『英米法総論上』第3章（東京大学出版会，1980）．
3. Lawrence M. Friedman, A History of American Law (Simon & Schuster, 3rd ed., 2005).
4. Lawrence M. Friedman, Law in America: A Short History (Modern Library, 2002).
5. The Cambridge History of Law in America (Michael Grossberg & Christopher Tomlins, eds., Cambridge University Press, 3 vols. 2008).

アメリカの歴史に関しては，以下の文献も参照した．
6. アメリカ学会訳編『原典アメリカ史（全7巻）』のうち1～3巻（岩波書店，1950～53）．
7. 有賀貞=大下尚一=志邨晃佑=平野孝編『アメリカ史1』（山川出版社，1994）．
8. 大下尚一=有賀貞=志邨晃佑=平野孝編『史料が語るアメリカ——メイフラワーから包括通商法まで』（有斐閣，1989）．

1. 植民地時代

(1) イギリス人による植民[1]

アメリカの歴史を，イギリス人による植民地の建設を起点にたどりたい

---

1) 主として，田中英夫『アメリカ法の歴史上』（以下では『歴史上』と略称）1～33頁（東京大学出版会，1968）；田中英夫『英米法総論上』（以下では『総論上』と略称）187～94頁（東京大学出版会，1980）参照．

と思う．イギリス人によるアメリカ植民地は，Elizabeth 女王の特許を得た Sir Walter Raleigh が，1585年，Roanoke 島（現在の North Carolina 州）に建設したものが最初であるが，これは永続することができなかった．恒久的維持に成功した最初のものは，Virginia Company of London が1607年に Jamestown（現在の Virginia 州）に建設した植民地であり，少し後れて，分離派のピューリタンたちが1620年に Plymouth（現在の Massachusetts 州）に建設した植民地であった．それ以後17世紀後半にかけて，現在のアメリカ合衆国の大西洋岸からアレゲニ山脈にかけての地域（16世紀前半に既にスペイン領とされていたフロリダは含まない）に相次いで植民地が建設された（ただし，Georgia 植民地が設けられたのは1733年）．

このような植民が行われた背景にあったものとして，植民地経営からの利益を求める大英帝国および大商人の経済的動機，イギリス国教会の支配する本国からの脱出という宗教的動機，第一次囲い込み運動の結果としての農民の都会流入による貧民の増大の解決策，などが挙げられている．

植民地はその存立の基礎によって，①本国政府と直接の関係を持たない社会契約に基づく植民地（たとえば Plymouth），②国王の特許状（charter/letters patent）を与えられた会社・社団が植民・経営した自治植民地（たとえば Massachusetts Bay や Virginia の当初），③国王が単数または複数の個人に特許状を与え，植民地の土地を封与した領主植民地（たとえば Maryland や Pennsylvania），④国王の直轄地としての王領植民地（たとえば後の Virginia や Massachusetts Bay），に分けられる（時代が下るに従って，①がなくなり，②③が減り，④が増えた）．

植民地の統治は，土地と統治権限を付与し，統治制度を定める特許状の規定に従って行われた．当初は総督（governor）が参議会（council）の助けを得て統治にあたった．ほどなく，参議会は民選の会議体（house of representatives）とともに二院制の議会（general assembly）を構成した．この植民地議会は，「イギリス法に反しないかぎり」という条件付で，当該植民地に適用される法律を制定する権限が与えられた．植民地議会の民選議院は，予算を可決する権限を獲得することによって総督に対するコントロールを強めた．

司法権は総督と参議会が掌握するところが多かった．すなわち，当初は，

総督と参議会が自ら裁判所としての役割も果たしたが，ほどなく，Superior Court などの名称の一般的管轄権を有する裁判所が設置され，総督と参議会は，上訴管轄権を中心とする最高裁判所としての立場に移行した．なお，軽微な事件は，早くから行政的職務とともに司法的職務を果たした治安判事（justice of the peace/magistrate）が，下級裁判所の裁判官として，または治安判事として単独で処理した[2]．

本国との関係では，植民地議会で可決され総督が承認した法案は法律として成立するが，17世紀後半以降，本国に提出して審査を受けることが求められ，否認されれば失効するものとされた．また，植民地でなされた裁判に関しても本国の枢密院へ上訴できることとされた．

(2) イギリス法の継受——コモン・ローの原則[3]

時代は下るが，18世紀のイギリスの法律家 William Blackstone は，イギリスが新しく取得した領土に適用される法についてのコモン・ロー上の原則を以下のようにまとめている．

「未開の土地がイギリス臣民によって発見され植民された場合，その時に存在するイギリス法のすべて——それは臣民すべての生得の権利である——が〔誕生ほどない植民地の条件と状況の下で適用可能な限り〕即時にそこで行われる．しかし，征服または割譲により取得された土地——そこにはすでにそれ自らの法がある——については，国王が法を修正し変更することができるが，国王によって実際に変更がなされるまでは，その国の従来の法が存続する．ただし，その法が，非キリスト教国の場合のように，神の法に反するときは別である」[4]

これをアメリカに適用すると，イギリス領北米植民地にはイギリスの法が行われることになりそうである[5]．

---

2) 浅香吉幹「1789年裁判所法以前のアメリカの裁判所」国家106巻3・4号125頁（1993）も参照．

3) 田中『総論上』・前掲注1) 6〜8頁，195頁；田中『歴史上』・前掲注1) 41頁，田中和夫『英米法概説〔再訂版〕』26〜28頁（有斐閣，1981）参照．

4) 1 W. Blackstone, Commentaries *104-05 (with corrections and additions in the 2nd ed., reprint 1966). See also W. Dale, The Modern Commonwealth 7-8 (Butterworths, 1983).

5) もっとも Blackstone 自身はアメリカの植民地は征服・割譲の場合に当り，イギ

(3) イギリス法の継受——実際の過程[6]

コモン・ローの原則は上述のようなものであり，またイギリス人の植民者がイギリス法を携えていくことはごく自然なことである．さらには上述したように，植民地議会が制定した法律に対する本国の審査や，植民地の裁判を本国の枢密院へ上訴する可能性も存在した．しかし，現実には，北米植民地の法制度がイギリスの制度を基礎として作られていったことは疑い得ないことであるとしても，本国のコモン・ロー裁判所やエクイティ裁判所が運用した法が，植民の初期から急速に継受されたわけではないし，また，具体的な問題についてイギリス法と異なる法原則が採用されることもしばしばみられたのであった．

そのような現象の背後にあった事情としては，①生活環境の違い，とくに植民初期の素朴な社会には，既にかなり成熟を遂げていたイギリス社会を背景とするイギリス法は即応しなかったこと，②(とくに植民地時代初期において)植民地では法律家に対する反感が強く，彼らは排斥される傾向にあり，反面，当時のイギリス法は既に複雑かつ技術的なものとなっていたため，素人では扱いかねたこと，③イギリス法に関する資料が植民地に少なかったこと，④イギリス法や，イギリスの事物に対して反感を持つ植民地人が少なくなかったこと (清教徒はとりわけイギリス法に批判的であった)，⑤植民地で法を形成・運用した人達が知っていたのは国王裁判所が運用したイギリス法ではなく，地方の慣習や地方の裁判所での慣行であることが多かったこと(このことは本国における慣習・慣行の地域による多様性とあいまって，植民地の法の多様性の一因となった)，が挙げられる．

さらに，植民地時代の法に関して注目されることとして，法律家が少な

リスのコモン・ローはそこでは行われない，としている．Id. at 105.
6) 田中『歴史上』・前掲注1) 37〜39頁，42〜50頁；田中『総論上』・前掲注1) 194頁，196〜98頁；田中・前掲注3) 29〜31頁；伊藤正己＝木下毅『[新版] アメリカ法入門』47〜50頁 (日本評論社，1984)；伊藤正己＝田島裕『英米法 (現代法学全集48)』41〜45頁 (筑摩書房，1985)；L. M. Friedman, A History of American Law 33-52, 90-104 (Simon & Schuster, 2nd ed. 1985) 参照．See also Note, Law in Colonial New York : The Legal System of 1691, 80 Harv. L. Rev. 1757 (1967) ; Rosen, The Supreme Court of Judicature of Colonial New York : Civil Practice in Transition, 1691-1760, 5 Law & Hist. Rev. 213(1987).

かったこともあって，早い時期から植民地議会によって法律・法典が制定され，それによって法が運用されたことが挙げられている．

　上記のような事情で，植民の初期からイギリス法継受が進展したとはいえず，またそののちもイギリス法からの部分的離反現象が見られたのであるが，植民地社会が成熟するにつれてイギリス法の継受は進展し，とくに植民地時代の末期には，本国との政治的抗争の激化にもかかわらず，イギリス法の継受は進展した．その原因としては，①イギリス法は，経済が発展し社会が複雑化した植民地の法的需要を，翻訳を必要とすることなく，よく満たしたこと，②本国との抗争の際に植民地側は，自分たちもイギリス法上イギリス臣民に認められた権利を享受するものであると主張したこと，③イギリスの法曹学院(Inns of Court)や植民地内の法律事務所で訓練を受けた法律家が増えてきたこと，④イギリス法の資料が増加したこと(早くから植民地で広く読まれたものとして Edward Coke, Institutes of the Laws of England (1628-59) がある．なお，植民地時代末期にイギリス法を体系的に叙述した William Blackstone, Commentaries on the Laws of England (1765-69) は大量にアメリカに輸入された)，などが挙げられる．

2. 本国との抗争

(1) 重商主義植民政策

　重商主義(mercantilism)に支配されたイギリスのアメリカ植民地に対する政策は当初から経済的なものが中心で，その目標とするところは概ね，①植民地は本国に対する原料および食料の供給地となるべきこと，②輸出入は財貨が本国へ流入するように計画されるべきこと，③植民地貿易は本国商人によって独占的になされその利益が確保されるべきこと，④本国は製造工業より生じる利益を確保すべきこと，というものであった（本国は植民地がこれらの政策にかなった経済的寄与をなす限り，その内政についてあまり干渉しないという方針をとったため，植民地自治が促進されることになった）[7]．

---

7) アメリカ学会訳編『原典アメリカ史（第1巻）』45頁，258頁〔藤原守胤〕（岩波書店，1950）参照．

これらの政策を実現するために本国は多くの法律を制定していた．その第一のものは，1651年，1660年，1663年，1673年等数次にわたって制定された航海法（Navigation Acts）であり，これは，①植民地の輸出入はイギリス帝国（植民地も含む）の船舶（英帝国で建造され，英帝国臣民が所有し，船長と乗組員の4分の3以上が英帝国臣民である船舶）を用いてなされるべきものと定めるとともに，②ヨーロッパ大陸諸国から植民地に商品が輸入されるときには，一旦イギリスの港に陸揚げし税関を通過しなければならないとし，また，③植民地から産出される商品のうち一定のもの（砂糖，煙草，綿花，藍，生姜など．なお，後に多数の商品が対象とされた）についても，同様にイギリスの港を経由しなければ他国に輸出できないと規定した．その狙いは，イギリス帝国内の造船業と海運業を盛んにし，ひいては海軍力を増強することであり，関税収入や本国商人の利益を増大させることであった．
　また，本国の製造業を保護するために，羊毛・毛織物や帽子等を植民地から本国へ輸出することを禁ずる1699年の毛織物法（Woolen Act）や1732年の帽子法（Hat Act），あるいは銑鉄を加工する工場の新設を禁止する1750年の鉄法（Iron Act）などが制定された．
　しかしながら，これらの法律は1763年までは，いわゆる有益な怠慢（salutary neglect）により，植民地人に大きな実害を及ぼすほど厳格には実施されなかった[8]．

(2) 重商主義的政策の厳格な実施と植民地人の反発[9]

　七年戦争（1756～63〔北米では1754～63の French and Indian War〕——プロシア・イギリス対オーストリア・フランス・ロシア・スウェーデンで争われ，前者が勝ち，イギリスは北米植民地戦でフランスに大勝した）の結果，パリ条約で，イギリスはフ

---

8) 田中『歴史上』・前掲注1) 24～25頁；田中『総論上』・前掲注1) 192頁；アメリカ学会訳編・前掲注7) 271～76頁，280～81頁〔藤原守胤〕；P. Wells, The American War of Independence 38-39（Minerva Press, 1967）参照．

9) 田中『歴史上』・前掲注1) 68～74頁，55～57頁；田中『総論上』・前掲注1) 199～201頁，204～05頁；アメリカ学会訳編『原典アメリカ史（第2巻）』3～11頁〔藤原守胤〕，71～85頁〔松本重治〕（岩波書店，1951）；P. Wells, supra note 8, at 53-75参照．

ランスから，アレゲニ山脈からミシシッピ河にいたる地域等広大な領域を取得したが，それによって増加する植民地経営の費用（とくに1万人の本国正規兵を植民地に常駐させるための費用）の一部を植民地に負担させようと，これまではさほど徹底されてこなかった重商主義的政策を厳格に実施しようとした．

具体的にいうと，①航海法等の法律の厳格な実施，②税関吏の綱紀粛正，③砂糖，葡萄酒，コーヒーその他の奢侈品に対する関税を引き上げないし新設し，糖蜜に対する関税を半額に軽減するとともに，その徴収の徹底強化を図る砂糖法（Sugar Act, 1764）の制定，④植民地が独自に紙幣を発行することを禁ずる通貨法（Currency Act, 1764）の制定，⑤新聞，法律書類，商業証券等について印紙税を新設した印紙税法（Stamp Act, 1765）の制定，⑥駐屯するイギリス正規兵に対する宿舎，食料，酒の提供など，一定の援助を植民地人に義務づけた軍隊宿営法（Quartering Act, 1765）[10]の制定，などが挙げられる．

これらの措置は，植民地人がアレゲニ山脈以西へ進出することを禁じた1763年の布告（Proclamation）とあいまって，植民地側の強い反発を招いた．その背景にあったものとしては，①植民地議会の一院をなす民選の議院が政治の実権をかなり掌握するに至ったことを通して，植民地自治が相当程度達成されていたこと，②七年戦争の勝利の結果フランスの勢力が駆逐されたことによってイギリス本国の保護の必要性が薄れたこと，③植民地の側に本国製品の市場としての自覚が高まっていたこと，などが挙げられる．

とくに，印紙税法については，植民地側は，自分たちもイギリス臣民と同様の自由・権利を享有するものであり，イギリス憲法上認められた「代表なければ課税なし（No taxation without representation）」の原則と，植民地の人民は遠隔の地にある本国の国会に代表を送り得ないことから，本国の国会の制定する法律によって租税を課されることは認められない，と強

---

10) なお，宿営法は Mutiny Act（軍律法）を修正する法律であったため，田中『歴史上』・前掲注1）68頁などのように後者の名称で呼ばれることもある．H. S. Commager, Documents of American History 61（5th ed. 1949）等にみられるこの法律の前文参照．

く非難した（たとえば、9植民地の代表が参加した1765年10月の Stamp Act Congress（印紙税法会議）の決議にこのような主張が見られる）．また，本国の国会が，植民地の対外活動規制のために課される external duties（外部税＝関税）を立法することは認められるが，印紙税のような internal duties（内部税）を立法することは容認され得ない，という議論が展開された．

　この印紙税法は，植民地側の反対もあって翌1766年に廃止された．しかし，本国国会は，同時に，自らが「すべての場合に，アメリカの植民地と人民を拘束する法律を制定する完全な権限をこれまで有してきたし，現に有しているし，また，当然有すべきものである」ことを宣言する宣言法（Declaratory Act）を制定し，植民地側の憲法的主張に屈したものでないことを示そうとした．さらに，翌1767年，本国は，関税の新設など植民地支配を強化するタウンゼンド諸法（Townshend Acts）を制定して，植民地側の反発を買った（新設された関税は，茶に対するものを除いて，1770年に廃止された）．

3. アメリカ独立戦争[11]

(1) 第1回大陸会議

　1773年5月，本国国会は茶法（Tea Act）を制定して，東インド会社に茶をアメリカに輸入する独占権を与えた．これに対して，植民地の住民は，植民地自治の重大な侵犯であるとして反発し，茶の陸揚げ拒否を決議した．この決議を無視して茶の陸揚げが強行されようとした Boston では，同年12月，入港した船から東インド会社の所有にかかる茶1万5千ポンドが海中に投棄されるという事件が起こった（Boston Tea Party 事件）．

　本国政府はこの事件に憤激し，一連の報復的懲罰法を制定した．

　1774年9月，威圧的措置を強化する本国に対する対応を協議するために，Georgia を除く12の植民地の代表が Philadelphia に集まった（第1回大陸会議）．そこで，Declaration and Resolves of the Continental Congress（大

11）　田中『歴史上』・前掲注1）74～82頁；田中『総論上』・前掲注1）205～08頁；アメリカ学会訳編・前掲注9）11～20頁，26～29頁〔藤原守胤〕参照．

陸会議の宣言および決議)という文書が採択された．そこでは次のようなことなどが謳われていた[12]．

① 植民地の住民は，イギリス臣民としてのすべての権利を享有すること．
② 植民地人は本国の国会に代表されておらず，また適切に代表され得ないのであるから，対外通商を規制する法律は別として，課税および内政のすべての事項についての立法権は植民地議会に与えられるべきこと．
③ 平時において，植民地に常備軍を駐屯させることは，植民地議会の同意なくしては違法であること．
④ 砂糖法，タウンゼンド諸法，1774年の懲罰的諸法，ケベック法（ケベックの南端をオハイオ川とするとともに，その地でのカトリックおよびフランス法系の法制度を保障するもので，植民地人からは，自分たちの西進を阻止するものと受取られた）などは，植民地人の権利の侵害であり，撤廃されるべきこと．

(2) 開戦と第2回大陸会議

1775年4月19日，Boston 郊外の Lexington と Concord においてイギリスの正規兵と植民地民兵との間で銃火が交えられた．

同年5月第2回大陸会議(これは連合規約成立までの6年間常設された)が開かれ，全植民地が本国に対して武力抗争を行うことを決議した(大陸連合軍の総司令官に George Washington が任命された)．

植民地側は，当初は，植民地自治を防衛することを戦いの目的とし，独立ということまでは考えていなかった．しかし，戦いのくりかえしによる流血，本国の態度の硬化 (1775年8月，英国王ジョージ3世は北米植民地が叛乱状態にある旨を宣言)，本国政府がドイツ諸侯の軍隊を雇い入れたこと，などによって独立の機運が高まった．

(3) 独立宣言

1776年7月4日，大陸会議で独立宣言が採択された．それは，Thomas

---

[12] 「大陸会議の宣言および決議」については，注11)の文献のほか，アメリカ学会訳編・前掲注9) 118〜25頁〔中屋健一〕および H. S. Commager, supra note 10, at 82-84を参照した．

Jeffersonの手になるもので，政府の目的は，人民の生命，自由，および幸福の追求の確保であり，その権力は被治者の同意に由来するものであるから，政府がその目的を損なうようになったときには，人民はそれを改廃することができるという，自然法思想に基づいた(革命権を含む)社会契約説を述べるものであった．

しかし，本国は独立を認めず，武力抗争は続いた．その後，1778年3月フランスはアメリカの同盟国として参戦し，翌年にはスペインもイギリスに宣戦した．このような状況のもと，アメリカはYorktownでフランス軍の援護の下に決定的勝利を収め(1781年10月)，米英の和平交渉が始まり，1783年9月パリ条約が締結された．これによってアメリカは，本国から独立の承認を得るとともにミシシッピ河までの広大な領土(フロリダは除く)を獲得するに至った．

4. 13邦の成立とアメリカ連合[13]

(1) 邦の憲法の制定

イギリスから独立した13の植民地は，13のstateとなった．Stateは（合衆国が成立するまでは）それぞれが独立の主権国家であり，「邦」と訳される．

各邦は，独立戦争が終結する以前の1776年から1780年にかけて，成文の邦憲法を制定した．

大半の邦憲法に共通してみられる特徴を挙げると，基本的人権の保障を唱う権利章典を有していること；議会は，両院議員とも直接選挙で選ぶ二院制をとっていること；議員の任期が短いこと(下院議員は10邦が1年，2邦が半年，1邦が2年であった)；執行部の首長（governor）は立法部による選挙または直接選挙によって選ばれるが，その任期は短く（通常1年），立法の拒否権を持っていないこと；裁判官の任期は長く定められたこと(終身が8邦，7年が2邦)，などであった．

---

13) 田中『歴史上』・前掲注1) 86〜107頁；田中『総論上』・前掲注1) 209〜18頁；アメリカ学会訳編・前掲注9) 11〜20頁，26〜29頁〔藤原守胤〕参照．

(2) 連合規約の採択・批准

第 2 回大陸会議は，1776年 6 月，(独立宣言起草委員会を任命するとともに)各邦の連合を組織するための規約を起草する委員会を任命した．この委員会は翌 7 月に規約案を大陸会議に報告した．大陸会議はこの案を討議し若干の修正を加えたのち，1777年11月に連合規約 (Articles of Confederation)として可決し，各邦の批准を求めた．しかし，西部の土地の領有権をめぐる各邦の利害対立のために規約の批准は遅れ，連合規約がすべての邦の批准を受け成立したのは，1781年 3 月のことであった．

(3) 連合規約の内容[14]

 (a) 連合の名称 　　The United States of America (アメリカ連合).

 (b) 連合の性格 　　各邦が，その主権，自由および独立を保持し，規約の明文によって連合に移譲されていないすべての権限を保持した(規約で連合に与えられた権限は少なく，「連邦国家」ではなく「国家連合」に過ぎなかった).

 (c) 議決機関 　　Congress(連合会議). 各邦から 2 ～ 7 名出される代表者で構成される．投票権は，各邦それぞれ 1 票．通常の議決は過半数によるが，宣戦，平時における捕獲免許状 (letter of marque and reprisal ──公海上の敵国船舶およびその積荷の拿捕を民間船舶に認可した免許状) の付与，条約の締結，貨幣の鋳造およびその価値の規制，歳出額の決定，金銭の借入，軍備の量の決定，など重要事項については 9 邦の賛成が必要．

 (d) 連合会議の権限 　　①宣戦および講和，②外交使節の派遣および接受，③条約の締結，④捕獲に関する規則の制定，⑤平時における捕獲免許状の付与，⑥海賊行為・公海上の犯罪を審理する裁判所および捕獲に関する裁判所の設置，⑦境界等をめぐる邦間の争いの解決，⑧(連合および各邦で作られる) 貨幣の純度・価値の規制，⑨度量衡の標準の決定，⑩インディアンとの通商の規制，⑪邦相互間の郵便事業，⑫連合の軍隊の組織，⑬歳入・歳出の決定，⑭金銭の借入，⑮(各邦に割り当てられる) 募兵数の決定，などであった (課税権・募兵権など，邦民に対して直接行使される権力を持たな

---

14) 連合規約については，注13)の文献のほか，アメリカ学会訳編・前掲注 9)224～36頁〔清水博〕および H. S. Commager, supra note 10, at 111-15を参照した．

かった——連合の歳入は邦からの拠出により,募兵は邦の協力による).

　(e)　行政機関　　連合会議は,連合の事務を処理するために必要な委員会および公務員を適宜任命できる.また,連合会議は,会議の休会中執務する A Committee of the States を設置できる.それは,各邦1名の代表者からなり,9邦の賛成によって,連合会議の権限を行使できる(ただし,連合会議における9邦の賛成が必要な重要事項を除く).

　(f)　司法機関　　海賊行為・公海上の犯罪および捕獲に関する事件を扱う裁判所を設置することや,境界等をめぐる邦間の争いなどを解決するための裁判所を特設することはできたが,常設の通常裁判所はなかった.

　(g)　改正　　連合会議において賛成されたのち,すべての邦議会で承認されなければならない.

(4) **連合の危機**[15]

　独立戦争下のアメリカ経済は,イギリス商品の流入途絶と軍需品に対する需要増大による製造業の発展と,食料需要の増大による農業の発展によって,活況を呈した.しかし,戦争の終結は軍需をなくすとともに,イギリス商品の流入を復活させた.また,独立によってアメリカはイギリス帝国の一部としての保護を受け得なくなっただけでなく,イギリスの経済的報復措置にもさらされた.こうして,独立戦争後のアメリカは,きびしい不況に苦しんだ.

　連合(その前身たる大陸会議)も各邦も,戦費を調達するために,膨大な額の公債を発行していた.各邦は歳入を挙げるために,そして自邦の産業を保護するために,関税を増徴した.しかし,関税には,他邦からの輸入に対するものも少なくなかったため,邦間に経済的な垣根が作られることとなった.これに対して通商規制権限を持たない連合会議は有効な策を講じることができず,また自ら関税を課して全米的な産業保護政策をとることもできなかった.さらに,連合会議は課税権を持たず,その歳入は邦に

[15)]　本項については,注13)の文献のほか,アメリカ学会訳編・前掲注9)32〜36頁〔藤原守胤〕;清水博編『アメリカ史〔増補改訂版〕』77〜80頁〔富田虎男〕(山川出版社,1986);有賀貞=木下尚一編『概説アメリカ史』55〜56頁〔池本幸三〕(有斐閣,1979)などを参照.

割り当てられる分担金に依存していたが，邦は連合の要求に応じず，連合は財政難に苦しんだ．

加うるに，連合の軍隊がきわめて弱体であったため，アメリカの領土内に残ったイギリス兵を駆逐することも，その支援を受けたインディアンの抵抗を押えることもできず，また，スペインによるミシシッピ河河口閉鎖を打破することもできなかった．さらには，1786年にMassachusettsで起きた負債に苦しむ農民の暴動，Shaysの乱の鎮圧においても連合は無力であった．

このような状況を前にして，保守派・社会の上層部を中心として，強力な中央政府の樹立を求める声が高まってきた．

5. 合衆国憲法の制定[16]

(1) 合衆国憲法の制定に向けて

1786年9月，Virginiaの招請により，通商問題について検討するため，5邦の代表がMarylandのAnnapolisに集まった．その会合の参加者たちは，連合会議と各邦に対して，中央政府の改革について検討するための会議を翌年5月にPennsylvaniaのPhiladelphiaで開くよう提案した．連合会議はこの提案に応じて，翌1787年2月，連合規約を改訂することを唯一かつ明示の目的とする会議をPhiladelphiaに召集することを決議した．これに対して，Rhode Islandを除く12邦が応じ，1787年5月，後に憲法制定会議（Constitutional Convention）と呼ばれる会議が開かれた．

この会議は，中央政府の権限を従前よりも強化することが必要であるという点においては概ね意見が一致していたが，具体的な問題については，大邦と小邦，南部と北部との間にかなりの意見の対立がみられた．合衆国憲法は，この意見対立を妥協によって克服することによって産み出されたものである．

憲法制定会議で実質的に討議の対象となったのはVirginia案とNew

---

16) 田中『歴史上』・前掲注1) 108〜36頁；田中『総論上』・前掲注1) 218〜28頁参照．

Jersey 案であるが，前者はより強い中央政府を求める大邦の立場に立ち，後者は個々の states の権限を守ろうとする小邦の立場に立つものであった．そして，議会における議員数の配分・議決権の問題については，Virginia 案は議員数(＝票数)を人口または連邦への拠出額に比例させていたのに対して，New Jersey 案は連合規約と同様各州 1 票ずつとしていた．この点について，憲法草案は，下院議員は人口に比例した数(ただし，人口の少ない州にも最低 1 名は配分する)とし，上院議員は人口にかかわらず各州 2 名とすることで妥協を成立させた．

また，人口比例で配分する下院議員の数の決定において，奴隷をどのように取り扱うかで，南部は奴隷を算定に加えることを主張し，北部は逆の主張をした．この対立に関しては，奴隷を自由人の 5 分の 3 として算定することで妥協が成立した．

このような基本的な問題，そして，他の多くの問題に関する妥協を経て，1787 年 9 月，合衆国憲法の最終案が確定し，12 邦の代表がそれに署名した．

(2) **合衆国憲法の内容**

(a) 合衆国の名称　　The United States of America.

(b) 合衆国の性格　　国家連合ではなく，連邦国家である．そのことは，合衆国(連邦)に課税権，通商規制権などかなりの事項について州民に直接発動される権力が与えられたことに，端的に現れている．また，募兵も合衆国自身が行うし，自らの常設裁判所も有している．しかし，合衆国が行使できる権限は憲法で与えられたもののみに限られており，単一国家でもない．

(c) 立法部＝連邦議会の構成　　二院制．上院は各州 2 名の議員(各州議会が選出する〔1913年に第17修正が成立した後は州民による直接選挙〕；任期は 6 年で 2 年ごとに 3 分の 1 ずつ改選される)，下院は人口に比例した数(人口の少ない州でも 1 名は与えられる；現在は435名)の議員（州民による直接選挙〔1842年以降は全米的に小選挙区制〕；任期は 2 年)．議決は議員の多数決．

(d) 合衆国の権限（連邦議会の立法権限）　　基本的に憲法第 1 編 8 節に列挙されたものに限定されるが，その数は多く，なかでも，外国との通商および州際通商に対する規制権，課税権，常備軍を設立・維持する権限，

などが重要である．これらの列挙に加えて，その最後の18項には，「上記の権限を行使するために必要かつ適切な(necessary and proper)」立法をなし得る，という，きわめて広く解釈され得る規定を置いている（詳細はⅢ**1**(1)後掲参照）．

　(e)　行政部＝大統領　　各州から選出された選挙人(その数は各州に配分された連邦議会の上院議員定数と下院議員定数の合計)による間接選挙によって選ばれる．立法部によって選任されるのではないため，立法部からの独立性が強い．4年の任期，再選は禁止されない(1951年の第22修正で三選が禁止された)．連邦議会の立法に対する拒否権が認められた（ただし，拒否権の行使後，各院の3分の2の多数で再可決されれば，法律は成立する）．（過半数による上院の同意のもとに）官吏を任命する権限が与えられた．

　(f)　司法部　　常設の司法部として，最高裁判所を置くほか，下級裁判所も設置し得るものとされた．連邦の裁判官は，過半数による上院の同意のもとに，大統領が任命し，非行なき限り（during good behavior）その職にとどまる（実際上は終身官——定年もない）．

　(g)　連邦法と州法の関係　　合衆国憲法，合衆国憲法に準拠して制定される合衆国の法律，合衆国の権限に基づいて締結される条約は，国の最高法規であり，各州の裁判官は，州の憲法または法律のなかに牴触する規定がある場合でも，これに拘束される，と定められた．

　(h)　憲法修正　　各院の3分の2による発議（または3分の2の州の議会の申請に基づいて召集された憲法会議による発議——この方法はこれまで用いられたことがない）と4分の3の州による承認．

(3)　**合衆国憲法の成立と権利章典の追加**

　合衆国憲法制定会議は，連合規約を改訂することを唯一の目的として召集された会議であった．しかし，連合規約の改正手続を踏んで合衆国憲法を成立させることは困難な状況であった．すなわち，連合規約の改正にはすべての邦議会による承認が必要とされていたのであるが，憲法制定会議に代表を送らなかった Rhode Island など，急進派・無産者の強い邦の議会が，保守派・有産者に有利な合衆国憲法を承認することは期待できなかったのである．このような状況下で合衆国憲法の成立を図るために，合衆

国憲法の第7編は，13邦のうち9邦の(憲法承認の可否を審議するために特別に召集された)憲法会議が承認すれば，承認した邦の間では憲法が成立するものと定めた．

　12邦の代表が署名した合衆国憲法確定草案は連合会議に提出され，連合会議はそれを各邦に送った(1787年9月)．各邦はこれに応じて，憲法会議のための代議員選挙手続をとった．時を同じくして，憲法賛成派(Federalists——連邦派)と憲法反対派(Anti-federalists——反連邦派)との間に激しい論戦が始まった．概ね，前者は大農園主，上層農民，商工業者からなり，後者は中小農民からなっていた．当初，賛成派は少数であったが，憲法の成立を目指してよくまとまり，広報・宣伝活動を有効に行って，(さらには下記のような譲歩を行い)次第に勢力を伸ばし，1788年6月に9邦目の承認を得るに至った．合衆国憲法が成立したのである．

　なお，合衆国憲法には当初権利章典が置かれていなかった．その理由とされたものは，①合衆国の権限は合衆国憲法によって明示的に付与されているものに限られるのであって，それ以外の権限はすべて人民のもとに留保されていること，②(出版の自由は制限されてはならない，という規定が設けられると，それは出版を規制する権限を合衆国が持つことを前提とした上でそれを制約するものととられ，合衆国に付与されてもいない出版規制権限の存在を肯定する根拠とされかねないように)権限が与えられていない事項について権利保障規定が設けられると，その事項を規制する権限を合衆国が持つと解釈されかねず，ひいては憲法が定める枠を超えた合衆国の権限の拡大が招かれかねないこと，③権利章典は，本来臣民の権利を守るために国王大権を制約する国王・臣民間の約定であって，人民の権力に基礎を置き，人民の代表者によって執行される憲法においては，人民はすべてのものを保持しているのであるから，権利章典は必要がないこと，などであった．

　しかし，権利章典の欠如は合衆国に与えられた大きな権限を恐れる憲法反対派の攻撃の的となったことから，賛成派はその趣旨を汲み，第1回の連邦議会で権利章典を付加する憲法修正案を討議することを約束した．この約束は履行され，1789年9月第1回連邦議会でその憲法修正案が可決され，1791年12月，11州(このとき合衆国はVermont州を加えて14州からなっていた)の承認を得て，憲法の第1〜10修正として成立した．

6. 新生合衆国の裁判所と法

(1) 連邦裁判所制度の成立[17]

合衆国憲法は最高裁判所の設置を定めるとともに，連邦議会が下級の裁判所を設立することを認めていた．1789年9月に制定されたJudiciary Act（裁判所法）はこれに応じて，最高裁判所の構成を定めるとともに，下級裁判所を設立した．

(a) 最高裁判所　1名の最高裁長官（首席裁判官）と5名の陪席裁判官から構成される．定足数は4名．

(b) 下級裁判所　地方裁判所（District Court）と巡回裁判所（Circuit Court）とが置かれることとされた．

地方裁判所は，合衆国（本法制定時は11州）を13の地区（district）に分け（各州に1〜2の地区が置かれた），各地区に一つずつ置かれた．各地方裁判所は1名の裁判官によって構成された．列挙された事件（その中に海事事件が含まれた）について第一審管轄権が与えられた．

巡回裁判所は，合衆国を三つの巡回区（circuit）に分け，各巡回区に一つずつ設けられた．各巡回裁判所は，最高裁裁判官2名と開廷地の地方裁判所の裁判官1名で構成された（定足数は2名）．列挙された事件（その中に相異なる州の市民間の訴訟が含まれていた）について第一審管轄権を持つとともに，地方裁判所からの上訴管轄権も与えられた．

(c) 州裁判所から合衆国最高裁への上訴　Judiciary Act 25条は，州の裁判所制度で上訴可能な最高の裁判所の判決において，合衆国の条約または法律の効力が問題とされ，それが無効とされた場合や，合衆国の憲法・条約・法律に反するとして州の法律の効力が問題とされ，それが有効とされた場合などについて，事件を合衆国最高裁へ上訴することを認めた．

---

17) 田中『歴史上』・前掲注1) 168〜76頁；田中『総論上』・前掲注1) 232〜34頁参照．Judiciary Act of 1789については，H. S. Commager, supra note 10, at 153-55の原文も参照した．

(2) 違憲立法審査権の確立[18]

〔連邦制をとるアメリカでは違憲立法審査権は,①合衆国の法律,条約が合衆国憲法に反していないかについての審査権,②州の憲法,法律が合衆国憲法に反していないかについての審査権,③州の法律が州憲法に反していないかについての審査権,という三つのかたちをとるが,ここでは①②の意味における違憲立法審査権,すなわち合衆国憲法の解釈権限をめぐる問題を扱う.〕

合衆国憲法の中には,それを最終的に解釈する権限を持つものは誰か,裁判所に一般的な違憲立法審査権は認められるのか,の問題についての明文規定が欠けていた.この問題をめぐっては,合衆国の発足後,連邦政府の権限の強化を唱えた連邦派(Federalists)は,合衆国憲法の最終的な解釈権は連邦最高裁にあるとしたのに対して,州レベルの政治を重視した共和派((Democratic) Republicans)は,連邦政府の内部については,連邦議会や大統領も最高裁とともに,それぞれ自らの権限の範囲内の事項に関して最終的な解釈権を有するとするとともに,連邦と州の関係については,合衆国憲法の解釈権に関して両者は対等である,と主張した.

(a) 連邦法に対する違憲立法審査権の確立

合衆国の法律が合衆国憲法に反しているか否か,を最終的に決定する権限を持つものが連邦最高裁判所であることを確立したとされるのは,Marbury v. Madison 事件の連邦最高裁判決であった.

Marbury v. Madison, 5 U.S.(1 Cranch) 137(1803)

【事件の背景】 1800年の大統領選挙で,共和派の Thomas Jefferson は連邦派の現職大統領 John Adams を破った(また議会選挙でも連邦派は敗れた).Jefferson が大統領に就任するのは翌1801年3月4日であった.1801年1月20日,Adams は国務長官 John Marshall を最高裁長官に指名した(なお Marshall は2月4日に最高裁長官に就任したが,3月3日に Adams 政権が終わるまで引続き国務長官を兼務した).同年2月,(いまだ連邦派が多数を占める)議会は,司法部をこれまで通り連邦派の支配下に残しておくために,16の巡回裁判所裁判官の職を新設する Circuit Court Act と,首都 Washington, D.C. に42の治安判事(justice of the peace)職を新設する Organic Act を成立させ

---

[18] 田中『歴史上』・前掲注1)223～36頁;田中『総論上』・前掲注1)42頁,239～44頁参照.

た[19]．連邦派の支配する上院は3月3日に，これらの職に指名された連邦派の裁判官の任命を承認し，大統領はその辞令に署名し，国務長官はそれらに国璽を押捺したが，指名された者の中に3月3日中に辞令の交付を受けなかった者が出てきた（なお，辞令を受け，裁判官となった者はmidnight judges/midnight justices of the peaceと呼ばれる）．翌3月4日にJeffersonが大統領に就任すると，彼は国務長官James Madisonにそれらの辞令を交付しないように命じた．治安判事職に指名されたが辞令を交付されなかったWilliam Marburyは，Madisonに対して辞令を交付するよう命じる職務執行令状（writ of mandamus）[20]の発給を求めて最高裁判所に提訴した（なお1802年に，共和派の議会はCircuit Court Actなどを廃止した）．

【判旨】〈Marshall長官による法廷意見〉

① 大統領が辞令に署名した時点でMarburyは任命されたのであり，それに国璽が押捺された時点で，辞令は完成している．辞令の交付差控えは法によって認められず，既得の法的権利を侵害する行為である．

② Marburyは辞令を要求する権利を有しており，その交付拒否はその権利の侵害であり，それに対して法は救済を与える．

③ （i）Marburyは職務執行令状以外に救済方法を持たないので，それは本事案の救済方法として適切である．（ii）1789年のJudiciary Actは，最高裁判所に職務執行令状を発給する権限を与えているが，最高裁判所の裁判管轄権を定める憲法（第3編2節2項）は「最高裁判所は，大使その他の外交使

---

19) これらの法律の名称については，K. Sullivan & G. Gunther, Constitutional Law 9 (Foundation, 16th ed. 2007); J. Choper, R. Fallon, Y. Kamisar & S. Shiffrin, Constitutional Law 1 (West, 9th ed. 2001); P. Brest & S. Levinson, Processes of Constitutional Decisionmaking 93 (Little Brown, 2nd ed. 1983) などに倣っている．

20) 例外的救済方法（extraordinary remedies）の一つで，イギリスの王座裁判所をはじめとする国王の裁判所が国王大権に基づいて下した大権令状（prerogative writs）の一つであるwrit of mandamusに由来する．職務・義務を履行すべきでありながら履行しない者（自然人，法人，下級裁判所を問わない）に対して，その職務・義務の履行や，権利侵害状態の是正を命じるもの．他に有効な救済方法がある場合には発給されない．

他の例外的救済方法としては，habeas corpusやcertiorariなどがある．habeas corpus（身柄提出令状・人身保護令状）は，他者を拘禁している者に対して，その身柄の提出を命じる令状で，拘禁の合法性を審査するために用いられ，不法に拘禁されている者を解放する機能を果たす．Certiorari（記録移送令状）は，裁判所や官吏に対して記録の移送を命じるもの．

節および領事が関係する事件並びに州が当事者であるすべての事件について第一審管轄権を有する．…… その他のものについては，…… 上訴管轄権を有する」と規定しており，第一審裁判所として職務執行令状を発給することはここに含まれていない．だから，Judiciary Act の当該条文（に基づく権限）は憲法に反するものであり，無効である（したがって，最高裁判所は一審として職務執行令状を発給することはできない）．

　このように憲法に反する Judiciary Act を無効と宣言しうる権限が裁判所に認められる根拠として，Marshall 長官は次のように述べる．
　「成文憲法を作ったすべての人々が，それを基本的で至上の国家法を構成するものと考えていたことは確かであり，したがって，そのような〔成文憲法のもとでの〕統治の理論は，憲法に反する立法部の法律は無効であるということでなければならない．
　このような理論は，成文憲法に本質的に付随するものであり，したがって当裁判所も，これをわが〔合衆国の〕社会組織の基本原理の一つと考えなければならない．……
　何が法であるかを述べることは，断然，司法部の領域であり，義務である．特定の事件に準則を適用する者は，必然的にその準則を説明し解釈しなければならないのである．そして，二つの法が衝突するときは，裁判所はそれぞれの効力を決しなければならない．
　そこで，もし法律が憲法に反し，かつ特定の事件に法律も憲法もあてはまる場合には，……裁判所は，これらの牴触する準則のどちらが事件に適用されるかを決しなければならない．このことは，まさに司法部の義務の本質なのである．
　したがって，もし裁判所が憲法を尊重し，憲法は立法部の通常の法律より上位にあるとするならば，〔憲法と通常の法律の〕双方があてはまる事件について，通常の法律ではなく憲法が適用されなければならないのである．」[21]

　こうして最高裁は，1789年の Judiciary Act の当該規定は憲法に違背しているので無効であるとして，それによって自らに与えられた職務執行令状を発給する権限を否定した．そして政治的には，結論において Marbury の請求を認めないという点において共和派の主張を認めつつ，司法審査権

---

21)　5 U.S. (1 Cranch) at 177-78. 邦訳は田中『歴史上』・前掲注1）227頁参照．

の確立という点では連邦派の主張を貫いたのであった．

　この事件は，いくつかの点で異例のものであった．まず，この事件の原因をつくったのは，辞令を交付しなかった(国務長官としての)Marshall であった．だから，Marshall 長官はこの事件に関与することを回避すべきであった，という批判が出されている．

　また，最高裁が，Judiciary Act によって与えられた職務執行令状を発給する権限を否定することによって本判決の結論を導くのであれば，判旨の①，②，③(i)は傍論ということになり，あえて共和派の感情を逆なですることを言う必要もなかった．

　加えて，Judiciary Act の当該規定に関しては，最高裁に管轄権が与えられている場合に職務執行令状の発給権限を与えたものと解釈することも可能であるし，司法審査制が成文憲法に必然的に付随するものでもない．

　このように本判決は幾多の問題をはらむものであったが，これによって連邦（最高）裁判所の違憲立法審査権が確立されたのであった．

　(b)　州法に対する違憲立法審査権の確立

　連邦の裁判所が，州の憲法，法律についての審査権を有している，ということは，1790年代から，連邦の下級審判決や，最高裁判決の傍論において肯定されていたが，州法を合衆国憲法に反することを理由に無効とした最初の連邦最高裁判決としては，1810年の Fletcher v. Peck 判決 (10 U.S. (6 Cranch) 87) が挙げられる．

　(c)　州裁判所に対する上訴管轄権の確保

　連邦法や州法に対する連邦裁判所とくに連邦最高裁の違憲立法審査権が肯定されても，それは事件が連邦裁判所に係属して初めて行使され得るものである．ところが，連邦法や州法の合憲性が問題になる事件のほとんどは，州の裁判所にも提起できるものであった（むしろ連邦裁判所に提訴できる場合は相異なる州の市民間の訴訟である場合などに限定されていた）．そこで，そのような事件が州の裁判所に提起された場合にも，最終的に連邦最高裁のコントロールを及ぼすことができるようにする必要がある．前述の1789年の Judiciary Act 25条はそのために設けられた規定であった．

　これに対して，Virginia 州などは，この Judiciary Act 25条は州の最高の裁判所を連邦最高裁に従属させるもので違憲である，と主張して争った．

この問題に関して連邦最高裁は，1816年の Martin v. Hunter's Lessee (14 U.S. (1 Wheat.) 304) と1821年の Cohens v. Virginia (19 U.S. (6 Wheat.) 264) で，それぞれ民事事件，刑事事件について，州の主張を排し，25条の有効性を確認した．

(3) アメリカ法の形成
(a) イギリス法の継受の確定[22]

時代は少し前後するが，独立達成後，多くの邦は，裁判規範のよりどころを示す法源に関する立法を行った．

その立法の仕方は大きく二つに分けることができる．一方の代表例としてVirginia の1776年の法律を挙げることができる．そこでは「イギリスのコモン・ロー，および James 1 世の治世 4 年（Virginia 植民が開始された1607年を指す）に先立ってコモン・ローを助けるためにつくられたすべての〔イギリス〕議会制定法でイギリス王国に固有のものでなく一般的性格を有するもの……は，現在効力を有する本植民地の議会の法律とともに，……立法部によって変更されるまでは，判決の準則であり，完全な効力を有するものとみなされる」と規定された[23]．なお，類似の規定をもつ後の州には，「1607年に先立つ」という限定をコモン・ローにも課すところがあった[24]．いずれにせよ，（少なくとも制定法について）一定の時点で区切るというのがこの方式の特徴である．

---

22) 田中『歴史上』・前掲注1) 282〜89頁；田中『総論上』・前掲注1) 253〜55頁；L. M. Friedman, supra note 6, at 108-13参照．

23) この規定の文言上は，コモン・ローについては無条件で継受されるものとされているが，Virginia の政治体制と矛盾するものなどが省かれることは当初から認められていたし，後の1849年の法典においても，Virginia の権利章典や憲法の原則に反するものは除かれることが明記されていた．Foster v. Commonwealth, 96 Va. 306, 31 S.E. 503, 504-05 (1898)．なお，この規定の読み方については，本書は田中『歴史上』・前掲注1) 282頁および注35) に従っていない．

24) E.g., Ray v. Sweeney, 77 Ky. (14 Bush.) 1, 10 (1878); Hawkinson v. Johnston, 122 F. 2d 724, 727-28 (8th Cir. 1941)．前者については田中・前掲注23)，後者については伊藤＝木下・前掲注6) 60頁参照．なお，後者の判決中にみられる Missouri 法 (at 727 n. 4) は，Virginia の規定と文言や句読点が少し異なっており，私見は伊藤＝木下・前掲に従うものでない．

他方の例としては，1776年の Delaware 憲法の中の規定を挙げることができる．そこでは，「イギリスのコモン・ロー，およびこれまで本邦で実際に採用されてきた制定法は，今後立法によって変更されない限り，引き続き有効なものとする．ただし，本憲法および……権利宣言で定められた権利および特権に反する部分は除く」と定められていた．この方式についても，「これまでに本邦（植民地）で採用されてきた」という限定をコモン・ローにも課すところがあった．また，特定の時点においてその邦（植民地）の法に含まれていたことを要求する規定もあった．いずれにせよ，この方式は，（少なくとも制定法について）従前にその地で法として認められてきたものに限って，今後も法源とすることを認めるものであった．

これらの規定は細部では互いにかなりの相違を見せるものであった．しかし，それらはいずれも，その文言上あるいは解釈を通して，アメリカの状況や体制に適合する限り，という条件付きでイギリス法を継受する，という立場をとっていた点では共通していたといえよう．

もっとも，独立後しばらくの間は反英感情が強く，New Jersey, Delaware, Pennsylvania, Kentucky の各州では立法で，New Hampshire 州では裁判所によって，1776年以後のイギリスの判例を法廷で引用することが禁じられるというようなことがあった．このような背景の下で，大陸法，とくに1804年に制定されたナポレオン法典を中心とするフランス法を立法によって導入しようとする動きもなくはなかった．

しかし，最終的には，アメリカ法は，イギリス法の（選択的なものではあったが）強い影響のもとに形成されることになった．そのようなイギリス法の強い影響は，植民地時代からの歴史・伝統によるところが大きいと思われるが，さらには，①フランス法に依拠する場合の言葉の問題，②他国の法を借用せずにアメリカ法を形成することは，独立直後のアメリカの法曹の力量を超えていたこと——資料の点でいうと，独立後しばらくはアメリカ法の文献は少なかったし，判例集の刊行も一般的ではなかった——，③連邦派ないし法律家の親英的態度，および反英感情の一般的緩和，などがその要因として指摘されている．

イギリス法の中でも，エクイティについては継受が遅れたとされている．その理由としては，エクイティにおいては陪審が利用できなかったこと，

植民地時代に,エクイティの運用は,通常裁判所でなく,総督(および参議会)ないし総督の指名した者に委ねられたところが多かったこと,エクイティにおいては裁判官に大きな裁量が与えられること,などが挙げられる.それでも,19世紀の中葉に至ると,エクイティに反感の強かった Massachusetts 州のようなところにおいても,その一般的継受が完成していった.

(b) 法律文献の充実[25]

(イ) 判例集の刊行

判例法主義がとられる法制度のもとにおいては,判例集の刊行は不可欠ともいえる.しかし,植民地時代および独立後しばらくの間のアメリカでは判例集は刊行されず,法律家は,イギリスの判例集ないしイギリスの法律書から得られる判例の知識,そしてアメリカの判例については,若干の手書きの判例ノートなどに依拠するほかなかった.

しかし独立後しばらくすると,1789年に Kirby が Connecticut Reports を,1790年に Dallas が Pennsylvania 州の判例集を,それぞれ刊行したのを始めとして,1810年代末までには,ほとんどの州が定期的に判例集を刊行するようになった(合衆国最高裁の判例集は,1798年に Dallas の判例集の2巻に Pennsylvania 州の判例とともに合衆国最高裁の判例が収められる,というかたちで刊行が開始された)[26].

こうして,アメリカの法律家は,アメリカの判例を容易に参照できるようになり,また,判例の統一が図られるようになった.

(ロ) 法律書の充実

1803年に Tucker は Blackstone の Commentaries に合衆国と Virginia 州の法に関する注釈を付したものを刊行して,広く読まれた.また,1800年前後から,アメリカ法についての法律書も実用的なものを中心に現れ始めた.

しかし,James Kent の Commentaries on American Law (4 vols. 1826-

---

25) 田中『歴史上』・前掲注1) 291〜97頁;田中『総論上』・前掲注1) 256〜57頁;L. M. Friedman, supra note 6, at 322-33 参照.なお,Kent と Story については,7 Guide to American Law 12-17;9 id. 406-13 (West, 1984) も参照.

26) L. M. Friedman, supra note 6, at 324 によると,判例集の刊行がもっとも遅れたのは,Rhode Island で,1847年に刊行が始められた.

30) と Joseph Story の九つの分野における Commentaries (1832-45) が現れるまでは，アメリカ人の手になるアメリカ法の本格的な書物と称し得るものは存在しなかった．

Kent (1763-1847) は，New York 州最高裁の裁判官 (1798-1814, 1804年からは長官)，エクィティ裁判所長官 (1814-23) を勤め，コロンビア大学で法学を教授したこともあった．連邦派に属し，合衆国憲法を支持し，イギリス法を賞賛した．彼の Commentaries は，彼がエクィティ裁判所を引退してのち，Blackstone の Commentaries に倣って書かれたものであるが，その構成・内容は独自のもので，刊行されるや非常な好評を博した．

Story (1779-1845) は，連邦最高裁の裁判官(1811-45)であり，ハーバード大学の法学教授(1829-45)であった．Madison 大統領によって最高裁裁判官に任命されたときには共和派に属すると考えられたようであるが，最高裁に入ってのちは，連邦派の Marshall 長官の右腕となった．Story が Commentaries を書いた分野は，Bailments (寄託)，Constitution of the United States (合衆国憲法)，Conflict of Laws (牴触法)，Equity Jurisprudence (エクィティの原理)，Equity Pleadings (エクィティの訴答)，Agency (代理)，Partnership (組合)，Bills of Exchange (為替手形)，Promissory Notes (約束手形) であった．

Kent と Story 両者の著した Commentaries によって，刑事法を除くアメリカ法の主要部分はほぼ網羅された．彼らの著作は，イギリスの著書や判例に収められたイギリス法の原理・原則のうちアメリカの状況・体制に適合するものを基盤とし，それにアメリカの連邦および州の憲法，法律，判例についての叙述を加え，さらには必要に応じて大陸法的な説明による理論付けもなす，というものであった．

この両者の書物が出されたことによって，アメリカの法曹は，イギリス法や大陸法の著作を参照することなく，容易にアメリカ法の原理・原則を知ることができるようになった．彼らの著作は，イギリス法を基礎としてアメリカ法を叙述したものであったので，アメリカ法は今後イギリス法の基礎の上に，しかし独自の発展を遂げていくことが確定された．また，両者がエクィティを肯定的に扱ったことによって，アメリカにおけるエクィティの継受が確定した．さらには，これらの著作によって，連邦制に伴う

各州法の多様化がある程度回避された, ということが指摘されている.

7. 法典編纂運動[27]

(1) 法典編纂運動とその背景

　アメリカ法はイギリス法を継受することによって, イギリス法と同様に判例法主義を採用することとなった. しかし, 多くの判決から抽出されなければならない判例法原則は分りにくく, 不確実で, また過去の歴史に引きずられ, さらには裁判官の恣意によって操作され得るものだと考える人も少なくなかった. そのような判例法に代えて, 簡潔かつ体系的・網羅的に法原則を記述する法典を編纂しようという動きは, ナポレオン法典への関心などこれまでにも見られたのであるが, それがアメリカである程度の成果を得たのは, 19世紀中頃から後半にかけてのことであった.

　このような動きの背景にあったものとしては, 1828年の大統領選挙における Andrew Jackson の当選に象徴される民主主義の思想の高揚 (ジャクソニアン・デモクラシー) や, イギリスにおけるこの時代の代表的思想家 Jeremy Bentham (1748-1832) の影響が挙げられる. とくに, Bentham は歴史主義的な判例法主義に反対し (この点で Bentham に対置されるのが William Blackstone (1723-80)), 「最大多数の最大幸福 (the greatest happiness of the greatest number)」の達成を目指す功利主義の立場からの法改革が, 普通選挙によって選ばれた議会の手によって法典制定のかたちでなされなければならない, また法典は法を包括的に, かつ明瞭・簡潔に叙述するものでなければならない, と主張した[28]. Livingston や Field などアメリカで法典編纂を唱えた者は Bentham の思想の熱心な信奉者であった.

　加えて, 法典編纂運動がイギリスよりもアメリカで成功した原因としては, ①すでに植民地議会の法典や邦 (州) および合衆国の憲法の制定などの経験のあるアメリカでは法典の制定がさほど珍しくなかったこと, ②法典

---

27) 田中『歴史上・前掲注1)306〜07頁, 397〜415頁；田中『総論上』・前掲注1) 258頁, 273〜76頁参照. See also L. M. Friedman, supra note 6, at 173-74, 391-98, 403-06.

28) 13 W. Holdsworth, History of English Law 88-89, 96-97 (1952).

編纂に反対する法曹が（とくに西部では）イギリスほど強力ではなかったこと，などの事情が挙げられる．

なお，次項でとりあげる Field による法典編纂に先立つものとして，Livingston を中心とする Louisiana 州の法典編纂が挙げられる．1822年に Louisiana 州議会から民法典，民事訴訟法典，商法典の起草を命じられた Livingston ら3名の委員は，それらの草案を州議会に提出し，1825年に州議会は民法典と民事訴訟法典を採択した．もっとも，Louisiana 州は1803年に合衆国に割譲される以前はフランス（1718-62; 1800-03）およびスペイン（1762-1800）の領土であったために，それらの国の法が継受されており，1825年の民法典もナポレオン法典の影響がきわめて強いものであった．

(2) **ニュー・ヨーク州における法典編纂**
  (a) Field の訴訟法典——とくに民事訴訟法典

19世紀の法典編纂運動は，New York 州において David Dudley Field を中心に繰り広げられた．Field は1847年に New York 州の手続法を改革するための3名からなる委員会の委員に任命された．この委員会は Field の主導のもとに，1848年に民事訴訟法典を，1849年に刑事訴訟法典を州議会に報告し，州議会は，民事訴訟法典については1848年に成立させ，刑事訴訟法典については1881年に成立させた．

Field の民事訴訟法典は New York 州で立法化されたのみならず，西部を中心に広く受け入れられ，19世紀末までに29法域で採択された（東部の州では法曹の反発などのために余り採択されなかった）．また刑事訴訟法典も，民事訴訟法典ほどではないが，多くの州によって採択された．なお，単に Field 法典というときは，影響がもっとも大きかった民事訴訟法典を指すのが通例である．

Field（民事訴訟）法典の最大の意義は，一つには，中世以来のコモン・ロー上の訴訟とエクイティ上の訴訟の区別を廃止し，いずれの訴訟も同一の裁判所で行われるようにするとともに，その手続も同一にしたことであり，あと一つには，コモン・ローにおける訴訟方式（forms of action）を廃止したことである．

訴訟方式とは，請求の内容に応じて訴訟手続の要件・効果を定めるもの

である．たとえば，金銭債務の弁済を求めるときには debt の訴訟方式に，単純契約について契約違反による損害賠償を求めるときには assumpsit の訴訟方式に，捺印証書に基づく契約の履行を求めるときには covenant の訴訟方式に，従わなければならなかった．そして，原告がある訴訟方式の定めるところに従って訴状を作成すると(かつてのイギリスでは，ある訴訟方式の訴訟開始令状の発給を受けると)，当該訴訟方式が選択されたことになり，爾後は，その後の訴答〔書面〕(pleading——訴状，答弁書など当事者の主張を記した書面を互いにやりとりすること，またはその書面)の方式，審理の方法，判決の執行方法など，実体，手続の双方にわたって，訴訟の最後まで規定された．とくに，訴答書面については，その内容が(そしてしばしば用いられるべき用語も)厳格に規定されており，正しく訴答書面が作成されるか否かによって，とくに訴状が原告の請求に適合した訴訟方式の定めるところに従って書かれているか否かによって，訴訟の勝敗が左右されたのである．

 Field 法典はこのような訴訟方式を廃止し，(エクイティ上の訴訟をも含めた)すべての型の事件に共通の一般的な訴訟の方式を定め，それを「民事訴訟 (civil action)」と呼んだ．そして，訴状 (complaint——従前は declaration と呼ばれた)には，請求の趣旨とあわせて，訴訟原因 (cause of action = 請求原因) を構成する事実を通常の簡潔な言葉で叙述すればよい，とした．このような訴答の方式は，両当事者の争いを単一の争点に絞ることを目的とするそれまでの common law pleading (issue pleading) に対して code pleading (fact pleading) と呼ばれる．もっとも時代が下るに従って，「訴訟原因を構成する事実」における「訴訟原因」の定義，および(証拠でもなく，法的結論でもない)「事実」の詳細さの程度，について説が対立して，code pleading も相当技術的なものになっていった(訴答の変遷については，Ⅳ 3(3)(c)後掲も参照)．

　(b)　実体法に関する Field の法典

 Field は1857年に成立した法律に基づいて，彼とあと2名からなる実体法の法典化のための委員会の委員に指名された．彼はそこでも指導的な役割を演じ，1860年に Political Code (公法典)を，1865年に Civil Code (民法典) と Penal Code (刑法典) を議会に提出した．これらの三つの法典案のうち，New York 州で採択されたのは Penal Code (1881) のみであった

(罪刑法定主義的考慮が刑法の法典化に有利に働いたのであろう,と指摘されている).

 Field の起草した3つの実体法典は,西部を中心にいくつかの州で採択された.すなわち,Georgia, California, North Dakota, South Dakota, Montana の5州が Civil Code と Political Code を採択し,さらに California と Montana は Penal Code も採択した[29]).

 訴訟法典と異なり実体法典があまり広く採択されなかった理由としては,実体法は,具体的な事件に即して裁判所の判決によって発展せしめられるべきであり,また法典は法の硬直化を招く,とする意見が法曹界に強かったことが挙げられる.また,実体法について法典を制定した州においても,法典は,それが明白に判例法原則を変更している場合を除いて,これまでの判例法をまとめたものに過ぎず,その解釈は従前の判例法の原理・原則に従ってなされなければならず,また,新たな問題が生じたときには,法典の文言の解釈ではなく,判例法の原理・原則に従って裁判がなされるべきである,とされた[30]).

---

29) あと,Idaho が民法典を部分的に採択したとされているが,正確なところを確認し得なかった.See S. L. Kimball, Historical Introduction to the Legal System 382 (West, 1966); L. M. Friedman, supra note 6, at 405; C. M. Cook, The American Codification Movement 198 (Greenwood, 1981).

30) Van Alstyne, The California Civil Code, reprinted in S. L. Kimball, supra note 29, at 382-85; Harrison, The First Half-Century of the California Civil Code, 10 Calif. L. Rev. 185, 189-93 (1922) も参照した.

III. 連邦制のもとでのアメリカ法

　本章では，連邦国家アメリカにおいて，いかに法がつくられ，運用されているかを概観する．

　本章に関しては，以下の文献（およびその旧版）に依拠するところが大きい．
1. 田中英夫『英米法総論下』（東京大学出版会，1980）．
2. 松井茂記『アメリカ憲法入門』（有斐閣，第8版，2018）（巻末に合衆国憲法の邦訳を収めている）．
3. 樋口範雄『アメリカ憲法』（弘文堂，2011）．
4. 浅香吉幹『現代アメリカの司法』（東京大学出版会，1999）．
5. John E. Nowak & Ronald D. Rotunda, Constitutional Law（West, 8th ed., 2010）．
6. Erwin Chemerinsky, Constitutional Law（Wolters Kluwer, 6th ed., 2019）．
7. Jerome A. Barron & C. Thomas Dienes, Constitutional Law（West, 9th ed., 2017）．
8. Noah R. Feldman & Kathleen M. Sullivan, Constitutional Law（Foundation, 20th ed., 2019）．
9. Charles Alan Wright & Mary Kay Kane, Law of Federal Courts（West, 8th ed., 2016）．
10. Mary Kay Kane, Civil Procedure in a Nutshell（West, 8th ed., 2018）．

1. 立法権

(1) 連邦の立法権
(a) 基本的枠組
　合衆国の有する権限は，合衆国憲法によって与えられたものに限られる．連邦議会は，合衆国憲法によって立法権限を与えられた事項についてのみ法律を制定することができる．さらに，連邦議会の立法は，合衆国憲法に

おいて禁止されていることを規定するものであってはならない．
　(b)　連邦議会に与えられた立法権限
　　(イ)　合衆国憲法第1編8節
　連邦議会の立法権限を定める合衆国憲法の規定の中心は，その第1編8節である．そこで挙げられているものは，以下の通りである．
① 租税，関税の賦課徴収；歳出
② 金銭の借入れ
③ 外国との通商，各州間の通商，およびインディアン部族との通商を規制すること（Commerce Clause）
④ 帰化に関する統一的規則，および破産に関する統一的法律を制定すること
⑤ 貨幣の鋳造およびその価値の規制，および度量衡の標準の設定
⑥ 合衆国の証券および通貨の偽造に対する罰則の規定
⑦ 郵便局および郵便道路の建設
⑧ 著作権および特許権の設定
⑨ 最高裁判所の下に下級裁判所を組織すること
⑩ 公海上の犯罪および国際法に対する犯罪を定義し，処罰すること
⑪ 戦争の宣言，捕獲免許状の付与，捕獲に関する規則の設定
⑫ 軍隊の徴募，維持
⑬ 海軍の設立，維持
⑭ 陸海軍の統制・規律に関する規則の制定
⑮ 民兵の召集に関する規定
⑯ 民兵の組織，武装，訓練等に関する規定
⑰ 合衆国の首都が所在するコロンビア地区に対するあらゆる事項に関する専属的立法権
⑱ 「上記の権限，およびこの憲法により合衆国政府またはその省庁もしくは官吏に対して付与された他のすべての権限を行使するために，必要かつ適切なすべての法律を制定すること」（Necessary and Proper Clause）
　　(ロ)　「必要かつ適切」条項
　この条項の「必要かつ適切」という文言は緩やかに解釈され，これによ

って議会は，憲法に列挙された権限に含まれる目的に合理的な関係を持つあらゆる手段（憲法によって禁じられるものは除くが）を法律によって定めることができる，とされている．これに基づいて認められた権限の例として，銀行を設立する法律を制定する権限が挙げられる．この権限は，租税の賦課・徴収，金銭の借入れ，州際通商規制，戦争の宣言・実行，軍隊の徴募・維持などにとって，「必要かつ適切」であるとされたのである（McCulloch v. Maryland, 17 U.S. (4 Wheat.) 316 (1819))．

(ハ) 州際通商条項

州際通商条項は，連合規約の時代にみられた各邦による相互に排他的な関税の賦課などの経済的分裂状態を解消し，全米が経済的に一体となって発展することを確保するために設けられたものであった．この条項は，その後の歴史において，連邦議会の立法権限拡大のための強力な道具となり，現在でも，それは，連邦議会による規制権限の主たる根拠となっている．

しかしながら，「州際通商の規制」の意味に関する連邦最高裁の解釈は，時代とともに大きく揺れ動いてきた．

大雑把にいうと，最高裁は，当初，通商とは交流（intercourse）であり，州際通商とは他州に影響を及ぼす通商であると述べ，この条項を広く解釈していたが（Gibbons v. Ogden, 22 U.S. (9 Wheat.) 1 (1824))，1880年代頃より徐々に制限的な解釈を示すようになり，とくに1933年以降の New Deal 立法をめぐる訴訟においては，本条項の権限を非常に狭く解釈した．このような最高裁の態度は1936年まで続いた．

もっとも，1936年以前においても，商取引や交通に関する規制の場合には，州内の行為に適用されるものであっても州際通商に実質的関連性を有するものであれば，州際通商規制権限に含まれるとされており（Houston E.&W. Texas Ry. Co. v. United States (The Shreveport Rate Case), 234 U.S. 342 (1914))，また，賭博禁止や売春防止などを目的とする道徳的考慮からの規制も許され，さらに規制の内容が禁止であってもよい，とされていた（Champion v. Ames (The Lottery Case), 188 U.S. 321 (1903); Hoke v. United States, 227 U.S. 308 (1913))．

しかし，この時代においては，製造業・生産業に関する規制は「通商」の規制には該らないとされ（United States v. E. C. Knight Co., 156 U.S. 1 (1895)

——製造業に対する反トラスト法の適用を否定した），また，若年労働者の労働時間の制限（Hammer v. Dagenhart, 247 U.S. 251 (1918)），最低賃金・最高労働時間の規制（Schechter Poultry Corp. v. United States, 295 U.S. 495 (1935); Carter v. Carter Coal Co., 298 U.S. 238 (1936)），強制的年金制度（Railroad Retirement Board v. Alton R.R. Co., 295 U.S. 330 (1935)），など労働者保護・福祉のための多くの法律が，通商規制権限を超えるものとして無効とされた．

このような解釈態度を翻し，製造業に関する労働関係立法も認められるという見解を表明した判決の最初のものが，1937年の NLRB v. Jones & Laughlin Steel Corp. であった．

NLRB v. Jones & Laughlin Steel Corp., 301 U.S. 1 (1937)

【事実の概要】 合衆国で第4位の規模の鉄鋼会社が，組合活動を理由として従業員を差別的に解雇した．労働組合の申立てにより，全米労働関係委員会が1935年の「全米労働関係法」に基づいて，その解雇はこの法律が禁じる不当労働行為に該るとして，その是正を命令した．これに対して，会社側は労働関係委員会の命令は通商条項の権限を超えているとして争った．

【判旨】 労働者が〔商業ではなく〕生産に従事していることは決定的ではなく，問題は州際通商に対する影響である．そして，本事件で問題となった鉄鋼会社の全米にわたる活動をみると，労働争議が起きた場合，それによる操業停止は州際通商に対して重大な影響を及ぼすことになる．したがって，そのような結果から州際通商を守るために出された労働関係委員会の命令は州際通商条項の権限内のものといえる．

次に最高裁は，規制の対象とされた活動が，単独では州際通商に対する重大な影響を持っていなくても，他者も同じ活動をした場合に，その総体的な影響が全米的に重要なものである，と考えられれば，通商条項に基づく規制ができる，と述べ，この条項による規制権限を一層拡大した．このような原則を確立したのが，Wickard v. Filburn 判決である．

Wickard v. Filburn, 317 U.S. 111 (1942)

【事実の概要】 連邦議会は，農家が耕作できる小麦の量を割当制にした．ある小農家が自分の家で消費する目的で，割り当てられた以上の小麦を耕作したため，制裁金の徴収手続が開始された．その農家が，割当制を規定する議会の権限を争った．

【判旨】 議会の規制権限の存否を判断するさいの決め手は，州際通商に対

する実質的な経済的影響の有無である．たとえ本事件の当事者たる農家の需要量は小さくとも，多くの者が割り当てを超過して耕作し，需要を減少させれば，その全体的影響は小さいとはいえない．

　州際通商条項による規制権限を広汎に認めようとする最高裁の態度は，この Wickard 判決で確定する．

　州際通商条項による規制のより最近の例としては，公共的施設が商品やサービスの提供において，人種などに基づく差別をすることを禁止する1964年の公民権法 (Civil Rights Act, 42 U.S.C. §2000a) が挙げられる．この法律で公共的施設とされたのは，①ホテル・モテルなどの宿泊施設，②レストランなどの供食施設で，州境を越えて旅行する者に商品やサービスを提供するもの，または提供される商品のかなりの部分が州際通商を経由しているもの，③映画館・劇場・競技場などでそこにおける娯楽源が州際通商を経由しているもの，などであった．この法律の合憲性が争われたときに，連邦最高裁は，（公共的施設と定義された）モテルやレストランによる人種差別が黒人の州際の旅行を阻害し，州際通商に悪影響を及ぼしていることは明らかであり，また，（少なくとも総体的にみたときに）州際通商に実質的な影響を及ぼすものである限りは，たとえ当該施設の営業が地方的なものであったとしても，そのことは問題にならないとして，この法律が通商条項の権限内のものであることを肯定した (Heart of Atlanta Motel, Inc. v. United States, 379 U.S. 241 (1964); Katzenbach v. McClung, 379 U.S. 294 (1964))．

　このように，州際通商条項に基づく規制権限は広く解されるようになって，今日では，規制の対象が州際通商に影響を及ぼすとする議会の認定に合理的な根拠があり，規制の目的と規制手段との間に合理的な関係がある限り，本条項に基づく規制は認められることとされている (Hodel v. Virginia Surface Mining & Reclamation Assn., 452 U.S. 264, 276 (1981); Hodel v. Indiana, 452 U.S. 314, 323-24 (1981))．この要件はゆるやかなものであるが，充足されなければ規制は違憲となる．次の Lopez 判決によってそのことが確認された．

United States v. Lopez, 514 U.S. 549 (1995)

　【事実の概要】　連邦議会は Gun-Free School Zones Act of 1990において，学校の周辺1,000フィート内での銃の所持を連邦法上の犯罪と規定した．1992

年3月10日，高校3年生の被上告人が拳銃を隠し持って登校したところ，匿名の通報を受けた学校当局によって取り調べられ，拳銃所持を自白したため，逮捕され，同法違反で起訴された．被上告人は，同規定の合憲性を争ったが，連邦地裁はその主張を認めず有罪判決を下した．連邦控訴裁は，同規定を通商権限を越えるものとして，地裁判決を破棄した．

【判旨】連邦議会の通商規制権限は，州際通商に実質的な影響を及ぼす活動に及ぶ．しかし，当該規定は「通商」，すなわち，なんらかの種類の経済活動といかなる関係も有していない．当該規定は，より大きな経済活動規制に不可欠で，それがないと規制全体が損なわれるというものでもない．したがって，総体的にみて州際通商に実質的な影響を及ぼす活動の規制として認めることはできない．また，学校における銃の存在は教育過程を損ない，子供が生産的な市民になるのを阻害し，ひいては国の経済に悪影響を及ぼす，などの主張も受け入れられない．上告棄却．

このようにして，連邦最高裁は，連邦議会が制定した法律を州際通商規制権限を超えるものとして，無効とする判断を下した．このような理由で連邦法を無効とする最高裁判決は，1936年の Carter v. Carter Coal Co. 以来のことであった．最高裁は，このあとも，United States v. Morrison, 529 U.S. 598 (2000) において，性的暴力の被害者に損害賠償などの民事救済を求める連邦法上の権利を与える Violence Against Women Act of 1994 中の規定について，性的動機による暴力犯罪は経済活動ではなく，当該規定は，州際通商に実質的影響を及ぼす活動を規制するものとはいえず，違憲であるとする判決を下している．

　　(二) 課税権限・歳出権限

規制的立法を行う連邦議会の権限の主要なものとしては，通商条項に基づく権限のほかに，第1編8節1項の課税・歳出権限がある．

課税は，歳入をもたらすとともに，その対象となる事業・活動を抑制するという効果をも持っている．このような効果によって望ましくない活動を規制しようとする課税立法について，今日の最高裁は概ねそれを容認する態度をとっている．これまでに訴訟で争われ，最高裁によって是認されたものの例としては，たとえば，マリファナの流通経路を制限するために登録された以外の者に対するマリファナの譲渡に対する課税を定めた法律

(United States v. Sanchez, 340 U.S. 42 (1950)) や，違法賭博を抑制するために業として賭博を営む者に対する課税を定めた法律(United States v. Kahriger, 345 U.S. 22 (1953)) が挙げられる．

連邦議会は，州や民間団体等に補助金を交付したり，契約を与えたりするさいの条件として，種々の要件を課すことができる．このような手法を用いた規制の例としては，連邦の財政的補助を受ける事業において，人種，体色等を理由とする差別がなされてはならない，と規定する1964年の公民権法の規定（42 U.S.C. §2000d）を挙げることができる．このような歳出権限に基づく規制についても，今日の最高裁は一般にそれを容認している．たとえば，21歳未満の者に酒類の購入を認める州に対して連邦の道路補助金の5～10％の交付差控えを定めた法律（23 U.S.C. §158）について，19歳以上の者にアルコール分の低いビールの購入を認めていたサウス・ダコタ州が違憲を主張した事件で，最高裁は，飲酒年齢の州間不統一と道路補助金との間に（飲酒運転の増加と州際交通の安全を介した）合理的関係を認めて，その合憲性を肯定した（South Dakota v. Dole, 483 U.S. 203 (1987))．

(c) 合衆国憲法上の制限

合衆国憲法は第1編9節において連邦議会が行い得ないことを列挙している．その例としては，平時における人身保護令状の特権の停止の禁止；私権剝奪法（Bill of Attainder——叛逆罪などの重大な罪を犯した特定の者を，裁判所による審理を経ずに死刑に処し，その財産を没収する法律．政治的報復の手段として用いられた．連邦最高裁は，特定人や容易に特定できる団体構成員から権利・利益を懲罰的に剝奪する法律もこれに該ると解釈している）や事後法（ex post facto law——事実の発生ないし行為の履行後に制定されて，当該事実や行為の法的効果・関係を遡及的に変更する法律．連邦最高裁は，刑事法に関するものに限定する解釈をしている）の制定の禁止；州から他州または外国への輸出物品に対する租税・関税の賦課の禁止；貴族の称号の授与の禁止，などが挙げられる．

また，第1修正～第10修正の権利章典が禁じていることを連邦議会が立法することも許されない．その例としては，第1修正の定める，国教を樹立したり自由な宗教活動を禁止したりする法律や，言論・出版の自由を制約する法律を制定することの禁止や，第5修正によって保障されている法の適正手続に違反する法律を制定しても違憲無効とされること，などが挙

げられる（権利章典の内容については次項参照）．

(2) 州の立法権
(a) 基本的枠組
州の議会は基本的には，合衆国憲法または当該州の憲法によって禁止されておらず，かつ連邦議会の専属的立法権に服していない事項については，連邦の憲法，法律または条約に反しない限り，あらゆることを立法することができる．

(b) 合衆国憲法上の制限
合衆国憲法第1編10節は，州に禁止された事項を列挙している．そこに掲げられたものの例としては，条約を締結すること；貨幣を鋳造すること；私権剝奪法や事後法を制定すること；契約上の債権債務関係を侵害する法律を制定すること；連邦議会の同意なく，輸入品または輸出品に対し，輸入税または関税を賦課すること，などが挙げられる．

また，「各州の市民は，他州においてその州の市民の有する特権および免除のすべてを享有する権利を有する」と定める第4編2節1項によって，州は他州民を差別的に取扱う法律を制定することも許されない．

合衆国憲法上の制約としては，さらに次の二つのものが重要である．

(イ) 適正手続条項
合衆国憲法第14修正1節は，「州は，何人からも法の適正手続（due process of law）によらずに，その生命，自由，または財産を奪ってはならない」と定めている．

連邦最高裁は，この適正手続条項を，法律が，手続面で適正であるだけでなく実体面においても適正であることを要求するものと解釈してきた．本条項によって保障される権利としては，①（もともと連邦政府に対する制約として設けられた）第1〜8修正の権利章典によって保障される権利のうち，「秩序ある自由の概念に包含される（implicit in the concept of ordered liberty）」(Palko v. Connecticut, 302 U.S. 319 (1937)) もの，あるいは「アメリカの司法制度に基本的な(fundamental to the American scheme of justice)」(Duncan v. Louisiana, 391 U.S. 145 (1968)) ものなどに該る基本的な権利と性格づけられ，適正手続条項によって保護される「自由」の概念に組み込まれ州にも適用がある

とされたものと，②憲法に明文がないにもかかわらず最高裁の判例によって同条項の「自由」に含まれると判断されたものとがある．

前者に含まれるものとしては，宗教，言論，出版，集会，請願，の自由（第1修正）；武器を保有する権利（第2修正）；不合理な捜索や逮捕・押収を受けない権利（第4修正）；二重の危険（double jeopardy）を免れる権利，自己負罪証言拒否特権（第5修正）；刑事陪審や迅速・公開の裁判を保障される権利，弁護人を付される権利（第6修正）；過重な罰金や残酷で異常な刑罰を科されない権利（第8修正）などが挙げられる．他方，権利章典中の権利保障のうち州に及ぶと判断されていないものとして，第3修正の平時における家屋所有者の承諾のない軍隊の宿営の禁止，第5修正の大陪審の保障，第7修正の民事陪審の保障などがある．なお，このように，権利章典で保障された権利が選択的に適正手続条項の「自由」の概念の中に組み込まれることを，selective incorporation（選択的組込み）と呼んでいる．

後者の，憲法に具体的保障規定はないが最高裁によって本条項による保護を受けるとされた権利の多くは「基本的権利（fundamental rights）」とされ，それに制約を加える法律は，非常に強い州の利益（compelling state interest）の達成に不可欠なものでない限り違憲になるとされてきた．そのような権利としては，人的結合の自由（freedom of association ―― 結社の自由等を含む）；投票権および選挙過程に参加する権利；州際交通の権利；刑事手続において公正さを保障される権利；州が個人の生命・自由・財産を剥奪しようとするとき（親の権利の剥奪など）にそれに対する反論を提起する手続において公正さを保障される権利；プライバシーの基本的権利，が挙げられる．

　㈠　平等保護条項

第14修正1節には，また，「州は，その管轄内の何人に対しても，法の平等な保護（equal protection of the laws）を否定してはならない」という規定がある．

この規定の具体的な適用については，基本的権利の享受についてなんらかの差別的取扱いを定める法律，あるいは人種，国籍などに基づいて少数者に対する差別的取扱いを定める法律は，非常に強い州の利益の達成に不可欠なものでない限り違憲になる，という法理が最高裁の判例によって確立されている．

【参考——差別的取扱いに対して適用される審査基準】

区分・差別の種類	審 査 基 準
人種，外国籍などに基づく違憲の疑いの強い区分 (suspect classification)	非常に強い政府利益 (compelling governmental interest) を達成するために必要 (necessary) か (strict scrutiny)
基本的権利の制約に関する区分 (fundamental rights)	
性などに基づく差別	重要な政府目的 (important governmental objectives) の達成に実質的に関連しているか
上記の場合に該らないとき	合法的な政府利益 (legitimate governmental interest) に対し合理的に関連している (rationally related) か

　なお，適正手続条項と平等保護条項は，前者は第5修正の明文（「何人も，法の適正手続によらずに，生命，自由，または財産を奪われることはない」）によって，後者は（権利章典の文言には含まれていないが）第5修正の適正手続に含まれるものと解釈されて，連邦の立法に対する制約ともなっている．

　(c)　連邦の立法権との関係
　　(イ)　専　　占
　合衆国憲法第6編2項は「この憲法，これに従って制定される合衆国の法律，および合衆国の権限に基づいてすでに締結されまたは将来締結されるすべての条約は，国の最高法規 (supreme law of the land) である．各州の裁判官は，州の憲法または法律中に反対の規定がある場合であっても，これらのものに拘束される」と定める．いわゆる最高法規条項で，州の憲法または法律が合衆国の憲法，法律，条約に牴触する場合には，その効力が否定される．実際に多いのは，州の法律が連邦の法律に牴触する場合である．

　連邦議会は法律を制定するとき，一定の事項について州法が規定することを禁じる明文規定を置くことがある．

　たとえば，合衆国法典第15編1333条(a)項は，包装に「警告：たばこには依存性があります」，「警告：たばこの煙は，あなたの子どもに危害を加え

ることがあります」，「警告：たばこは致死的肺疾患を引き起こします」，「警告：たばこはがんを引き起こします」など9種類の表示のうちのいずれかを含まないたばこを合衆国内での販売・流通を目的に製造等することは違法であると規定し，併せて，1334条(a)項において，「[厚生長官が別の表示等を求める場合等を除いて]喫煙と健康とに関して，本編1333条で義務づけられる表示以外の表示がたばこの包装に義務づけられてはならない」ことを，同条(b)項において，「本章の規定に適合した表示のある包装のたばこの広告または販促に関して，州法によって，喫煙と健康とに基づく要件または禁止が課されてはならない」ことを規定している．この結果，喫煙と健康に関する包装上の表示に関しては，州は1333条に規定されたもの以外の要件を課すことはできず，また，1333条の表示要件を満たしたたばこの広告・販促に関して，州法で喫煙と健康に関する要件を定めることはできないことになる．

連邦の法律が明文で一定の事項に対する州法の関与を禁じるこのような規定は，明示的専占（express preemption）を定めるものと称される．明示的専占規定に反する州法は効力を否定される．効力が否定されるのは州の法律であることが多いが，州の判例法原則の効力が否定され，それに基づく訴訟・請求が排除される場合もある．

さらに，連邦最高裁は，明示的専占規定がない場合においても，（さらには，明示的専占の規定はあるがそれによって専占が認められない場合においても，）専占を認める場合がある．これを黙示的専占（implied preemption）というが，それには，一定の領域について州法の関与を禁じる領域的専占（field preemption）と，連邦の法律と矛盾する州法の効力を否定する牴触による専占（conflict preemption）とがある．なお，後者については専占の問題ではなく，最高法規条項の単純な適用に過ぎないとする指摘もある．黙示的専占についても，その対象は州の法律であることが多いが，判例法原則について専占が認められることもある．

領域的専占は，連邦議会が法律の制定に際して，特定の分野について州法の規制を許さない意思を表明していると解釈される場合に，その分野における州法による規制を無効とするものである．これが認められるか否かは，第一に法律自体やその制定過程から探究される議会の意思に左右され

るが，連邦法による規制の範囲・程度，連邦法による統一的な規制が必要とされる程度，当該分野が伝統的に連邦・州のいずれによって支配されてきたか，などもその判断に影響を与える．

抵触による専占は，連邦の法律が定める要件・義務と州法が定める要件・義務との双方の充足・遵守が物理的に不可能である場合や，州法が連邦の法律の目的の達成の障害となる場合に認められる．

なお，連邦最高裁において専占の問題が争点になる場合に，適用される原則が，明示的専占なのか黙示的専占なのか，はたまたその両方なのか，黙示的専占の場合に，領域的専占なのか抵触による専占なのか，などに関して，裁判官により，事件により，判断が大きく相違することが少なくなく，最高裁の判断を予測することは困難な状態にある．

　　(ロ)　眠れる通商条項

専占の問題は，連邦議会が憲法に基づいて法律を制定した場合に，同じ分野や事項に関わる州法の効力に関するものであるが，州際通商に関しては，連邦議会が法律を制定していない場合（州際通商条項に基づく法律が制定されていないという意味で，"dormant commerce clause"〔眠れる通商条項〕という）であっても，それに関わる州の法律（州民の健康・安全・福祉や州の環境・資源の保護などを目的に制定されたと主張されることが多い）の効力が否定されることがある．連邦最高裁は，州際通商条項の存在に基づいて，自州の者・事物を優遇し他州の者・事物を不利に扱う差別的な法律や，州際通商の自由な流れに不当な負担を課す法律を無効とする判断を下してきた．

眠れる通商条項に関わる最高裁判決が示すところによると，州の法律が，その規定の文言から，目的や方法の点で，自州の者・事物に比べて他州の者・事物を不利に取り扱ったり，州際通商を差別したり，州際通商の自由な流れを阻害したりする差別的・保護主義的なものと判断された場合には，それが当該州・地域の正当な目的のためのものであって，かつ他の非差別的方法で達成できる可能性がないことが証明されない限り，その効力は否定される．

州の法律が，文言上，州・地域の合法的な目的を実現するため公平に規制を加えており，差別的・保護主義的なものと判断されない場合であっても，それが付随的に州際通商に及ぼす影響・負担が過度・不当なものであ

ると判断されると，眠れる通商条項に基づいて，効力が否定される．具体的事案における判断の際には，当該規制によって得られる利益と，州際通商に課される負担が，利益や規制の性質・内容，対象となる事業・活動の性格，州際通商に対する現実の影響などの点から比較衡量される．

2. 裁判所・裁判権

(1) 連　邦
　(a) 連邦の裁判所
　　(イ) 合衆国地方裁判所 (United States District Court)
　連邦の裁判所制度において，特殊な事件を除いて一般的に第一審裁判管轄権を持つ裁判所である（もっとも，後述するように，憲法で定められ，法律に列挙された種類の事件しか扱い得ないので，一般的管轄権を有する裁判所 (court of general jurisdiction) ではなく限定的管轄権を有する裁判所 (court of limited jurisdiction) である）．全米を91の地区（district）に分け，各地区に一つずつ置かれている．このうち，89は各州に所在し，残りの二つは，首都ワシントン市がある District of Columbia と自治領 Puerto Rico に所在する．各州には，面積や人口に応じて1ないし4の地区がある．
　通例，1名の裁判官で裁判する．法律が要求する場合，または選挙区割りの合憲性を争う訴訟の場合は3名の裁判官で法廷が構成される（その時は，少なくとも1名は控訴裁裁判官でなければならない）(28 U.S.C. §2284(b)(1))．
　　(ロ) 合衆国控訴裁判所 (United States Court of Appeals)
　1891年に創設され，1948年に現在の名称に変更されるまでは巡回控訴裁判所 (Circuit Court of Appeals) と呼ばれた (1789年に創設され，1911年に廃止された巡回裁判所とは別)．そのため，現在でも控訴裁判所が Circuit Court と呼ばれることがある．
　全米を12の巡回区 (circuit) に分け，各巡回区に一つずつ置かれている (このうち一つは District of Columbia に置かれている)．加えて，特許事件や一定の行政裁判所・行政委員会の判決からの上訴を扱う連邦巡回区控訴裁判所 (Court of Appeals for the Federal Circuit) がある．通例，3名の裁判官で法廷が開かれる．重要な事件において，当該控訴裁判所に所属する裁判官

の過半数が賛成すれば，全裁判官による法廷（court in〔or en〕banc）が開かれる．

(ハ)　合衆国最高裁判所（Supreme Court of the United States）

最高裁長官（Chief Justice）と定員8名の陪席裁判官（associate justice）の計9名によって構成される．法廷を開くための定足数は6名である．

(b)　連邦裁判所の裁判権――subject matter jurisdiction（事物管轄権）に関して

(イ)　憲法の規定

連邦最高裁を頂点とする連邦の司法部は，合衆国憲法によって与えられた権限のみを行使し得る．連邦司法部の司法権＝裁判権の範囲を定める中心的規定である憲法第3編2節1項は連邦の司法権が及ぶ事件として次のようなものを掲げている．

①　合衆国の憲法，法律，条約のもとで発生する事件
②　大使その他の外交使節および領事が関係する事件
③　海事事件
④　合衆国が当事者である争訟
⑤　2以上の州の間の争訟
⑥　州と他州の市民との間の争訟（これについては第11修正の制約があり，ある州の市民が他の州を連邦裁判所に訴えることはできない）
⑦　相異なる州の市民間の争訟
⑧　相異なる州から受けた付与に基づき〔同じ〕土地について権利を主張する同じ州の市民間の争訟
⑨　州またはその市民と外国または外国人との間の争訟（これについては第11修正の制約があり，外国人が合衆国の州を訴えることはできない）

各連邦裁判所の裁判（管轄）権を具体的に定めるのは，連邦議会が制定する法律である．連邦議会はそのような法律を制定するさいに，憲法第3編2節1項に列挙されている種類の事件について，訴訟物の価額などの点から制約を加えることも，また，ある種の事件について連邦裁判所に裁判権を与えないこともできる．さらに，連邦議会は，連邦裁判所の裁判権を専属的なものとすることも，州裁判所と（連邦最高裁の場合は連邦地裁とも）競合的なものとすることもできる．ただし，後述する最高裁の第一審管轄権

については，連邦議会がそれを縮減することは許されないとされている．
　㈺　連邦地方裁判所の裁判管轄権
　①　主な専属管轄権（州の裁判所と管轄権が競合しないもの）
　　（ⅰ）　海事事件（28 U.S.C. §1333）
　　（ⅱ）　破産事件（28 U.S.C. §1334）
　　（ⅲ）　特許権，著作権に関する訴訟（28 U.S.C. §1338. 同条に規定されている商標権に関する訴訟は州裁判所との競合管轄権）
　　（ⅳ）　合衆国に対する不法行為法上の訴訟（28 U.S.C. §1346(b)）
　　（ⅴ）　領事，外交使節を被告とする訴訟（28 U.S.C. §1351）
　　（ⅵ）　連邦刑事法に関する事件（18 U.S.C. §3231）
　②　主な競合管轄権（州の裁判所と管轄権が競合するもの）
　　（ⅰ）　連邦問題事件（federal question case）　　合衆国の憲法，法律，条約のもとで発生する民事訴訟（①の専属管轄権に属するものは除く）（28 U.S.C. §1331）．
　　（ⅱ）　州籍相違事件（diversity of citizenship case; diversity case）
相異なる州の市民間の民事訴訟で，訴訟物の価額が75,000ドルを超えるもの（28 U.S.C. §1332）[1]．
　原告・被告が複数の場合，原告の中に一人でも被告の中の誰かと同じ州籍を持つ者がいれば，州籍相違は成立しない（complete diversity rule）．
　自然人の州籍は，その domicile（本居――domicil の綴りも用いられる）による．Domicile とは，（一時的に離れても帰来する意思を持っている）生活の本拠地をいう．（親権から解放されていない）未成年者のdomicileは，親のdomicileとされる．Domicile は一人の人に１個しか存在し得ない．Domicile の変更には，変更先の地における居住の事実と，その地に永続的に居住する意思とが必要である．
　法人は，その設立された州の市民であるとともに，その主たる営業所の所在する州の市民でもあるとされる．
　③　裁判管轄権が競合する場合の裁判所の選択

---

[1]　訴訟物の価額は，1789年に500ドル（を超えるもの）と定められた後，1887年に2,000ドルに，1911年に3,000ドルに，1958年に10,000ドルに，1988年に50,000ドルに，そして，1996年に75,000ドルに増額されてきた（年は制定年）．

連邦問題事件や州籍相違事件のように連邦地裁の裁判管轄権と州の第一審裁判所の裁判管轄権とが競合する場合，原告は，どちらの裁判所に訴訟を提起するか，を選択することができる．原告が連邦地裁に訴訟を提起すれば，その訴訟は当該連邦地裁に係属することが確定する．原告が州の裁判所に訴訟を提起すれば，被告は，訴状または呼出状の送達後30日以内に（訴えが提起された州裁判所が所在する地区を担当する）連邦地裁に申し立てることによって，その連邦地裁への訴訟の移送を要求することができる．移送は，連邦問題事件については，当事者の州籍等にかかわらず認められるが，州籍相違事件等の訴訟については，被告の中に，訴訟が提起された州の市民が一人もいない場合に限って認められる（28 U.S.C. §§1441, 1446）．

(ハ) 連邦控訴裁判所の裁判管轄権

その巡回区内の連邦地裁の終局判決からの上訴を扱う（28 U.S.C. §§1291, 1294）．

連邦巡回区控訴裁判所（Court of Appeals for the Federal Circuit）は，特許事件や一定の行政裁判所・行政委員会の判決からの上訴を扱う（28 U.S.C. §1295）．

(ニ) 連邦最高裁判所の裁判管轄権

① 第一審管轄権

大使その他の外交使節および領事が関係する事件，および州が当事者である事件（ただし，州が当事者である事件については，憲法第3編2節1項に列挙された事件に含まれるものに限られる．なお，管轄権が専属的であるのは，州と州との間の訴訟のみである）（U.S. Const. art. Ⅲ, §2, cl.2; 28 U.S.C. §1251）

② 上訴管轄権

ⓐ Appeal（権利上訴——原審で敗訴した当事者が上訴を要求すれば必ず上訴審理が認められるもの）が認められる場合

連邦地裁が，3名の裁判官で法廷を構成して，差止請求を認容または棄却した場合（28 U.S.C. §1253）[2]

ⓑ Certiorari（裁量上訴——上訴審理を認めるか否かが最高裁の裁量にかかるもの）の申立てが認められる場合

---

2) Pub. L. No. 100-352, 102 Stat. 662 (1988) が施行された1988年9月25日より前においては，次の四つの場合にも appeal が可能であった．

㋑　連邦控訴裁判所のすべての裁判について（28 U.S.C. §1254）
　　㋺　当該事件で上訴可能な最上級の州裁判所の終局裁判で，その事件において，(i)合衆国の条約または法律の効力が問題とされた場合，(ii)州の法律の効力が，合衆国の憲法，条約または法律に反するという理由で問題とされた場合，(iii)ある権原，権利，特権または免除が，合衆国の憲法，条約，もしくは法律または合衆国による権限授与もしくは権限行使を明示的根拠として主張されまたは請求された場合（28 U.S.C. §1257）
　なお，certiorari は実際には最高裁裁判官の 4 名以上が上訴を認めるべきだと判断すれば認められる（"Rule of Four"）．

(2) 州
(a) 州の裁判所[3]
㋑　第一審裁判所
　一般的な第一審裁判管轄権を持つ州裁判所は，17 の州で Circuit Court（巡回裁判所），15 の州で District Court（地方裁判所），14 の州と District of Columbia で Superior Court（上位裁判所），と呼ばれている（他に，Superior Court と Circuit Court を併設する州（Indiana）がある）．その他は，New York 州で（普通は最高裁判所の名称である）Supreme Court（高位裁判所），Ohio 州と Pennsylvania 州で Court of Common Pleas（通常事件裁判所[4]）という名称で呼ばれている．なお，Delaware 州は Court of Chancery，Mississippi 州

　㋑連邦控訴裁判所が，州の法律を合衆国の憲法，条約または法律に反するとして無効とした場合（28 U.S.C. §1254(2)（repealed 1988））
　㋺〔その事件を審理しうる〕州の最高の裁判所が，合衆国の条約または法律を無効とした場合（28 U.S.C. §1257(1)（repealed 1988））
　㋩〔その事件を審理しうる〕州の最高の裁判所が，（合衆国の憲法，条約または法律に反するとして問題になった）州の法律を有効とした場合（28 U.S.C. §1257(2)（repealed 1988））
　㋥連邦地裁または連邦控訴裁が，合衆国またはその機関もしくは公務員を当事者とする民事事件において，合衆国の法律を違憲とした場合（28 U.S.C. §1252（repealed 1988））
　3）　本項は，主として，The Council of State Governments, The Book of the States 2012〜2019, Chapter 5（2012〜2019）に依拠している．
　4）　イギリスにあった同名の裁判所に付される訳語は民訴裁判所ないし人民訴訟裁判所であるが，アメリカのこれらの裁判所では刑事事件も扱われるのでこのように訳した．

とTennessee州はChancery Court (いずれも, エクイティ裁判所) を別に設けている.

　　(ロ)　中間上訴裁判所

中間上訴裁判所を持っているのは40州である. 名称はCourt of Appeals (控訴裁判所) というのが多い (27州). なお, New York州では, Appellate Division of the Supreme Court (高位裁判所上訴部) がこれに該る.

　　(ハ)　最高裁判所

名称は, Supreme Courtというのが多い (45州. そのうち, Oklahoma州とTexas州では, 別に刑事の最上級裁判所としてCourt of Criminal Appealsが設けられている). それ以外では, New York州およびMaryland州でCourt of Appeals, Maine州およびMassachusetts州でSupreme Judicial Court, West Virginia州でSupreme Court of Appealsと称している.

　(b)　州裁判所の裁判権[5]

　　(イ)　はじめに

裁判管轄権 (jurisdiction) には, subject matter jurisdiction (事物管轄権) とterritorial jurisdiction (領域管轄権) とがある. 前者は, 裁判所が裁判をすることができる事件の種類に着目したものであり, 後者は裁判所の裁判権の地理的範囲をいうものである.

連邦の裁判所は, 憲法に列挙された種類の事件しか扱い得ない管轄権の限定された裁判所であるので, subject matter jurisdictionに関する説明は, 上述のように詳細にならざるを得ない. 反面, 連邦裁判所の裁判権は, 全体としてみると, 合衆国全土に及ぶので, そのterritorial jurisdictionは (外国との関係を別にすると) 複雑な問題にはならない (もっとも, 呼出状の送達に関しては, 連邦地裁は州の裁判所と同様に扱われるものとされているので, 個々の裁判所の関係では, 州裁判所と同様の問題に遭遇することになるが).

各州の裁判所を全体としてみたとき, それが扱い得る事件の種類には, 連邦裁判所のような制約がなく, 原則としてすべての事件に裁判権を持つ

---

　　5)　本項はM. K. Kane, Civil Procedure, Chapter 2 (West, 6th ed. 2007); J. H. Friedenthal, M. K. Kane & A. R. Miller, Civil Procedure, Chapter 3 (West, 4th ed. 2005); F. James, G. C. Hazard & J. Leubsdorf, Civil Procedure, Chapter 2 (Foundation, 5th ed. 2001) に依拠するところが大きい.

ことができる（もっとも，連邦の裁判所に専属するものとされた種類の事件については，裁判権を行使することができない．また個々の州が，家庭裁判所や少額事件裁判所のように，一定の裁判所の裁判管轄権を事件の種類や訴訟物の価額の点から限定することも普通に行われる．このように管轄権を限定された裁判所は，court of limited jurisdiction と呼ぶ．これに対して，Circuit Court, District Court, Superior Court など，とくに管轄権が否定されている種類の事件を除いて，すべての事件について管轄権を有する裁判所を court of general jurisdiction と呼ぶ）．しかし，territorial jurisdiction に関しては，（外国との関係を除外しても）他州との関係があるため複雑にならざるを得ない．以下においては，この問題を扱う．

　　(ロ)　州の裁判権——territorial jurisdiction に関して

　伝統的に，州は，その領域に存在する人および物に対して裁判管轄権を有するとされ，また当事者が裁判所の裁判権に同意するときにも，裁判管轄権は成立するとされてきた (Pennoyer v. Neff, 95 U.S. 714 (1878))．このようにして認められる裁判管轄権のうち，人に対するものを in personam jurisdiction（対人管轄権）と呼び，物に対するものを in rem jurisdiction（対物管轄権）と呼ぶ（これ以降は，in personam jurisdiction について説明する）．

　当初は，ある被告（原告は自ら裁判所に出廷する——裁判権に同意している——ので，問題にしなくてもよい）について裁判権が認められるためには，（任意に応訴がなされる場合を別にすると）その者が州内に存在するときに，その者に召喚状[6]を直接送達することが必要とされていた（この要件が満たされていないと，被告は訴えの却下を求めたり，判決の無効を主張したりできる）．そして，この要件は合衆国憲法第14修正の適正手続上の要件とされた．半面，各州は，州内の団体・組織に加わったり，州内で履行される契約を締結したりする他州民に対して，それらの関係で提起される訴訟の召喚状等の送達を受領するための代理人を州内に任命するよう，または，そのような送達がなされる場所を指定するよう求め，それがなされない場合には，州が自らその任命または場所の指定をなすことができるとされた (Pennoyer v. Neff)．

6）　以下において，「召喚状 (the (original) process)」と「呼出状 (summons)」は，裁判権の行使の前提としての意義は異ならないので，とくに区別なく用いている（Ⅳ**3**(2)(a)参照）．

その後，最高裁は，自州と関係を持った他州民や州外に出た自州民に裁判権を及ぼす法律が各州で制定されたことに応じて，「存在」の要件を緩和していった．Hess v. Pawloski (274 U.S. 352(1927)) 判決では，州内の公道上で自動車を運行する他州民は，運行による事故に関わる訴訟については黙示的に州の公務員を送達受領代理人に任命したものとみなすことを定めるとともに，そのような送達がなされたときは，呼出状を被告となった他州民に郵送することを原告に義務づける法律に基づいてなされた他州民に対する裁判権の行使が適正手続に違背しないとされ，また，Milliken v. Meyer (311 U.S. 457(1940)) 判決では，州に本居を有する者について，州内に住所を有する者が呼出状送達の回避等の目的で州外に出た場合に州外で送達をなすことを認める法律に従って，そのような州外での送達をなすことによって裁判権を及ぼすことが，適正手続上なんら問題がないとされた．

このような（州内での「存在」を基本に考える）伝統的原則に対する例外の拡大に応じるように，1945年の International Shoe Co. v. State of Washington (326 U.S. 310) 判決において連邦最高裁は，州外にいる者に対する裁判権の行使が是認される条件として適正手続が要求するものは，被告がその州と，(その州における)訴訟の維持が「フェア・プレイと実質的正義の伝統的観念 (traditional notions of fair play and substantial justice)」に反しないといえるような minimum contact（最低限の接触・関係）を有していることだけである，と述べた．今日では，この条件は，被告が法廷州と minimum contact を有していることと，それが満たされた上で，裁判権を被告に及ぼすことが「フェア・プレイと実質的正義の伝統的観念」に反しないこと，の二つの要件に分けて適用されるようになっている．

第1の minimum contact の要件について，明快な解説は難しいが，一般的に，最低限の関係を肯定するためには，被告が法廷地州内において活動を行う特権を意図的に利用し，州法の恩恵と保護を求めたことを示す何らかの行為があることが必要であるとされることが多い (Hanson v. Denckla, 357 U.S. 235 (1958))．

その上で，州裁判所の裁判管轄権の行使が問題となる場合には，請求（ないし訴訟）が，被告の法廷州との関係から生じたものである場合（あるいは請求が被告の法廷州での活動と実質的な関係がある場合）に認められる裁判管轄

権と,被告に対するあらゆる請求について認められる裁判管轄権とがある.前者を特定的管轄権(specific jurisdiction)といい,後者を一般的管轄権(general jurisdiction)と呼んでいる.

一般的管轄権が認められるためには,法廷州が,被告が個人の場合には本居(domicile)を有する州,会社・法人の場合には設立州や主たる営業所が所在する州であること,あるいは被告の本拠(home)があるといえる程度に被告の法廷州との関係が継続的,組織的であることが必要とされる(Daimler AG v. Bauman, 571 U.S. 117, 134 S.Ct. 746, 760-61(2014)).

特定的管轄権のうち,製造物責任の事件に関しては,法廷州に向けられた被告の意図的な行為(製造物を法廷州に向かう通商の流れに意図的に置くこと)を必要とする立場と,被告が,自らの製品を通商の流れに入れる際に,それが最終的に法廷州に入り込むことを認識・予測していることで足りるとする立場が対立していた(Asahi Metal Indus. v. Superior Court, 480 U.S. 102 (1987)).しかし,近年,製造物責任の事件においても,被告が意図的に法廷地に向けた活動を行い,その市場から受益しようとしたこと(purposeful availment)を必要とする意見が多数を占める最高裁判決が出された(J. McIntyre Machinery, Ltd. v. Nicastro, 564 U.S. 873 (2011).なお,同事件ではイギリスの会社が被告であったが,被告の活動が向けられたのが法廷州でなければならないのか,法廷州が含まれる合衆国全体でもよいのかについては見解が対立し,多数意見が得られず,具体的な州でなければならないとする意見が相対的多数意見となるにとどまった).

第2の「フェア・プレイと実質的正義の伝統的観念」の要件については,当該州で応訴する被告の負担,当該紛争を処理する当該州の利益,地元で救済を得る原告の利益,紛争についてもっとも効率の良い解決を確保する司法制度全体の利益,等が考慮されて決められる.(World-Wide Volkswagen Corp. v. Woodson, 444 U.S. 286 (1980); Asahi Metal, supra).

伝統的原則に対する例外が幅広く認められるようになり,さらには,他州民に対する裁判権行使の制約を正面から緩和する International Shoe 判決が出されると,各州は,より積極的に,自州に一定の関係(たとえば,州内で事業・取引を行うこと;州内で不法行為を犯すこと;州内での不動産の所有・占有・使用など)を持った他州民を自州の裁判権に服せしめる法律(long-arm statute)を制定するようになった.このような法律は自州民に対して自州の裁判所

で訴訟をすることを可能にするという便宜を与えるものであったが，それは，被告とされた他州民の犠牲の上に立つものでもあった．このような法律に基づいて，他州民を被告とする訴訟を起こすためには，その法律の要件を満たすだけでなく，それが，International Shoe 判決以降の連邦最高裁判決で示された憲法上の要件を逸脱するものでないことが必要とされる．

第2次牴触法リステイトメント (Restatement (Second) of Conflict of Laws) 27条(1971)は，裁判管轄権の根拠を構成し得るものとして，下記のようなものを挙げている (リステイトメントについては本章 *3* (3)(b)後掲参照)．

① 存在 (presence)
② 本居 (domicil)
③ 住所 (residence)
④ 国籍・州籍 (nationality or citizenship)
⑤ 同意 (consent)
⑥ 応訴 (appearance in an action)
⑦ 州内で事業・取引を行うこと (doing business in the state)
⑧ 州内における行為 (an act done in the state)
⑨ 州外の行為による結果を州内で発生させること (causing an effect in the state by an act done elsewhere)
⑩ 州内で物を所有，占有，使用すること (ownership, use or possession of a thing in the state)
⑪ その他，裁判権の行使を合理的なものとするようなその州との関係

　　(ハ) 合理的な告知

適正手続条項は，裁判所が被告に対して裁判管轄権を有しているだけでなく，被告が自らに対する訴訟の開始の告知を受けていることをも要求している．その告知は通常，呼出状を被告に送達することによってなされるが，その送達は当該事件の状況の下において合理的なものでなければならない．

なお，送達は原則として裁判所が所在する州内に限ってなされ得るが，その州と一定の関係 (この関係は，上述の minimum contact を構成するものでなければならない) にある他州所在者に対して送達をすることを認める制定法が各州で制定されている．これが long-arm statute と呼ばれることもある．

㈡　他州判決の執行

　州の裁判所は州外にも効力が及ぶ執行令状を出し得ないため，勝訴判決を得た判決債権者が，その判決を下した裁判所の所在州の外にある債務者の財産に執行しようとするときには，財産所在州の裁判所に執行のための訴訟（action on the judgment）を提起し，執行判決を得なければならないのが原則である．

　そのような場合に，財産所在州の裁判所は，「各州は，他州の法令，記録，および司法手続に対して，完全な信頼と信用を与えなければならない」と定める合衆国憲法第4編1節のいわゆる Full Faith and Credit Clause（完全な信頼と信用条項）によって，他州の裁判所の判決が適法な裁判管轄権に基づいており，告知等の要件が満たされている限り，裁判の中身を実質的に審査することなく，他州判決の効力を承認し，執行判決を与えなければならない．しかし，改めて訴訟を提起しなければならないということは，債権者に金銭的・時間的負担を負わせることになる．

　そのような不都合を緩和するために，統一他州判決執行法（Uniform Enforcement of Foreign Judgments Act（1964 Revised Act））は，判決を執行州の裁判所に登録し，裁判所書記官から債務者に対してその登録を通知してもらう（あるいは判決債権者が自ら通知する）ことによって，他州判決の執行ができるよう定め，現在ではこの統一法が48の州において採択されている（統一州法については本章 *3* (3)(a)後掲参照）．

3．法

(1)　州裁判所における適用法

(a)　手続法

　州の裁判所の手続は，州の訴訟法典等の法律，訴訟規則，および判例法に従って行われるが，さらに，合衆国憲法および州の憲法の制約も受ける．

(b)　実体法

　㈤　刑事　　州の裁判所が刑事訴訟において適用するのは，自らの州の刑罰法規である．他州や外国の刑罰法規を適用することは許されない．

　㈥　民事　　州の裁判所は民事訴訟において，州法の問題について

は州法を,連邦法の問題については連邦法を,適用する.州法は州によって異なることがあるので,どこの州法を適用するかが問題になるが,それは牴触法 (conflict of laws) の原則によって決められる.さらに牴触法の原則も州法によって定められているため,州によって異なることがあるが,これについては法廷地の牴触法が適用されるべきものとされている.

(2) 連邦裁判所における適用法

(a) 手続法

連邦裁判所の手続は,訴訟規則,法律,判例法に従って行われるが,さらに合衆国憲法の制約も受ける.そこで中心になるのは,連邦最高裁によって制定された訴訟規則である.その代表的なものは,連邦地裁の手続に適用される1938年施行の連邦民事訴訟規則 (Federal Rules of Civil Procedure) と1946年施行の連邦刑事訴訟規則 (Federal Rules of Criminal Procedure) である.なお,1938年の連邦民事訴訟規則が制定されるまでは,エクイティ上の訴訟については最高裁によって制定された規則があったが,コモン・ロー上の訴訟については,当該連邦地裁の所在する州の手続に従うべきものとされていた.

(b) 実体法

(イ) 刑事　連邦裁判所が刑事訴訟において適用するのは,連邦の刑罰法規である (18 U.S.C. §3231).

(ロ) 民事　連邦裁判所は民事訴訟において,連邦の憲法,条約,法律(さらには,僅かの領域にのみ存在が認められている連邦判例法)が適用される問題については連邦法を適用するが,それ以外の問題については州法を適用するものとされている.

この原則を定めたのは,Erie R.R. v. Tompkins (304 U.S. 64 (1938)) 事件連邦最高裁判決であった.Erie 判決までは,連邦の憲法,条約,法律の適用のない問題について,制定法については州法が適用され,また判例法についても,不動産に関する問題のように地方的な問題に関しては州法が適用されるが,商事法や不法行為法のような全米的な問題に関しては,連邦裁判所によって形成される連邦判例法が適用されるものとされていた.

Erie 判決によって,連邦の憲法,条約,法律の適用がない問題について

は州法が適用されることとなったが，その場合には，どこの州法を適用するかが問題になる．この問題について連邦最高裁は，州の裁判所の場合と同様に，法廷が所在する州の牴触法の原則によって決められる州法が適用されるべきものとした．この結果，同じ州に所在するものである限り，訴訟を州の裁判所に提起しても，連邦の裁判所に提起しても，適用される法は同じということになった．

(3) **法の統一**

アメリカでは，契約法，財産法，家族法，刑法，商取引法，会社法など，多くの法分野が州法によって規律されている．しかし，法の形成を各州の議会や裁判所に任せたままにしておくと，法の内容が州ごとに区々になりかねない．加うるに，判例法が規律する分野では，判例の数の膨大さが法の錯綜と不確実性をもたらす．このような問題に対処するために，アメリカでは法の統一と明確化に向けて種々の試みがなされている．以下ではそのうち，統一州法とリステイトメントの事業について概説する．

　(a) 統一州法

　　(イ) 統一州法の概要と歴史

統一州法の事業は，各州の議会に対して，同一のモデル法案(これを「統一州法(uniform state laws)」と呼ぶ)に倣った同じ内容の法律を制定するよう求めることによって，各州法の内容を統一しようとするものである．

統一州法を作成するのは，各法域から数名ずつ出される委員によって構成される統一州法委員全国会議（National Conference of Commissioners on Uniform State Laws ——「統一法委員会（Uniform Law Commission）」とも呼ばれる）という組織である．委員は弁護士，裁判官，州議会議員・職員，法学者から州政府によって任命される（委員はすべて法曹資格者．総数は350人余り）．統一州法委員全国会議は第1回の会議を1892年に開き，1912年からはすべての法域が全国会議の組織に参加している．

個々の統一州法は，起草委員会によって原案が起草，検討されてのち，全国会議によって承認されて成立する．全国会議の承認が得られた統一州法は，各州に対してそれを採択するよう勧告される．

　　(ロ) 統一商事法典

統一州法の中で大きな成功を収めたといい得るものとして，1951年に起草され，その後幾度か改訂された統一商事法典(Uniform Commercial Code)が挙げられる(統一商事法典の作成は全国会議と後述のアメリカ法律協会との合同事業である)．これは，Uniform Negotiable Instrument Act(統一流通証券法)(1896); Uniform Warehouse Receipt Act（統一倉庫証券法）(1906); Uniform Sales Act（統一〔動産〕売買法）(1906); Uniform Bills of Lading Act（統一積荷証券法）(1909) などの，それまでに起草され，多くの法域(はじめの二つについては全法域）で採択された商事取引に関する統一州法を，内容に改訂を加えつつ統合，拡充したものであり，動産売買，動産賃貸借，流通証券（手形，小切手など），銀行の預金・取立，資金移動，信用状，〔企業財産の包括的売買，〕倉庫証券・積荷証券などの権原証券，投資証券（株券や債券など），動産担保権など商事取引の全側面を扱うものとなっている．

統一商事法典は現在50州すべてに採択されているが，そのうち Louisiana 州は，動産売買に関する規定などを除いて採択している．

　(ハ)　統一州法の限界

統一州法が成功するか否かは，それが多くの州議会によって法律として制定されるかどうかにかかっている．しかし，現実には過半数の州で採択されたものは統一州法全体の2割あまりしかない[7]．また，州議会は，統一州法を法律として制定するさいに独自の修正を加えることがかなりあり，さらには，州によって統一州法に対する裁判所の解釈が異なることもしばしば見られることである．

　(b)　リステイトメント

リステイトメント（Restatement [of the Law]）は，判例法の原則を条文化し(それがリステイトメントの本体)，それに注釈と設例を付したものであ

---

7) これまで起草された統一州法は（大多数の法域においてそのままの形で採択されることまでは目指さない）モデル法（model act）も含めると300以上に上るが，2019年12月に統一法委員会のウェブサイト(https://www.uniformlaws.org/acts/catalog/current)や Westlaw Next によって大雑把に調べたところ，（数え方にもよるが）現在採択を求められている106の統一州法のうち，26以上の州で採択されているものは23, 20以上の州で採択されているものは38であった (http://www2.kobe-u.ac.jp/~emaruyam/law/introame4th_supp_files/191230ULAdoptingStates.pdf).

る．これがつくられるのは，契約法，代理法，牴触法，信託法，原状回復法，不法行為法，担保・保証法，判決の効力，財産法，国際関係法をはじめとする，主として判例法によって規律される法分野である．最初に出されたリステイトメントは，1932年に完成した契約法のリステイトメントであった．1950年代から，当初のリステイトメントを改訂，拡充した第 2 次リステイトメントの刊行が始まった（第 2 次契約法リステイトメントは1981年に公表された）．さらにその後，1987年から第 3 次リステイトメント，2018年から第 4 次リステイトメントの刊行が開始されている．

　リステイトメントを作成するのは，1923年に創設されたアメリカ法律協会（American Law Institute）という組織である．この組織は，合衆国の最高裁裁判官，控訴裁判所長官，司法長官，訟務長官，州の最高裁長官，ロー・スクールの長，各法曹協会の長，統一州法委員全国会議の議長など職務上当然メンバーとなる者と，裁判官，弁護士，法学者から選任されるメンバーとで構成されている．2019年 6 月現在，3,000名以下とされる選任されるメンバーは2,791名，また，職務上メンバーとなる者256名や（選任メンバーを25年以上務めた者に資格が認められる）生涯メンバー1,617名，名誉メンバー 2 名を加えたメンバー総数は4,666である[8]．

　リステイトメントの作成に当っては，まず当該分野の第一人者を reporter に選び，その者に原案を作成させ，それを adviser と呼ばれるその分野の専門家のグループに検討させる．そこでの検討が十分なされれば，評議会（Council）に提出され，そこでの審議を経たのちに tentative draft が作成され，印刷される．この tentative draft は全メンバーによって検討され，全体会議において審議される．その後，reporter は全体会議で決議された修正を折り込んだ最終案を作成し，それが advisers と評議会の承認を経て全体会議にかけられ，そこで承認されるとリステイトメントの完成となる．

　リステイトメントの作成のさいに取られるべき姿勢としては，多数説が述べるところを条文化すべきであるとする見解と，たとえ少数説であってもより合理的な法原則を述べるべきだという見解とが対立してきたが，最

8）　アメリカ法律協会のウェブサイト（https://www.ali.org/）にある2018-2019 Annual Report や Rules of the Council などを参照した．

近は後者の見解が支持されている．

　リステイトメントは条文のかたちをとってはいるが，裁判所を拘束する力はない．もちろん，上記のような手続を経て作成されるものであるから，おおいに尊重されるが，裁判所がリステイトメントの述べる原則を採用しないことも珍しくはない．

Ⅳ. アメリカの民事訴訟手続

　本章では，アメリカの民事訴訟手続の特徴と法源に触れたのち，請求の併合や複数当事者の問題のない単純な訴訟を念頭において，また主として連邦裁判所での手続をモデルとして，その基本構造を概説する．

　現在では，州裁判所における手続も，連邦民事訴訟規則に倣って制定された規則によって規律されることが多くなったが，それでも州によってかなりの多様性が見られる．しかし，本章での説明によって（判例を読むときなどに必要となる）民事手続の過程の一応の理解は得られると思う．

　アメリカ民事訴訟法に関する標準的文献として以下のようなものがあり，本章もこれら（およびその旧版）に依拠するところが大きい．
  1. Geoffrey C. Hazard, John Leubsdorf & Debra L. Bassett, Civil Procedure (Foundation, 6th ed., 2011).
  2. Jack H. Friedenthal, Mary Kay Kane & Arthur R. Miller, Civil Procedure (West, 5th ed., 2015).
  3. Mary Kay Kane, Civil Procedure in a Nutshell (West, 8th ed., 2018).
  4. Charles Alan Wright & Mary Kay Kane, Law of Federal Courts (West, 8th ed., 2016).
  5. 浅香吉幹『アメリカ民事手続法』(弘文堂，第3版，2016).
  6. 溜箭将之『英米民事訴訟法』(東京大学出版会，2016).
  7. 樋口範雄『アメリカ渉外裁判法』(弘文堂，2015).
  8. 小林秀之『新版・アメリカ民事訴訟法』(弘文堂，1996).

1. アメリカの訴訟手続の特徴

(1) **対審的性格**

　アメリカにおいて，自国の民事訴訟手続の特徴として第一に挙げられる

ものはその対審的性格（adversarial character）である．そこでは，訴訟は，敵対する当事者（ないし当事者を代理する弁護士）の勝訴を目指しての競争と捉えられる．訴訟は，当事者の要求（申立て）に裁判所が応える，という形で進行するため，訴訟の進行の主たる責任は当事者が担うことになる（当事者進行主義——party-prosecution）．主張・立証活動も当事者の責任でなされ，提起されない争点，主張されない異議，指摘されない論点は，（例外はあるが）当事者によって放棄されたものと扱われ，無視される（party-presentation——大雑把にいっていわゆる弁論主義に対応する）．裁判官は，審判の役割のみを果たし，独自の調査を行ったり，釈明を求めたりすることはない．このような当事者中心の対審主義の弊害として，証人・証拠を私物視したり，不意打ち的に提出したりすることが挙げられている．

　これに対して，大陸法の手続は糾問的性格（inquisitorial character）を有するとされる．（当事者進行主義に対置される）職権進行主義と（弁論主義に対置される）職権探知主義が採られているとされるのである．もっとも現代の大陸法の手続，とくにわが国の手続にこれがどの程度当てはまるかについては，疑問があるように思われる．

(2) 陪審制度の存在

　アメリカでは，事実審理は陪審によってなされることが原則となっている．陪審は，別に職業をもつ一般人によって構成されるため，事実審理は何回にも分けて行うことはできず，（何日かにわたることがあっても）1回で終るように集中的になされる．また，事実審理においては口頭主義がとられているため，弁護士は，一般人からなる陪審に対して自らの主張を受け入れさせようと，しばしば劇的な弁論を行う．なお，陪審制の存在は，陪審の職務と裁判官の職務とを区別するための原則や，裁判官が陪審をコントロールするための方法に関する原則の発展をもたらした（Ⅰ**2**(3)(b)参照）．

2. アメリカ民事訴訟法の法源

　連邦地方裁判所の手続は，1938年に施行された Federal Rules of Civil Procedure（以下においては，単に"Rule(s)"と引用する）を中心とする規則およ

び法律並びにそれらを解釈する判例によって規律されている．州の第一審裁判所の手続は，州の民事訴訟規則や民事訴訟法典を中心とする規則・法典によって規律されている（現在では，Federal Rules of Civil Procedure をほぼそのまま採択している州が過半数を占めている．またそれ以外のところでも，連邦規則の影響が見られない州はないといっても過言ではない）．

3．民事訴訟の過程

(1) 裁判地

基本的に，州の裁判権はその州の全域におよび，また連邦の裁判権は合衆国全域に及ぶ．しかし，各州には複数の第一審裁判所（概ね county ごとに一つ）があり，連邦には91の地方裁判所がある．このように，複数存在する裁判所のうちどこへ訴訟を提起すればよいのかを定めるものが，裁判地（venue）の概念である．連邦の民事訴訟法は，裁判地を「地方裁判所の一般的事物管轄権の範囲内の民事訴訟について，適切な裁判所を地理的に特定するもの」と定義している（28 U.S.C. §1390）．

たとえば，連邦地裁に関して，民事訴訟は，原則として，(イ)被告のすべてが同一の州に居住する場合にはその中の誰かが居住する地区，または，(ロ)請求原因の実質的部分が発生した地区もしくは訴訟の対象である財産の実質的部分が所在する地区に，さらには，(ハ)(イ)(ロ)によっても訴訟を提起できる地区が存在しない場合には，被告が対人管轄権に服する地区に，提起できるものと規定されている．居住に関しては，自然人については本居のある地区に，（法人格の有無を問わず）当事者能力を有する団体については，被告の場合は当該訴訟に関して対人管轄権が及ぶ地区に，原告の場合は主たる営業所を有する地区に，居住するものとされる（28 U.S.C. §1391(b)(c)）．

(2) 訴訟の開始——召喚状の送達

(a) 召喚状の送達　訴訟の開始に不可欠なものは，被告に対する召喚状の送達（service of process〔summons＝呼出状と complaint＝訴状の写しからなる〕）である．召喚状の送達がなされたときには，送達者が送達の次第を記した裏書（ないし宣誓供述書または証明書）を添えて（送達済の）召喚状を

裁判所に提出して召喚状返還＝送達報告(return)を行う(連邦規則では送達証明。Rule 4(1))．

(b) 召喚状送達の目的　(イ) 被告に，自らに対する訴訟の提起を告知し，応訴して自らの言い分を表明する機会を与えること．

(ロ) 当該裁判所に被告に対する対人管轄権を発動させること．

いずれについても，召喚状の送達が必要とされているのは，合衆国憲法の適正手続条項（Due Process Clause）によって，裁判所が被告に対して対人管轄権を発動するには，被告と法廷州との間に，そこでの訴訟の維持が「フェア・プレイと実質的正義の伝統的観念」に反しないといえるだけのminimum contact（最小限の接触・関係）があるだけでなく，被告に，提訴を告知し，防御の機会を与えなければならない，という告知の要件が課されているためである（Ⅲ 2 (2)(b)(ロ)(ハ)参照）．

(c) 送達の手続　連邦規則においては，裁判所に訴状を提出することによって訴訟が始まる(Rule 3)．訴状の提出時またはそれ以降に，原告が作成した呼出状を裁判所書記官に提出すると，書記官は，それに署名・捺印して原告に交付する．原告は，それに訴状の写しを添えて，訴状提出後90日以内に被告に送達されるよう手配しなければならない．送達は，当該訴訟の当事者以外で18歳以上の者ならば，だれでもなすことができる(1983年以前は，合衆国の執行官が送達を行うのが原則であった．現在でも，多くの州では，執行官が送達を行っている)．もっとも，1993年の規則改正で，正式な呼出状の送達に代えて，訴訟提起の通知と，呼出状の送達の省略に対する了承を求める依頼を（訴状の写しを添えて）郵便などで被告に送付する手続が定められた．この手続では，被告が呼出状の送達の省略を了承する書面に署名して返信用封筒などで原告に返送し，原告がそれを裁判所に提出すれば，その時点で呼出状と訴状の送達があったものと扱われる (Rule 4(a)-(d))．

州によっては，裁判所による呼出状の発行に訴状の提出が必要でないところ（訴状は，呼出状とともにまず被告に送達され，その後，召喚状返還＝送達報告のときに裁判所に提出される）や，呼出状は弁護士が作成するところ（召喚状送達報告で呼出状と訴状が裁判所に提出されるまで，裁判所もその書記官も訴訟に関与しない）もある．

連邦の手続では，訴状の提出の時点が訴訟開始の時点とされるが，州で

は，召喚状の送達された時点を訴訟開始の時点としているところもある．

(d) 送達の方法　連邦規則は，送達の方法として，成人の自然人に関しては，① 呼出状・訴状の写しを被告に直接手渡す方法（personal service），② 相応の年齢・分別を有する者が現に居住する被告の住居または平生の居所にそれらの写しを届け置く方法，③ 召喚状を受領するよう被告が任命した，または法律で定められた者にそれらの写しを手渡す方法，を定めており，法人に関しては，① その役員，経営代理人，総代理人に呼出状・訴状の写しを手渡す方法，② 召喚状を受領するよう被告が任命した，または法律で定められた者にそれらの写しを手渡す方法などを定めている（また，自然人，法人の双方について，裁判所所在地または送達がなされる地の州法に従った送達も認められる）（Rule 4(e), (h)）．州によっては，新聞への掲載や掲示などの方法による擬制的送達（constructive service）を認めているところもあるが，原告が被告の名前・住所を知っているとき，ないしは知り得べきときなど，より実効的な送達をすることが可能であるときに擬制的送達を用いると，適正手続の要件を満たしていないとして，無効とされる可能性が高い．

(e) 被告の対応　召喚状の送達に対して被告は，事物管轄権の欠如や対人管轄権の欠如，裁判地（venue）の不適正，召喚状の不備，召喚状送達の不備，必要的当事者の欠如などを理由に，訴え却下の申立てをすることができる．一般に，対人管轄権の欠如，裁判地の不適正，召喚状・召喚状送達の不備を理由に裁判所の対人管轄権の発動を争うことのみを目的として応訴することを special appearance といい，これに対して，裁判所の管轄権に異議を留めずに応訴することを general appearance という．General appearance をすれば，（告知の要件も含めて）その訴訟に関する当該裁判所の対人管轄権の発動を承認したものと扱われ，のちに，対人管轄権の欠如，裁判地の不適正，召喚状・召喚状送達の不備を理由とする訴えの却下は認められなくなる．連邦規則は general appearance 等の呼び方を用いていないが，Rule 12(g)(2), (h)(1)が，訴え却下の申立てをしたときはその中において，訴え却下の申立てをしないときには答弁書において，これらの理由に基づく訴えの却下を申し立てないと，これらの異議は放棄したものと扱われると定めている点で，ほぼ同様の取扱いをしているといえる．

またこの段階で，たとえ訴状中に述べられた事実が真実であったとして

も，実体法上，それらの事実に基づいて〔救済が与えられる根拠とされている〕請求権が生じることは認められない，ことを理由とする訴え却下の申立て (motion to dismiss 〔the complaint〕for failure to state a claim upon which relief can be granted——「訴状が請求原因を述べていないことを理由とする訴え却下の申立て」——かつての〔general〕demurrer に相当する申立て）をなすことも可能である（この申立ては，管轄権の欠如等を理由とする訴え却下の申立ての中ですることもできるし，それとは別にすることもできる）．この申立てが認容されれば，訴えは却下されることになるが，現在では，訴状の修正によって，訴えの却下を免れることが多い．

このような訴え却下の申立てがなされなければ（あるいはなされてもその申立てが裁判所によって却下されれば），被告は自らの主張を記した答弁書 (answer) と呼ばれる書面を原告に送達し，かつ裁判所に提出することになる．もし，被告が，呼出状に定められた期間（連邦規則では，呼出状送達後21日，または呼出状送達の省略が了承される場合には，その依頼の発信後60日）内に答弁書を原告に送達しなければ，原告の申立てによって，本案について原告を勝訴させる欠席判決 (default judgment) が下される．

(3) 訴　　答

(a) 訴答〔書面〕(pleading) とは　　訴訟において，各当事者が，請求または防御について自らの主張を記した書面．相手方当事者に送達されるとともに，裁判所に提出される（訴状については，(2)で述べたように裁判所への提出がさきになされる．訴状以外の訴答書面については Rule 5(a)(1)(B), (d)）．

(b) 訴答の機能　　訴訟の対象となっている紛争を画定するとともに，その紛争における争点を決定し，裁判所および当事者に了知せしめること．より具体的にいうと，(イ)争点を絞ること，(ロ)事実審理にかけるべき事実の争点がないことが判明したときには，事実審理を行わずに事件を処理すること，(ハ)当事者に相手側の主張を知らせ，適切な訴訟準備をなし得るようにすること，(ニ)裁判所に，両当事者の主張を知らせ，それを通して紛争の内容を理解させること，(ホ)訴訟の対象および争点について記録を残し，既判力の範囲を画定すること，などを挙げることができる．

(c) 三種類の訴答の方式　　歴史的に見ると，訴答は，1848年の Field

法典以前の common law pleading，Field 法典で採用された code pleading，連邦規則が採用する federal（rules）pleading と推移してきた．

Common law pleading は，訴訟を法律または事実に関する単一の争点（issue）に収斂させることを目指すもので，issue pleading と呼ばれる．訴答は，各訴訟方式ごとに，かつ，主張の種類ごとに定められた技術的な用語でなされなければならなかった．このため，各当事者は早い時期に自らの主張およびその法的性格を決定するよう迫られることになった．その反面として，各当事者は，相手方の訴答の文言を見ることによって，相手方が依拠する法的理論を知ることができた．

【参考】
　Common law pleading においては，原告の訴状に対して被告は，(イ)管轄権の欠如，必要的当事者の欠如，など訴訟提起に関する準則違背を理由に訴えの却下を求める dilatory pleas, (ロ) 訴状の形式的瑕疵を指摘する special demurrer, (ハ)訴状に書かれていることが真実だとしても，原告はいかなる救済も得られないことを指摘して，訴えの却下を求める general demurrer, (ニ) 訴状中で主張されている事実を否認する traverse, (ホ) 被告を免責する他の事実を主張する confession and avoidance，を主張することができた．被告の confession and avoidance に対して原告は，(ロ)〜(ホ)に対応する訴答をなすことができた．

〈Common Law Pleading〉

```
原告の        被告の
declaration——plea
              ├─ dilatory plea
              ├─ special demurrer
              ├─ general demurrer
              ├─ traverse
              └─ confession & avoidance ──原告の
                                          replication
                                          ├─ special demurrer
                                          ├─ general demurrer
                                          ├─ traverse
                                          └─ confession & avoidance
```

Code pleading は，訴答の機能として，争点の形成よりも，当事者の主張する事実の開示を重視するもので，(common law pleading では，訴答は，依

拠する法原則に応じて，法技術的な用語を用いてなされなければならなかったのに対して）請求や防御を根拠づける事実を日常的で簡潔な言葉で述べることを求めた (fact pleading と呼ばれる)．そうして述べられた事実に対して，適切な法原則を適用するのは裁判所の仕事であるとされた．訴答において，依拠する法原則を示す必要はないので，不適切な法原則を選択したことによって，本来は勝てる事件において敗訴する，ということはなくなった．また，選択的主張や，矛盾する主張をすることも，当初は認められていなかったが，後に許されるようになった．

Federal pleading は，相手方当事者に対して自らの主張を告知することに重点をおいており notice pleading と呼ばれるが，連邦規則では，相手方当事者の主張を知る手段として開示手続や事実審理前協議の幅広い利用が認められたため，訴答の役割自体が小さくなっている．主張は簡潔かつ直接的になすよう求められているほか，選択的ないし仮定的な主張や矛盾する主張をすることも，当初から明文で認められている (現行規則では，Rule 8(d))．このような連邦規則の訴答のやり方は，35 を超える州においても採用されている．

　　(d)　連邦規則における訴答

　　　(イ)　訴状　　①裁判所の管轄権の根拠，②請求原因の簡潔な表示，③救済の請求，が記される．選択的請求や矛盾する内容の請求を合わせてなすことも認められる (Rule 8(a))．

　　　(ロ)　答弁書　　連邦規則は，訴状に対する被告の訴答を，答弁書 (answer) に限った (Rule 7(a))．被告は呼出状・訴状の送達後21日 (呼出状送達の省略が了承される場合には，その依頼の発信後60日) 以内に答弁書を原告に送達しなければならない (Rule 12(a)(1)(A))．

答弁書において，被告は，訴状で主張されている事実を否認し (denial)，被告の責任を阻却する積極的抗弁 (affirmative defense) を主張することができるほか，事物または対人管轄権の欠如，裁判地の不適正，召喚状・召喚状送達の不備，訴状が請求原因を述べていないこと，必要的当事者の欠如，などを理由とする訴えの却下を求めることもできる (Rules 8(b), (c), 12(b))．

被告が希望する場合には，答弁書を提出する前に，申立て (motion) によ

って，事物または対人管轄権の欠如，裁判地の不適正，召喚状・召喚状送達の不備，訴状が請求原因を述べていないこと，必要的当事者の欠如，などを理由として訴えの却下を求めることや，訴答の内容をより明確にするよう要求することなどができる．この申立ては1回に限ってなすことができる (Rule 12(b), (e), (g)(2). 事物管轄権の欠如，必要的当事者の欠如，訴状が請求原因を述べていないこと，を理由とするもの以外の訴え却下の要求は，上述の1回限りの訴え却下の申立てまたは答弁書で主張しないと，放棄したものと扱われる．Rule 12(h)(1))．

　　(ハ)　連邦規則においては，訴答は原則として訴状と答弁書に限られる．答弁書に積極的抗弁が含まれている場合でも再答弁は許されず，当然に抗弁事実の否認または更なる抗弁の提出がなされたものと扱われる．ただし，答弁書に反訴が含まれておればそれに対する再答弁（reply）が許される (Rules 7(a), 8(b)(6))．

　　(e)　訴答に基づく判決　　訴答書面の交換が終結してのち，当事者は，訴答書面上，自ら勝訴の判決が必然的であることが明らかである，と主張して，訴答に基づく判決（judgment on the pleadings）を求める申立てをすることができる (Rule 12(c))．それが認められる場合としては，訴状が請求権を成立させる事実をすべて主張しているのに対して，答弁書がその主張を認めた上で抗弁を主張しているが，その抗弁が法律上認められない場合や，抗弁を成立させる事実がすべて主張されていない場合が考えられる．

(4)　**略式判決の申立て**
　略式判決の申立て（motion for summary judgment）は，宣誓供述書（宣誓のもとでの供述を収め，その者の署名ある書面）や，開示手続（次項参照）で得られる証言録取書，質問書に対する回答書面，あるいは自白要求に対する自白書面などの書面（事実審理時に証拠能力が認められるものであることが必要）によって，主要事実に関する争いが現実には存在しない（there is no genuine dispute as to any material fact）（2010年の規則改正前は"no genuine issue"とされていた）ことを証明し，その争いのない事実に実体法を適用すると当然に自らが勝訴すると主張して，事実審理を経ない自ら勝訴の判決を求めるものである．原告の請求に対して被告がこの申立てをなすときを例にとると，被告は，

宣誓供述書などの書面証拠によって証明されるところによると，救済の基礎となる請求権を発生させる主要事実に存在が認められないものがあることが明らかであり，したがって原告は敗訴を免れない，と主張することになる．この申立てに対して，原告が宣誓供述書などによって，被告が存在を否定している事実が存在することを疎明し，主要事実の存否をめぐる争点が現実に存在することを示せば，その争点は事実審理によって決定されることになり，略式判決の申立ては却下される．これに対して，原告がその事実の存在を示す宣誓供述書などを提出しなければ，被告勝訴の略式判決が下される．

略式判決を求める申立ての認否の基準としては，かつては，申立て当事者が，提出された証拠を相手方にもっとも有利に検討しても，相手方勝訴の判決が下される余地が法律上全くないことを証明できない限り，その申立ては認められない，とされてきた．もし，事実審理時に相手方勝訴となるような事実認定がなされる可能性が少しでもあれば，この申立ては却下されるべきものとされたのである．

略式判決手続においては，証人に対する反対尋問の機会がないこと，証人の挙措を観察できないこと，裁判官の面前で録取されるものではない宣誓供述書においては偽証がなされる恐れが皆無でないこと，などの事情があるため，陪審による事実審理を重視する立場から，裁判所は略式判決をさほど簡単には下さない姿勢をとったのであった．

しかし，1986年の連邦最高裁判決（Matsushita Elec. Industrial Co. v. Zenith Radio Corp., 475 U.S. 574; Anderson v. Liberty Lobby, 477 U.S. 242; Celotex Corp. v. Catrett, 477 U.S. 317）以降，少なくとも連邦裁判所では，その認否の基準は，略式判決の申立てを認容する方向で緩和された．現在では，提出された証拠を全体として検討し，相手方に有利な合理的推測をしたとしても，合理的な陪審が相手方に有利な事実認定をする可能性がなければ，申立てを認容すべきものとされている．なお，証拠全体を検討する際に，陪審が信じる必要のないまたは合理的な陪審が信じることができない申立人に有利な証拠は無視すべきものとされる．

略式判決は，いずれの当事者についても，原則として，すべての開示手続が終結した後30日が経過するまでは，いつでも申し立てることができる

(Rule 56(a)–(c)).

　原告の請求すべてに関して被告からなされる略式判決の申立ては，事実審理を待たずに，本案に関して訴えの却下を求める点で，訴状が請求原因を述べていないことを理由とする訴え却下の申立てと似ている．両者の相違点は，訴状が請求原因を述べていないことを理由とする訴え却下の申立ての認否は，訴状のみから判断されるのに対して，略式判決の申立ての認否は，申立てを支持する宣誓供述書などの書面証拠を考慮して判断される点にある（したがって，訴状が請求原因を述べていないことを理由とする訴え却下の申立てに宣誓供述書が添えられている場合には，それは略式判決の申立てとして取り扱われる）．

(5) 開示手続

　(a)　開示手続とその機能　　開示 (discovery) とは，基本的に，事実審理の準備の助けとするために，相手側当事者や第三者から，事件に関する事実や情報を入手し，また証拠を保全するために用いられる手続をいう．
　その機能としては，以下のようなものがあげられる．

　　(イ)　不意打ちの防止　　現代の訴答書面は，請求や防御について，概括的に述べることしか求められていないため，主張の詳細をそこから窺うことはできない．また，元来，訴答書面から，相手方当事者が主張を支持する証拠としてどのようなものを提出するかを知ることは不可能であった．開示手続を通して，相手方当事者の主張・立証について予め情報を得ることによって，不意打ちを食らうことを避けることができるようになる．

　　(ロ)　真の争点をつきとめること　　訴答書面において争点とされているものの中には，証拠の点から実際上は争点となり得ないものも含まれていることが多い．それを排除することによって，訴訟準備活動や事実審理を真の争点に集中することが可能になるとともに，(決定的な争点について当事者が合意できる場合には) 早期に和解による解決を得ることもできるようになる．

　　(ハ)　証拠の保全，とくに証言の保存　　証人が病弱であったり，事実審理時に国外にいる予定である場合など，事実審理に出廷することができないことが予測されるときに，予めその証言を録取して保存することに

よって，後の審理時にその証人の証言を提出することが可能となる．また，早期に証言を録取して，それを保存しておけば，事実審理における偽証を防ぐことができる．

　　　㈡　事実審理時に提出できる証拠を入手し，またその入手のための情報を獲得すること．

　(b)　開示手続の対象となるもの　　開示の範囲について連邦規則は改訂を重ねてきたが，2015年の改正で，基本的に開示は，「［弁護士が依頼人から得た情報，医師が患者から得た情報，牧師が懺悔者から得た情報など］証言・証拠提出拒否特権が認められる事項を除いて，いずれかの当事者の請求または防御に関連し，当該事件の必要性に相応のすべての事項 (any nonprivileged matter that is relevant to any party's claim or defense and proportional to the needs of the case)」に及ぶと規定された．事件の必要性に相応するかの判断は，訴訟における当該争点の重要性，係争額，関連する情報に対する当事者のアクセスの比較，当事者の資産，争点解決における開示の重要性，当該開示の負担・費用が得られる可能性のある利益を上廻るか否か，を考慮して下される．この範囲内のものであれば，開示が求められている情報が，事実審理時に証拠として提出できることは必要ではない (Rule 26(b)(1)．開示の要求に対する制約として，弁護士の訴訟準備活動の成果の問題については，後述する)．

　なお，1993年の連邦規則改正によって，両当事者は，原則として，訴訟の早い段階で協議し，各当事者の請求・防御の趣旨と根拠の検討，和解の可能性の検討，義務的開示の実施・準備，開示計画の作成，などを行うことを義務づけられた (Rule 26(f))．また，開示の要求は，原則として，この協議以降でなければできないものとされた (Rule 26(d))．

　(c)　義務的開示　　1993年の連邦規則改正で，一定の開示は当事者の要求がなくても行わなければならないこととする義務的開示 (required disclosures) の制度が導入された．その趣旨は，開示要求の手続を省いて，当事者間の情報交換を促進することであった．1993年規則では，義務的開示の適用を排除する local rule (Rule 83は，一般的に，各地方裁判所が，連邦の法律や規則に牴触・重複しない範囲で，その手続に適用される local rule を制定することを認めている)の制定が各地方裁判所に認められており，それに基づいて義務的

開示を排除する地区が多数に上った．そのため，2000年の規則改正で，そのような local rule を制定する権限は削除された．

　義務的開示には，訴訟の初期段階での初期開示（initial disclosure）と，事実審理が近づいた段階での専門家証言開示（disclosure of expert testimony）および事実審理前開示（pretrial disclosures）とがある．

　　（イ）初期開示　　当事者は，①自らの請求・防御を支持するために用いる可能性がある（開示の対象となる）情報を有すると思われる証人の名前，住所，電話番号，当該情報の概要，②同様の性格を持ち，自らが所有・管理する文書，電磁情報，物件，③自らが請求する損害賠償の算定，④判決の満足のための支払を塡補する保険契約の内容，を相手方当事者に開示しなければならない（Rule 26(a)(1)）．

　　（ロ）専門家証言開示　　当事者は，原則として，事実審理期日の90日以上前に，事実審理において専門家証人となる可能性のある者の名前，および（当該事件のために依頼・雇用された証人や，当事者の被用者で専門家証言をすることが職務に含まれる証人の場合には）専門家証人としての意見，その根拠資料，過去4年間に証言した事件の一覧，当該事件で支払われる予定の報酬，などを収め，本人が署名した報告書，または（報告書の提出が求められない証人の場合には）証言を予定する対象と証言の概要を相手方当事者に開示・提供しなければならない（Rule 26(a)(2)）．

　　（ハ）事実審理前開示　　当事者は，原則として，事実審理期日の30日以上前に，事実審理において提出する予定・可能性がある証人の名前，文書・物件に関する情報を開示しなければならない（Rule 26(a)(3)）．

　　（ニ）追加的開示　　義務的開示を行った当事者（および質問書，文書等の提出要求および自白の要求に対応した当事者）は，重要な点で当該開示または対応が不完全または不正確であることを知り，かつ，当該開示過程または文書中において，追加情報または訂正情報を相手方が得ていない場合，または裁判所が命じる場合には，速やかに当該開示または対応を補足または訂正しなければならない（Rule 26(e)(1)）．

　(d)　開示手続の種類

　　（イ）証言録取・証言録取書（deposition）　　①　口頭の質問による証言録取　　証人が，法廷外において（通常は弁護士事務所において），法廷

記録者（court reporter——速記により，法廷内外で行われる訴訟手続の記録を作成する者，全米法廷記録者協会（National Court Reporters Association）の認定を受け，多くの場合，公証人でもある）など宣誓を執り行うことのできる者（あるいは両当事者が合意した者）の面前で，宣誓のうえ，（事実審理時の証人尋問と同様に）弁護士の尋問に答えるかたちで証言し，その内容が速記によって記録され，後に反訳されたもの（最近では，記録の方法としてビデオが使われることも多い）．

証言録取の対象となるのは，（当事者を含む）すべての人．

裁判所の許可は，①（書面によるものも含めて）各当事者による証言録取が10回を超えるとき，②同一の者に再度証言録取を行うとき，③開示計画の作成などのための協議を開いていない段階で証言録取を行うとき，を除いて不要である．なお，1回の証言録取は，裁判所の命令や当事者間の合意がない限り，1日（7時間以内）に限られている．

証言録取を行う者は，予め，他の当事者に対して，証言録取の日時・場所，証人の住所・名前を知らせて，他の当事者に反対尋問の機会を与えなければならない．証人が任意に出頭しなければ，召喚状（subpoena）によってその出頭を強制することができる（Rules 28(a), 29, 30）．

証言録取をなし得るのは，訴訟提起後（そして，開示計画の作成などのための協議後）を原則とするが，訴訟の提起をすぐにできない理由を示して裁判所に訴訟提起前の証言録取を申し立て，それを許す裁判所の命令が得られれば，事実審理に出廷できない証人の証言の保存などの目的のために，訴訟提起前に証言録取を行うことができる（Rule 27(a)）．

　　　　② 書面の質問による証言録取書　　証言録取は，上述の口頭の質問に対するもの以外に，書面に記された質問に答えるものも認められている．この方法を用いるときには，まず，証言録取を求める当事者が相手側に，直接尋問の質問事項を示す．これを受取る相手側は，反対尋問の質問事項を最初の当事者に送る．このあと，同様に，再直接尋問，再反対尋問，を送り合って質問事項が確定する．その後，このようにして確定された質問事項に対して，回答をする証人が法廷記録者等の面前で証言し，その内容が記録される（Rule 31）．この方法は，口頭の質問による方法より費用が安くすむ長所をもっているが，証人の証言に即した質問ができないため，あまり用いられていない．

③　事実審理時における証言録取書の利用　　事実審理における証言録取書の使用は，証人が出廷のうえ口頭でなす証言を優先する方針から，次のようなものに限って認められる．

(i) 証人（証言録取をされた者）が事実審理においてなした証言の真実性を争うため．

(ii) 当事者から録取された証言録取書は，反対当事者があらゆる目的に用いることができる．

(iii) 証人（当事者を含む）から録取された証言録取書は，証人の死亡，証人の居住地が遠いこと（審理地から100マイルを超えたところにいること，または合衆国外にいること），高齢・病気などの理由で証人が出廷できないこと，などを裁判所が認定した場合に限って，あらゆる当事者があらゆる目的のために用いることができる（Rule 32(a)）．

　(ロ)　質問・質問書 (interrogatory)　　質問書は，一方当事者が相手方当事者に送り，相手方当事者が宣誓のうえ書面で回答する一連の質問を記した書面である．質問書の送り先は当事者に限られる．書面の質問による証言録取書と異なる点は，回答を求められた当事者は，自らのコントロール内の事項については，調査のうえ回答しなければならないことである（証言録取書は，録取時の知識の範囲内で答えればよい）．

　裁判所の許可は不要である．

　質問書を送られた当事者は，その送達後30日以内に，それに対する回答（または異議）の書面を送達しなければならない．なお，当事者が送ることができる質問書は，裁判所の命令や当事者間の合意がない限り，25通までに限られる．

　質問書に対する回答書面は，（伝聞証拠法則や最良証拠法則のために）通常は証拠として提出することはできない．質問に対する回答は，むしろ，証言録取など弁護士の訴訟準備活動に手がかりを与えるものとして使われている（Rule 33）．

　(ハ)　文書，電磁情報，物件の提出および土地への立入り　　当事者は，相手方当事者に対して，その占有・管理・コントロールのもとにある文書，電磁情報，物件について，その提出を求め，また，それを閲覧，複写，検査することを認めるよう要求することができる．また当事者は，相

手方当事者の占有・コントロールする土地に立ち入り，検査・測量・撮影等を行うことを認めるよう要求することができる．

　この開示方法を用いることのできる相手方は，当事者に限られる．非当事者の文書，電磁情報，物件で運搬できるものについては，証言録取を行うさいにそれを持参させる方法がある（subpoena duces tecum〔文書・物件持参命令付召喚状〕がこれを強制するために用いられてきた）ものの，土地の立入りについては別訴を提起するほか方法がなかった．しかし，1991年の連邦規則改正で，①それまで，召喚状は，裁判所書記官が白地で発行し，証人の名前などは弁護士が後に記入していたところ，召喚状自体を弁護士が裁判所の職員として発行することができるようになるとともに，②それまで，証言録取に付随するものとして，非当事者に証拠の提出が命じられていたところ，証言録取なしに証拠提出を命じることが可能になり，さらには，③非当事者に対して，その占有する土地建物の検査を認めるよう命じることも可能になった．

　文書等の開示要求に裁判所の許可は不要である．開示の要求をする当事者は，その対象文書・物件等，開示の時間，場所，方法等を表示して要求すればよい．この要求を受けた当事者は，その送達後30日以内に，書面で，要求を認めるかまたは異議を述べる回答をしなければならない（Rule 34）．

　　　㈡　身体検査・精神検査〔身体鑑定・精神鑑定〕　当事者，または当事者の監護または法的コントロールのもとにある者の精神状態または身体状態が争われているときには，裁判所は，当事者に，身体検査または精神検査を受けるように，または当事者の監護等のもとにある者を検査のために出頭させるように，命じることができる．この命令は，検査によって得られる情報が必要で，他の方法によっては得られないことについて相当な理由を添えてなされる申立てによってのみ出され得る．また，その申立時には，検査を受ける者およびすべての当事者に対して通知がなされなければならない（Rule 35(a)．ちなみに，事前の裁判所の命令が必要とされる開示手続は，この身体検査・精神検査だけである）．

　　　㈤　自白の要求　　当事者は，相手方当事者に対して，法律および事実の争点（文書の真正性を含む）について，自白を要求することができる．

　この自白の要求に対して相手方当事者は，30日以内に，①個別的に否認

する，②自白も否認もできない理由を述べる，③自白要求に異議を述べる，のいずれかをしない限り，自白を求めた当事者の要求通り自白したものとみなされる．この要求を受けた当事者は，当該事項について情報を有していないことを理由に自白の拒否ないし否認をすることはできず，相当な調査をすることが義務づけられている（それでも自白・否認を決められなければ②の回答をする．Rule 36(a)）．自白の効果が及ぶのは，当該訴訟および当該当事者限りである．

自白の要求をされたにもかかわらず自白が得られなかった事項は，事実審理において証明されなければならないが，その証明に成功した場合には，自白要求者は，その証明に要した費用を相手方に支払わせる命令を裁判所に求めることができる．そして，裁判所は，自白の拒否が正当と考えられる場合を除いて，そのような命令を下すこととされている（Rule 37(c)(2)）．

　　（e）開示要求に対する不服　　開示の要求に不服があるときは，次のような対応をすることになる．

　　①異議を申立て，開示を拒否する―――開示を求める当事者は，開示を強制―――
　　　　　　　　　　　　　　　　　　　　する命令を裁判所に申し立てる
　　　┌―裁判所が開示を強制する命令を出す―――これに従わず開示を拒否し続ける
　　　│　　　　　　　　　　　　　　　　　　　と制裁が科されることがある．
　　　└―裁判所が異議を認め申立てを却下する―――保護命令が出されることがある．
　　②保護命令を求める申立てをする．

　　（f）開示要求に対する保護命令　　さほど重要でないが，開示の対象となる情報を，何回も執拗に求める開示要求のように，相手方に嫌がらせをする目的で開示手続が用いられる危険がある．保護命令（protective order）は，このような開示手続の濫用を防止するためのものである．

この命令は，当事者または開示を要求された者が，保護命令が必要とされる十分な理由を示して，裁判所に申し立てることによって，出される．

保護命令の内容としては，①開示の禁止，②開示の日時，場所，費用配分など開示の条件の指定，③開示方法の変更，④開示の対象とされる事項の限定，⑤開示の立会人の指定，⑥証言録取書を封印し，その開披には裁判所の命令を必要とすること，⑦営業秘密などの情報の秘匿，などが定められている（Rule 26(c)）．

さらに、裁判所は、開示が不当に重複的である場合やより負担が少ないところから入手可能な場合などに、申立てによりまたは職権で、開示手続の利用の回数や範囲を制限することが求められる（Rule 26(b)(2)(C)）。

(g) 開示に関する制裁

(イ) 費用支払命令　義務的開示や、開示要求に対する相当の対応がなされなかったときに、当事者は、開示を強制する命令を求める申立てをすることができる。申立てには、申立人が裁判所の介入なしに開示を得るために誠実に相手方と協議したことまたは協議を試みたことの確認文が含まれていなければならない。申立てが認容された場合には、開示を怠ったり相当の対応をしなかったりした者は（申立人が裁判所の介入なしに開示を得る努力を誠実に払うことなく命令の申立てをしたり、異議が実質的に正当なものと判断されたりするなどの事情がない限り）その命令を取得するために要した費用を、命令を申し立てた当事者に支払うよう命じられる。開示を強制する命令を求める申立てが却下された場合には、命令を申し立てた当事者は（申立てが実質的に正当なものと判断されるなどの事情がない限り）申立てを争うために要した費用を相手方に支払うよう命じられる（Rule 37(a)）。

開示を強制する命令が出されたときや、身体検査・精神検査を許容する命令が出されたときに、開示に応じないと、開示を命じられた当事者は、（拒否が実質的に正当なものと判断されるなどの事情がない限り）その拒否によって必要となった費用を相手方に支払うよう命じられる（Rule 37(b)(2)(c)）。

すでに述べたように、自白の要求に対して自白がなされず、後に当該事実・文書の真実性が証明された場合には、自白を要求した当事者は、（相手方に、事実審理において勝つと信じる相当の理由があったことなど、自白の拒否に正当な理由がある場合でない限り）相手方に対して証明に要した費用の支払を命じるよう、裁判所に求めることができる（Rule 37(c)(2)）。

証言録取に出頭しないとか、質問書に回答しないとか、開示要求を全く無視する態度をとる当事者も、それによって必要となった費用を相手方に支払うよう命じられる（Rule 37(d)）。

当事者またはその代理人が誠実に開示計画の作成などのための協議に参加することを怠った場合、裁判所はその不参加によって必要となった費用を相手方に支払うよう命じることができる（Rule 37(f)）。

(ロ)　直接的制裁　　開示を命じたり強制したりする命令や身体検査・精神検査を許容する命令などが出されたにもかかわらずそれに従わない当事者，義務的開示の義務を果たさない当事者，および開示要求を全く無視する態度をとる当事者(この場合には，制裁を求める申立てに，申立人が裁判所の介入なしに開示を得るために誠実に相手方と協議したことまたは協議を試みたことの確認文が含まれていなければならない)に対しては，裁判所は，特定の事実を立証されたものとみなす；特定の争点に関する証拠の提出を禁止する；特定の証拠の提出を禁止する；訴答から請求や否認・抗弁を削除する；手続を中断させる；請求を棄却したり，欠席判決を下したりする，ことができる (Rule 37(b)(2)(A)(B)，(c)(1)(C)，(d)(3))．

　(ハ)　法廷侮辱　　開示を強制する命令などが出されたにもかかわらず，これに応じない当事者は，法廷侮辱 (contempt of court) に問われ，拘禁または罰金が科せられることがある．証言録取のための召喚状に応じない証人も同じである (Rules 37(b)(1)，(b)(2)(A)(vii)，45(e))．

　(h)　弁護士の訴訟準備活動の成果と開示

　弁護士が，提起された訴訟の審理のために，または提起されるかもしれない訴訟に備えて，収集した証拠や作成した記録・メモなどが，制限なく開示されることになれば，両当事者 (を代理する弁護士) の積極的な訴訟準備活動に依拠する対審制度の存在基盤はあやうくなってしまう．そのため，弁護士の訴訟準備活動の成果 (work products) については，開示が大幅に制限されている．

　(イ)　訴訟や審理に備えて，当事者やその代理人 (弁護士など) が作成した文書・物件，または当事者やその代理人がその作成を依頼した文書・物件は，通常，開示の対象とすることができず，開示を要求する者が，自らの主張・立証の準備のために，それを必要とする度合が大きく，かつ他の手段でそれと同等のものを入手することには大きな困難があることを証明した場合にのみ，開示が認められる．

　(ロ)　弁護士などの代理人の訴訟に関する印象，判断・結論，意見，法理論に関する開示は基本的に認められない．

　(ハ)　当事者または当事者以外の証人は，(相手方当事者またはその弁護士の手元などにある) 自らが当該訴訟または訴訟の対象に関して以前になし

た陳述の記録を入手することができる．この場合は，(イ)で要求されるような証明は不要である（Rule 26(b)(3)）．

(6) 事実審理前協議

　事実審理前協議（pretrial conference）は，当事者を代理する弁護士（または当事者自身）と裁判官が事実審理が開かれる前に行う協議で，通常，訴答書面が交換され，開示手続が完了してのちに開かれるが，より早い時期に，開示手続についての方針や事実審理前の申立ての期限を定めるなどの目的で，開かれることもある．連邦規則では，この協議の開催は裁判官の裁量にかかり，その回数に制限はない．

　(a) 事実審理前協議の機能

　　(イ) 争点の整理　　当事者が予定している主張・立証活動を裁判官の面前で話し合うことを通して，意味のない請求や防御を削除したり，真実性に争いのない事実や文書について自白や合意を得て，争点を絞ったり，また証人・証拠の数を減らすことなどによって審理の単純化・迅速化を図ったりする．

　　(ロ) 和解の可能性，あるいは法廷外における解決の可能性を探る．

　(b) Pretrial Order　　事実審理前協議で得られた自白や合意，事実審理にかけられるべき争点，事実審理に提出される予定の証人・証拠など，協議の結論は，pretrial order という書面に記録される．これは，訴答書面に代って，（裁判所がその修正を認めないかぎり）以後の訴訟の過程を規定する．

　(c) 制裁　　事実審理前協議に欠席したり，協力しなかったりした当事者に対して裁判所は，開示に関する不協力に対するものとほぼ同様の，証明の禁止，請求の棄却，欠席判決，法廷侮辱などの制裁を課すことができ，また原則として費用の支払を命じなければならない（Rule 16）．

(7) 事実審理

　(a) 陪審による事実審理を受ける権利　　合衆国憲法第7修正は「コモン・ロー上の訴訟において，訴額が20ドルを超えるときは，陪審審理を受ける権利が維持され，陪審によって審理され〔認定され〕た事実は，コモン・ローの準則によるほか，合衆国のどの裁判所においても調べ直される

ことはない」と定めている．第7修正は州に対して拘束力を持つものではないが，ほとんどの州ではこれと同じような規定が憲法中におかれており，残りの僅かの州においても，制定法の中に同様の規定が存在している．こうして，陪審による審理を受ける権利はすべての州で保障されているのである．

　陪審制に関する合衆国の方針として，連邦の法律は，「連邦裁判所において，陪審審理の権利を有する当事者はすべて，法廷が開かれる地区または区域の地域社会が概ね均等に代表されるよう (from a fair cross section of the community in the district or division wherein the court convenes) 無作為に選ばれた大陪審および小陪審を求める権利を持つ．[合衆国] 市民はすべて，合衆国地方裁判所における大陪審および小陪審での職務について検討される機会を有し，そのために呼び出された場合には，陪審員として務める義務を負う」と規定している（抄訳．28 U.S.C. §1861）．

　さらに，陪審員の職務に関する差別を禁止して，「[合衆国] 市民は，何人も，人種，体色，宗教，性，出身民族または経済状況を理由に，合衆国地方裁判所において大陪審員または小陪審員の職務から排除されない」と規定されている（抄訳．28 U.S.C. §1862）．

　陪審審理を受ける権利は，コモン・ロー上の訴訟に限って認められている．しかし現在は，コモン・ロー裁判所とエクイティ裁判所が分かれていないので，この問題は，裁判所が分かれていた時代であれば，当該訴訟は，その実体法上の争点から見て，いずれの裁判所で審理されたであろうか，というかたちで問われることになる．この問題の決定のさいには，訴訟において求められている救済方法がコモン・ロー上のもの（典型的なのは損害賠償）であるか，エクイティ上のもの（典型的なのは差止命令と特定履行）であるか，ということが重要であるが，それが決め手にならないこともある．

　陪審審理は，法律や規則で定められた期間内に要求しないと，それを求める権利が失われてしまう．連邦規則のもとでは，最終の訴答書面が送達されてのち14日以内に，陪審審理の要求を相手方当事者に送達し，さらに相当の期間内に要求を裁判所に提出しなければ，陪審審理を受ける権利は放棄されたものと扱われる（Rule 38(b)）．

　　(b)　陪審員選任手続　　まず，有権者名簿・投票者名簿などを用いて，

法廷が開かれる地区の地域社会が概ね均等に代表されるよう無作為に選ばれた者の名前が master jury wheel に入れられ，そこから，再び無作為に，一定の期間について陪審員として務める陪審員候補者が選び出される．選ばれた陪審員候補者には，陪審員資格調査書が送られ，10日以内に記入・返送するよう求められる．各候補者は，陪審員資格調査書の情報から，その資格ないし免除事由の有無が確かめられる．陪審員の資格要件としては，合衆国の市民，18歳以上，当該地区での１年以上の居住，英語を読み書き話す能力，精神的または身体的障害がないこと，１年を超える自由刑を科される犯罪で起訴されたり有罪判決を受けたりして公民権剥奪の状態にある者でないこと，などが挙げられる．陪審員の職務を免除される事由としては，軍務についていること，消防署または警察に所属していること，公務員であること，が挙げられる．また，医師，牧師，幼い子供を持つ母親など，陪審員の職務につくことが非常に困難な者は，本人の申立てによってその職務を免除される (28 U.S.C. §§1863-65)．

　資格を確認された陪審員候補者は，qualified jury wheel に名前が入れられ，陪審による事実審理が必要になると，陪審員として働くために裁判所に呼び出される(28 U.S.C. §1866)．こうして呼び出された者は，特定の事件の陪審員として選任される前に，voir dire (= to speak the truth) と呼ばれる予備的尋問を受ける．この手続においては，事件についての簡単な説明がなされてのち，陪審員となる者が，当該事件の事実や当事者を知っているか，あるいは事件の本案について予断を抱いているか，などが調べられる．また，陪審員候補者の職業，学歴，家族関係などについての質問もなされる．Voir dire の尋問は，弁護士の意見などを聞きつつ裁判官によってなされる（連邦裁判所で好まれる）やり方と，裁判官の監督のもとに弁護士が行う（州裁判所で多用される）やり方とがある (Rule 47 (a))．

　このような尋問を通して，陪審員候補者が事件について偏見を有していることや，偏見をもつ危険があるということが明らかになれば，当事者を代理する弁護士は，その者に対して理由付忌避申立て(challenge for cause)をすることができる．当事者の弁護士は，さらに，一定限度の回数だけ，理由を明らかにすることなく陪審員候補者を忌避できる絶対的忌避申立て(peremptory challenge)によって，自らに不利と考えられる者を陪審から排

除することができる（連邦地裁における民事事件では，3回まで認められる．28 U.S.C. §1870）．

以上のような手続を経て所定の数（後述するように，伝統的には12名であったが，最近は，12名未満の陪審を制度化するところが少なくない．本項(c)(リ)参照）の陪審員が選任され，彼らは宣誓のうえ陪審員席につくことになる．

(c) 事実審理の過程

(イ) 原告の冒頭陳述（opening statement） 原告側弁護士が，陪審に対して，これから自分が提出する証拠をよりよく理解できるように，自らが証拠によって証明しようとする事件の概要を説明する．

(ロ) 被告の冒頭陳述 被告側の弁護士は，原告の立証活動の終了後，自らの立証活動の前に冒頭陳述をすることを選択しない限り，原告の冒頭陳述ののちに自分の冒頭陳述をする．

(ハ) 原告の主たる証明（case in chief） 通常まず原告が，自らの請求の根拠となる請求権の成立に必要な主要事実すべてを証明するための証拠を提出しなければならない．そのために，原告は証人を喚問し，書証・物証を提出する．

証人に対する出廷依頼は当事者によってなされる．任意に出廷しない証人については，召喚状（subpoena）によって出廷を強制する．召喚状は，かつては，裁判所書記官が署名し裁判所の印章を押捺して発行し，証人の名前などは弁護士が記入していたが，1991年の規則改正の後は，弁護士自身が裁判所の職員として発行することも認められるようになった（Rule 45(a)(3)）．

証人が証言するときには，まず，真実を述べる旨の宣誓をする．その後，原告側の弁護士が直接尋問を行う．直接尋問においては，期待する回答を示してなされる誘導尋問（leading questions）は許されない（ただし，証人が相手方当事者や相手方に味方する者である場合についてはこの限りではない）．

〔主要な証拠法則〕

① 提出できる証拠は，事件の争点に関連性を有するものに限られる．

② 証人は自分が，見た，聴いた，感じた，嗅いだ，触れたところのものを証言しなければならない．

③ 伝聞証拠法則（Hearsay evidence rule）——法廷外で他人がなした陳述

や作成した文書を，その陳述・文書の内容の真実性を証明するために証拠として用いることはできない．伝聞証拠の提出が禁じられるのは，法廷外で陳述をなした者や文書を作成した者に対して反対尋問をすることができず，信憑性を確かめることができないためである．

④　証人は，原則として，結論や意見を述べることができない．専門家証人は，その専門分野のことがらについて証拠に基づく意見を証言することができる．

⑤　弁護士が依頼人から得た情報，医師が患者から得た情報，牧師が懺悔者から得た情報，夫婦間で交換された情報，などについては，証言の拒否ないし証拠提出の拒否が認められる．

⑥　自分自身，または自分の配偶者の刑事責任の証明に連なる証言は拒否できる．

⑦　最良証拠法則（Best evidence rule）――書証については原本が提出されなくてはならず，原本の滅失の証明がなされたときなどに限って，その内容を証明する他の証拠の提出が許される．

上述のような証拠法則に反する証拠が提出されようとするときには，弁護士がそれについて異議(objection)を述べなければ，後で問題にすることはできない．異議に対して裁判官は，通常は審理を経ることなく，その異議を認めたり（objection sustained），その異議を却下したりする（objection overruled）．異議に対する裁判についてさらに上訴で争うためには，かつてはさらに正式の異議（exception）を申し立てておく必要があったが，連邦規則ではこの要件は廃止されている（Rule 46）．

　原告の弁護士による直接尋問が終ると，直接尋問で触れられた事項および証人の信憑性について，被告側弁護士が反対尋問を行う．反対尋問においては，誘導尋問も許される．

　被告側弁護士の反対尋問の後，原告側弁護士は再直接尋問を行うことができる．これによって，原告側は，反対尋問によって攻撃された直接尋問における証言の信憑性を修復しようとする．再直接尋問がなされる場合には，その後再反対尋問をすることが許される．

　このようなやり方で，原告側の証人の尋問が繰り返され，また，書証，物証の提出がなされて，原告側が証拠の提出を終えると，被告側に証拠提出活動が譲られる（このように証拠の提出を終えることを rest という）．

この時点で，原告は，自らの請求を根拠づける主要事実で，自らが証拠提出責任 (burden of production) を負うすべての事実について，十分な（＝合理的な陪審であれば，それに基づいて原告勝訴の評決を下し得るような）証拠を提出していなければならない．換言すると，原告は prima facie case（一応有利な証明）を果たしていなければならないのである．

　被告が，原告の提出した証拠はこの点において不十分であると考えれば，指図評決（directed verdict——1991年の規則改正後は，法律上当然の判決（judgment as a matter of law) と改称された．Rule 50) の申立てをすることができる．これに対して裁判所が，たとえ原告の提出した証拠を原告にもっとも有利に検討し，かつそれらの証拠から原告にもっとも有利な推論をしても，合理的な陪審ならば，原告勝訴の評決を下すはずはない，と判断すれば，この申立ては認められ，被告勝訴の本案判決が下される．

　指図評決という名称は，かつては，これを求める申立てが認容されれば，裁判官が陪審に対して，申立人勝訴の評決を下すよう指図し，陪審はそれに従った評決を答申するという形式がとられたことによっている．現在は，そのような手続を経ずに直接，申立人勝訴の判決が下される[1]．

　【参考——被告が申立人である場合の三つの申立ての違い】
　　訴状が請求原因を述べていないことを理由とする訴え却下の申立て（かつての〔general〕demurrer に相当）＝訴状が請求を根拠づける主要事実をすべて主張しているか，を問題とし，証拠については触れない．
　　略式判決の申立て＝原告が主要事実すべてについてその存在を示す証拠を有しているか，を問題にする（この申立てをするときに用いることのできる証拠は書面証拠のみ）．
　　指図評決の申立て＝原告が主要事実すべてについてその存在を認定し得るだけの証拠を提出したか，を問題にする（この申立ては，相手方の証拠提出の後

---

1) 裁判官によって事実審理が行われる事件において，陪審審理の場合の指図評決に相当するものは，1991年の連邦規則改正までは，証拠の不十分性を理由とする訴え却下（(involuntary) dismissal）と呼ばれていた（1991年改正前の Rule 41(b)）．なお，裁判官による事実審理の場合には，裁判官は証拠を被申立人にもっとも有利に検討する必要はない．1991年の規則改正で，この種の訴え却下は，部分的認定にもとづく判決（judgment on partial findings）として位置づけられるようになった（Rule 52(c)）．

になされる).

　　㈠　被告の主たる証明（case in chief; case in defense）　被告側からの指図評決の申立てが却下されると，または指図評決の申立てがなされないときには，被告は，原告の主張する事実の存在を否定するために，そして自らの依拠する抗弁を構成する事実を証明するために，証拠を提出することになる．まだ冒頭陳述を行っていない被告は，立証活動に先だってそれを行う．

　被告がすべての証拠の提出を終えたのちに，今度は原告が，被告敗訴の指図評決を求める申立てをすることができる．

　　㈤　原告の反証（evidence in rebuttal）の提出　被告側の証拠に対して反駁するための証拠を提出する．原則として，被告側の証拠と無関係な証拠を新たに提出することはできない．

　　㈥　被告の反証（evidence in rebuttal）の提出　原告側の証拠に対して反駁するための証拠を提出する．

　両当事者のすべての証拠の提出が終ると，当事者双方は，証拠の状況から判断すると，合理的な陪審であれば，申立人勝訴の評決以外は下し得ない，と主張して，再び指図評決の申立てをすることができる．

　　㈦　最終弁論（closing argument; final (jury) arguments; summation）
（この前に通常，裁判官は両当事者の弁護士から提出された説示の案を参考に，自身が提示する予定の説示の内容を決定し，それを両弁護士に示している）

　当事者は，原告→被告→原告の順に，これまでに提出された証拠を自らの視点から総合して，そこから引き出される論理的結論を陪審に説明することによって，自分が勝訴の評決を下すよう陪審を説得する．

　　㈧　説示（instruction; charge）　陪審の職務には，事実を認定することだけでなく，自らが認定した事実に法を適用することも含まれる．そのさいに適用すべき法原則について裁判官が説明するのが，説示である．裁判官は，両当事者の弁護士から提出された説示案を参考にして説示の内容を決定し，最終弁論がなされる前に自らの説示案を弁護士に提示する．これによって，弁護士は，異議があれば説示前にそれを裁判所に提起できるし，裁判官の説示の内容に従って，自分の最終弁論を構成することもできる．裁判官の説示が与えられるのは，最終弁論の終了後とされている法

域・地区が大半を占めるが，若干の法域・地区では，最終弁論の前に与えられるものとされている．

説示において説明されることがらには，認定事実に適用すべき実体法原則だけでなく，事実を認定する際に従われるべき証明責任（説得責任（burden of persuasion））の分担，証明責任が果たされるために必要な説得の程度，などがある．

民事事件の証明においては，証明責任が果たされるために必要な説得の程度は，一般に，preponderance of the evidence（証拠の優越）の基準によるべきものとされている．すなわち，反対当事者の証明よりも説得性の点で優越しておれば，当該事実について証明責任が果たされ，その事実は認定されるべきものとされる（刑事事件においては，beyond a reasonable doubt が基準となり，合理的な疑いを入れない程度の説得が達せられない限り証明責任は果たされたことにならず，当該事実は認定されない．なお，アメリカ民訴において証明責任というときには，ここで説明した説得責任のほかに，証拠提出責任を意味することもある．後者が尽くされていないことを攻撃するものが前述の指図評決を求める申立てである．それに対して，ここでいう証明責任（説得責任）を果たさなかった当事者は，当該事実が認定されないという不利益を蒙る）．

連邦裁判所においては，裁判官は，（陪審がそれに拘束されるものでないことが明らかにされていれば）説示の中で，証拠に関して意見を述べることが許されているが，州裁判所の大半においては，証拠の評価は陪審の役割であるとして，これは禁じられている．

 (リ) 陪審の評決 裁判官の説示の後，陪審員たちは陪審室へ退き，非公開で，評決に到達するまで評議する．評議が一日で終了しないときには，刑事事件では，ホテルなどに宿泊させられて他者との接触を禁じられる場合もあるが，民事事件では，事件について他の者と話をしないこと，事件についての報道を視聴したり読んだりしないこと，を注意されて，帰宅が許される．

陪審が答申するよう求められる評決には，一般評決（general verdict）と特別評決（special verdict）との2種類のものがある．より多く用いられるのは一般評決で，そこで示されるのは，どちらの当事者が勝訴したかと，原告が勝訴した場合にそれに与えられる救済の内容だけである．すなわち，

一般評決において陪審は，その評決に至った根拠を明らかにしなくてよいのである．

特別評決において陪審は，裁判官が示した争点ごとに認定事実を示す．ここでは，認定事実に対する法の適用は裁判官が行う．

陪審の評決は，伝統的に，12名全員一致でなければならないとされてきた．しかし，最近では，陪審の人数を12名未満とすることが多くの法域の憲法・法律で認められるようになるとともに(たとえば6名の陪審)，全員一致でなくても，一定の多数が同意すれば評決は成立するという規定を持つ法域も多くなっている(たとえば，12名中9名ないし10名の多数決)．なお，連邦地裁の民事陪審について，6名の陪審の合憲性は合衆国最高裁判決によって肯定されている（Colgrove v. Battin, 413 U.S. 149 (1973)）が，全員一致でない陪審の合憲性は未だ確定されていない．また，連邦規則は，陪審は，6名以上12名以下の者によって構成され，当事者の合意がない限り，評決は全員一致によるものと定めている（Rule 48）．

陪審の意見が，評決の成立に必要とされている数の陪審員について一致しないと，不一致陪審（hung jury）のために審理不成立（mistrial）となり，事件は別の陪審によって審理をやり直すほかなくなる．

陪審が評決に到達すれば，法廷に戻り，陪審長（互選で選ばれたり，最初に選任された陪審員がなったりする）または書記官が評決を読み上げる．

裁判官は，当事者の求めに応じて，または職権で，評決の成立のために必要とされている数の陪審員が評決に同意しているかどうか，を調べるために，各陪審員に，本当に評決に同意しているかどうか，を質問することができる．この手続を，"polling the jury"という．もし，必要とされている数の陪審員の意見一致のないことが判明すれば，裁判官は，さらに評議を尽くすよう命じるか，審理不成立を宣して新たな陪審による審理のやり直しを命じるか，しなければならない．十分な数の陪審員の意見一致があれば，陪審は職務を終えたとして解任され，事実審理は終了する．

　　　(ヌ)　判決　陪審によって評決が下されると，裁判所はそれに基づいて(実際には裁判所書記官が，一般評決などのときは当然に，特別評決などのときは裁判所の承認を得て）判決を事件簿・判決簿に登録する（Rule 58(b)）．

(8) 裁判官による事実審理の場合

　陪審が付されずに事実審理が行われる事件においては，裁判官が事実認定を行い，かつ法の適用を行う．連邦規則や大半の州においては，裁判官は認定された事実と適用した法を明らかにすることが求められている(Rule 52(a)(1))が，若干の州では，当事者からの要求がない限り，判決のみを宣すればよいものとされている．

(9) 事実審理・判決後になされる申立て

　(a) 評決無視判決を求める申立て（motion for judgment notwithstanding the verdict, judgment non obstante veredicto, judgment n.o.v.── 1991年の連邦規則改正後は，法律上当然の判決を求める再度の申立て(renewed motion for judgment as a matter of law)と改称）　　評決無視判決を求める申立てとは，さきに，すべての証拠の提出後，指図評決の申立てをした当事者が，その申立てを却下され，自分を敗訴とする評決が陪審によって下されたのちに，再び，同様の（証拠の状況から見て，合理的な陪審ならば申立人勝訴の評決しか下し得ないという）主張をして，評決と反対の自分が勝訴の判決を求めてなす申立てである．これは，判決が下されてから28日以内になされなければならない(Rule 50(b))．

　評決無視判決を求める申立ては，指図評決を求める申立てよりも認められやすい，といわれている．その理由として挙げられるものは，考慮の時間がより長いこと，および，陪審の評決が存在するので，上訴審で評決無視判決が破棄された場合でも再審理する必要がない，ということである．

　(b) 再審理（new trial）の申立て　　この申立ては，事実審理における法的な過誤のために自らに不利な評決を下されたことを理由として，審理をやり直すよう求める申立てである．そのような過誤に含まれるものとしては，証拠の許容性に関する裁判官の判断の誤り，陪審に対する説示の誤り，弁護士の不正行為，陪審の不正行為（法廷外で得られた証拠の考慮，妥協評決，平均額評決など），証拠状態に反した陪審の評決，などが挙げられるほか，新証拠の発見も再審理を行う理由になる．陪審の評決を破棄して，再審理を命じるか否かは，裁判官の裁量にかかるところが大きい(裁判官は，当事者の申立てがない場合に，職権で再審理を命じることもできる．Rule 59(d))．

　この申立ても，判決が下されてから28日以内になされなければならない

(Rule 59(a), (b)).

　(c)　条件付再審理命令——Remittitur と Additur　　裁判所は，陪審の評決の過ちが，賠償額が法的に容認できる範囲を超えている，またはそれを下回っている，ことに限られていると考える場合には，条件付で再審理を命じることができる．すなわち，過大な賠償額を与える評決を不服として被告が再審理の申立てをしたときに，裁判所が，減額した賠償額を示して，それに原告が同意しない限り再審理を命じるとし，また，過少な賠償額を与える評決を不服として原告が再審理の申立てをしたときに，裁判所が，増額した賠償額を示し，それに被告が同意しない限り再審理を命じる，とするのである．前者の手続を remittitur といい，後者を additur という（連邦裁判所については，additur を用いることは憲法上許されないとする1935年の最高裁判決がある）．Remittitur においては原告が賠償額の削減を呑めば，additur においては被告が賠償額の増加を呑めば，再審理の申立ては却下される．再審理を求めた当事者がさらに不服を主張するためには，上訴するほか方法はない．

(10)　上　訴

　終局判決（final judgment）が下されると，敗訴当事者または勝訴したけれども請求が完全には認められなかった当事者は上訴することができる（final judgment rule．ただし中間判決からの上訴を認める例外的準則も存在する）．

　(a)　上訴の手続——連邦裁判所の場合

　　(イ)　上訴通知の提出　　上訴人は，第一審判決が下されてのち30日以内に，連邦地裁書記官に上訴通知（notice of appeal）を提出しなければならない．上訴通知を受けた書記官は，上訴通知の提出があった旨の通知を当該訴訟の他の当事者の代理人または当事者本人に郵送により送達する（Fed. R. App. P. 3(a)(1)，(d)(1)，4(a)(1)(A)）．

　　(ロ)　執行停止保証金支払証書の提出　　上訴人が，上訴の係属の間，原審判決の執行の停止を得るためには，執行停止保証金支払証書（supersedeas bond）を地裁に提出して，裁判所の承認を得なければならない（Fed. R. App. P. 8 (a)(1)(A)(B)）．この証書は上訴人が保証会社から（通常，額面金額の10分の1の）手数料を支払って購入する．原判決が肯認されたり，上訴が却下さ

れたりした場合には，この証書に従って，上訴人または保証会社が原判決の勝訴当事者に額面金額（＝原判決で認容された金額）を支払い，保証会社が支払った場合には，その塡補を上訴人に要求する．

　　(ハ)　上訴記録の作成　　上訴人は，事実審理の記録(法廷記録者に事実審理を記録した速記を反訳して作成するよう注文する――記録者は反訳したものを書記官に提出する)，および事件簿に登録された事件記録(その中には，原審における訴答書面，申立書面，評決，判決などが綴られている）の写し，などからなる上訴記録（record on appeal）を用意しなければならない．上訴審裁判所はこの記録に基づいて原審の裁判を審査する．記録が整うと，それは地裁書記官から控訴裁書記官に送られる（Fed. R. App. P. 10(a), (b)，11(a), (b))．

　　(ニ)　上訴趣意書の提出　　上訴人は，記録が送られて後40日以内に，上訴趣意書（brief）を被上訴人などの他の当事者に送達するとともに，控訴裁判所に提出しなければならない．被上訴人は，上訴人の趣意書送達後30日以内に自分の趣意書を送達し，提出しなければならない．上訴人が適時に趣意書を提出しなければ，被上訴人は上訴の却下を申し立てることができる（Fed. R. App. P. 31(a), (c))．

　　上訴人の趣意書には，原審での手続の経緯；上訴審査を求める争点；(記録を参照してなされる)争点をめぐる事実の説明；原判決の破棄または修正を求める根拠，およびそれを支える判例・法律などの典拠；要求される救済，などが記される．被上訴人の趣意書にも，要求される救済を除いて，同様の記載がなされる（Fed. R. App. P. 28(a), (b))．

　(b)　上訴審における審査の範囲　　(イ)　上訴審においては，記録に基づいて審査がなされ，記録に現れていない事項については考慮されない．

　　(ロ)　当事者は，事実審の手続中に，申立てをしたり，異議を提起したりした事項についてのみ，上訴審において争うことができる．上訴審において審査されるのは，そのような申立てや異議に対する事実審裁判官の判断が正しかったかどうかである．

　　(ハ)　事実審裁判官に広い裁量が認められている事項については，上訴審裁判所が事実審裁判官の判断を覆すのは，事実審裁判官が明らかに誤っている場合に限られる．

　　(ニ)　たとえ事実審裁判官の判断に誤りがあっても，その誤りが，結

論に影響するような重大なものか，手続上重大な意味を持つものでなければ，上訴審裁判所は原判決を破棄しない．

　(ホ)　上訴審裁判所が審査するのは法律問題に限られる．陪審の事実認定については，それが，合理的な陪審の下し得る認定である限り，言い換えると，その認定を支持する実質的証拠がある限り，上訴審裁判所はそれを覆さない（事実認定が合理性の枠内のものであるか否かは法律問題であるとされる）．

　(c)　上訴審の判決　　(イ)　原審の手続に過ちがない場合，または過ちがあっても結論に影響を与えないものでありかつ手続上重大なものでない場合——原審判決が肯認される（Judgment below affirmed; Affirmed）．

　(ロ)　原審に，結論に影響を及ぼす過ちがある場合，または手続上重大な過誤がある場合——原審判決が破棄される（Judgment below reversed; Reversed），破棄差戻される（Judgment below reversed and the case remanded; Reversed and remanded），修正される（Judgment below modified; Modified）（28 U.S.C. §2106）．

　(d)　判決理由　　上訴審判決には，判決理由（opinion——「意見」と直訳されることもある）が付される（事実審判決には，判決理由が付されないのが普通）．

　(イ)　法廷意見（opinion of the court）・多数意見（majority opinion）——過半数の裁判官の支持を得た判決理由（当然，結論＝判決についても過半数の支持が得られている）．

　(ロ)　同意意見（concurring opinion）——法廷意見に同意するが，さらに理由を補足するもの．

　(ハ)　結果同意意見（opinion concurring in judgment）——結論は法廷意見と同じだが，理由については，法廷意見に同意せず，別の理由を述べるもの．

　(ニ)　反対意見（dissenting opinion）・少数意見（minority opinion）——結論・理由の双方において，法廷意見に反対するもの．

　(ホ)　相対的多数意見（plurality opinion）——結論については過半数の裁判官の同意を得られるものがあるが，それを支持する判決理由については過半数の同意を得るものがない場合に，当該結論を支持する判決理由のうちもっとも多数の同意を得たもの．

(11) 判決の強制執行

　原告が勝訴した場合，原告は判決中に述べられた救済を受ける権利がある．しかし，被告が任意にその救済を原告に与えない場合は，原告は判決を強制執行する手続をとらなければならない．ここでは，もっとも典型的な場合である，損害賠償の請求認容判決の執行手続について説明する．

　勝訴した原告は，まず，裁判所書記官から執行令状（writ of execution）の交付を受けなければならない．この令状は，執行官に対して，判決の満足に必要なだけの被告財産を差押え，売却するよう命じるものである．原告は，執行令状を執行官に手渡して，差押えるべき被告財産を指示する．それを受けた執行官は，その被告財産を差押え，公開の競売に付し，代金のうち，判決額を原告に支払い，残額があればそれを被告に支払う．このほか，被告の給与債権に対する執行なども認められる．判決の弁済を受けた原告は，弁済報告書（satisfaction）を作成し，裁判所書記官に提出する．

　他州に所在する被告財産に対して執行手続を行うためには，原告は，その州の裁判所で，執行判決を得るための訴訟を提起しなければならない．この手続は煩瑣であるので，（州裁判所と同様に扱われる）連邦地裁の判決については，執行を行う地区の地裁に判決を登録（registration）すれば，そこで執行できるようにされており（28 U.S.C. §1963），州裁判所においても，そのような制度を採用しているところが多い（統一他州判決執行法についてはⅢ *2*(2)(b)㈡参照）．

(12) 判決の効力

　(a) 既判事項の原則　　事件の本案に関して有効な終局判決（確定判決でなくてもよい）が下されると，同じ当事者間で，同一の請求原因について，訴訟をもう一度提起することは許されなくなる．これを，既判事項（res judicata）の原則，または終局判決の請求排除効（claim preclusion）という．わが法における既判力に該るものである．

　既判事項の原則は，伝統的に，二つの原則に細分されてきた．第一は，最初の訴訟において勝訴した原告が同じ請求権に基づいて再び提訴しようとする場合で，その場合には，原告の有した請求権はすべて最初の勝訴判決に形を変えてしまっており，もはや請求権は残っておらず，再訴はでき

ない，とされる（merger〔混同〕の原則）．第二は，最初の訴訟において敗訴した当事者が再訴しようとする場合で，その場合には，最初の敗訴判決のために再訴は阻止される（bar〔阻止〕の原則）．

　(b)　付随的禁反言の原則　　前訴で，現実かつ必要的に判断を下された争点と同一の争点については，後訴が前訴と異なる請求原因をめぐるものであっても，それについては再び審理を繰り返すことは許されず，前訴の決定が維持される．これを，付随的禁反言（collateral estoppel）の原則，または争点排除効（issue preclusion）という．わが国における争点効に相当する．

　これが認められるためには，当事者に，当該争点について証明する機会が十分に与えられた場合でなければならない．この効果も，同じ当事者間に限って認められる．

V. アメリカ契約法

　本章においては，アメリカ契約法を概説する．アメリカのロー・スクールの授業で触れられるところは概ねカバーしたつもりであるが，契約法全体には及んでおらず，とくに，第三者のためにする契約，契約上の権利の譲渡および履行の引受などの問題には全く触れていない．

　本章においては，1979年の第2次契約法リステイトメント（刊行は1981年．"Restatement 2d" と略記）と統一商事法典（Uniform Commercial Code＝UCC）第2編を頻繁に引用する（引用文中の []は省略箇所を示している）．統一商事法典第2編はルイジアナを除くすべての州が採択している．同第2編は，2003年に大がかりな改訂が施されたが，現実にそれを採択した州はなく，また今後採択される見通しも暗いとして，2011年に撤回された．そのような状況を踏まえて，以下で参照するのは，ほとんどの州が現行法としている1962年版とする．

　アメリカ契約法および統一商事法典に関する標準的文献として以下のようなものがあり，本章もこれら（およびその旧版）に依拠している．
1. E. Allan Farnsworth, Contracts（Aspen, 4th ed., 2004）．
2. Joseph M. Perillo, Contracts（West, 7th ed., 2014）．
3. E. Allan Farnsworth, Carol Sanger, Neil B. Cohen, Richard R.W. Brooks & Larry T. Garvin, Contracts: Cases and Materials（Foundation, 9th ed., 2019）．
4. James J. White & Robert S. Summers, Uniform Commercial Code（West, 6th ed., 2010）
5. Bradford Stone & Kristen David Adams, Uniform Commercial Code in a Nutshell（West, 8th ed., 2012）．
6. 木下毅『英米契約法の理論』（東京大学出版会，第2版，1985）．
7. 樋口範雄『アメリカ契約法』（弘文堂，第2版，2008）．

　また，第2次契約法リステイトメントおよび統一商事法典第1〜2編の邦訳として，それぞれ，次のようなものがある．

8. 松本恒雄「第二次契約法リステイトメント試訳(1)〜(5)」民商法雑誌94巻4号533頁, 5号675頁, 6号819頁, 95巻1号136頁, 2号307頁 (1986).
9. アメリカ統一商事法典研究会「アメリカ統一商事法典の翻訳(1)〜(3)」法学協会雑誌82巻4号526頁, 5号676頁, 6号775頁 (1966).
10. 樋口範雄訳「統一商事法典」澤田壽夫編集代表『解説国際取引法令集』150頁 (三省堂, 1994).

1. 概　説

(1) 契約の定義

　契約法リステイトメント (2d, §1) において,「契約とは, 一個の約束または一組の約束であって, その違反に対して法が救済を与えるもの, または, その履行を法が何らかの形で義務と認めるものをいう (A contract is a promise or a set of promises for the breach of which the law gives a remedy, or the performance of which the law in some way recognizes as a duty.)」と定義されている.

　リステイトメントは, 違反に対して救済は与えられないが, その履行を法が何らかの形で義務と認める一つの約束または一組の約束をも, 契約として認めている. このような, 契約違反に対して法的救済が与えられない契約 (unenforceable contract) としては, (a) 詐欺防止法の要件を満たしていない契約, (b) 出訴期限を徒過した契約, (c) 約因を欠く契約 (*3* で説明) が挙げられる. このような契約であっても, もし任意の弁済があれば, それは非債弁済とはならず, 弁済を返還する必要はない.

　　(a) 詐欺防止法の要件を満たしていない契約

　詐欺防止法 (Statute of Frauds) は, 詐欺と偽証を防止するために, 1677年にイギリスで制定された法律である. イギリスでは, 17世紀になって, 契約は単に合意のみで有効に成立するようになったが, 当時は内乱 (1642-49), 共和政治 (1649-60) の時代で, 社会が安定せず, 裁判所を通して詐欺的行為が行われることが少なくなかった. 具体的にいうと, 数人の者が共謀して, そのうちの一人が, 実際には締結されていない契約をでっち上げて第三者に対して訴えを提起し, 他の者が証人となってその契約について偽

証し勝訴判決を得る，ということがなされたのである．

　詐欺防止法はこのようなことを防止するために，一定の契約については，契約が書面化されており，その書面に債務者の署名がない限り，その契約に基づいて訴訟を提起することはできない，と定めた．

　対象とされた契約は，①遺言執行者または遺産管理人が自己の固有財産で死者の債務を弁済するという契約，②保証契約，③婚姻を約因（対価）とする契約，④土地または土地に関する権利の売買その他の契約，⑤合意のときから1年以内に履行を完了し得ない契約，⑥価格10ポンド以上の動産の売買契約である．なお，⑥については，債務者の署名ある書面が作成される以外に，買主が，売買の目的物の一部を承認のうえ現実に受領するか，または手付もしくは一部支払としていくらかの金銭を支払うか，いずれかをしている場合も，その契約に基づいて訴訟を提起できるものとされた．

　イギリスでは，1954年と1989年の法律（Law Reform（Enforcement of Contracts）Act 1954; Law of Property（Miscellaneous Provisions）Act 1989）などによって詐欺防止法の要件の適用範囲が縮小され，その対象は保証契約のみになった（もっとも，1989年法は書面を土地契約の成立要件とした）．他方，アメリカでは，ルイジアナ州以外の47州で詐欺防止法と同様の法律が制定され，法律が制定されていない2州でも（判例によって）詐欺防止法が継受されたとされている．そして，イギリスのようにその適用範囲が縮小されることはなく，今日でも，当初の法律と同様の種類の契約に同法の要件が適用されている（ただし，裁判所は解釈でその適用を狭めようとしてきた）．

　詐欺防止法の対象となる契約としてリステイトメント（2d, §110（1）(a)–(e) & (2)(a)）の掲げるものは次のようである．

　　　① contract of an executor or administrator to answer for a duty of his decedent（the executor-administrator provision）
　　　② contract to answer for the duty of another（the suretyship provision）
　　　③ contract made upon consideration of marriage（the marriage provision）
　　　④ contract for the sale of an interest in land（the land contract provision）

⑤　contract that is not to be performed within one year from the making thereof (the one-year provision)

⑥　a contract for the sale of goods for the price of ＄500 or more (Uniform Commercial Code §2-201)

［①　死者の義務を引き受ける遺言執行者または遺産管理人の契約（遺言執行者・遺産管理人条項）

②　他人の義務の履行を保証する契約（保証条項）

③　婚姻を約因としてなされる契約（婚姻条項）

④　土地に対する権利の売買契約（土地契約条項）

⑤　契約締結後一年以内に履行し得ない契約（一年条項）

⑥　代金が＄500以上の動産売買契約（UCC2-201条）］

(b)　出訴期限を徒過した契約

英米では，出訴期限法（statute of limitations）と呼ばれる法律ないし規定において，訴訟を提起できる期間が定められている．そこで定められた期間（limitation——たとえば，動産売買契約については訴訟原因発生後4年とされ（UCC §2-725 (1)），他の種類の契約については，ニュー・ヨーク州で6年（N.Y.C.P.L.R. §213），カリフォルニア州で書面契約4年口頭契約2年とされている（Cal. Civ. Proc. Code §§337 & 339））内に提訴されなければ，契約違反に対して訴訟による救済が得られなくなる．

(2)　契約の種類

(a)　要式契約（とくに捺印契約）と非要式契約

要式契約（formal contract）とは，契約の拘束力が一定の形式を踏んで作成されたことに基づくものであり，英米法においては，捺印契約が重要である．これに対して，通常の契約では，拘束力の根拠は一定の形式ではなく，約因（対価）であるとされる（英米では，原則として，無償契約には，拘束力が認められない）．そのような契約は，非要式契約（informal contract），あるいは単純契約（simple contract），口頭契約（parol contract）と呼ばれる．

単純契約についてはこの後詳述するので，ここでは捺印契約について簡単に説明しておく．

捺印契約（contract under seal; specialty）は，その効力が捺印証書（deed;

covenant; specialty）の作成に基づいている契約である．

 捺印証書による契約は，単純契約よりはるかに古い起源を持ち，12～13世紀頃から既にその効力が認められていた．そのため，単純契約の成立のための要件を満たしている必要はないとされている．たとえば，単純契約が拘束力を持つためには，約因がなければならないが，捺印証書による約束には約因は必要ではない（言い換えると，無償贈与契約に拘束力を持たせるためには，捺印証書を用いることが必要になる．Cf. 日本民法550条「書面によらない贈与は，各当事者が撤回することができる．ただし，履行の終わった部分については，この限りでない」）．また，単純契約が成立するためには，一方当事者が申込をし，他方当事者がそれに応じる承諾をすることによって，両当事者間に合意が成立しなければならないが，捺印証書による約束には，そのようなことも必要とはされない．したがって，方式通りに作成された捺印証書において贈与の約束がなされれば，たとえ受贈を受ける相手方がそれを全く知らなくても，贈与の約束は拘束力を持つことになる（このような場合は，両当事者の合意がないので，契約の領域外の問題になるが）．

 捺印証書の成立の要件は，約束・債務の内容を書面に記載し，これに捺印し，かつ相手方に交付することである．捺印は，昔は封蝋を書面に付着させ，そこへ印章を押捺したが，現在では個人の場合は，捺印の意思で，小豆色の紙片や封蝋など何らかのしるしを付せば良く，特にアメリカでは，署名の後へ Seal とか L.S.（locus sigilli——捺印箇所）とか書くことで足りるとされている．交付は，捺印証書に効力を発生させる行為であるが，捺印証書に効力を発生させる意思を表明すれば，現実に相手方に交付することまでは必要でないとされている．

 捺印契約は，捺印証書に書かれたことを否認することを禁じる「捺印証書による禁反言（estoppel by deed）」の適用があるほか，出訴期限が単純契約よりも長い（イギリスでは，単純契約については 6 年なのに対して，捺印契約については12年）など，単純契約よりも強い効力が与えられている．

 捺印証書の効力はイギリスでは現在でも維持されているが，アメリカでは，証書作成の要件の緩和に対応して，捺印証書の効力が廃止されたり，修正されたりしている州が多い．その状況を略述すると以下のようになる（Restatement 2d, ch. 4, topic 3, statutory note）．

① 捺印証書に関する原則をすべて廃止し，捺印証書を普通の契約書と同様に扱う州——9 州（UCC §2-203 も動産売買について同旨）
② 捺印証書と普通の契約書を同様に扱い，かつ，（捺印証書も含めて）何らかの契約書面があれば約因の存在を推定する州——13州
③ 捺印証書に限って，それがあれば約因の存在を推定する州——8 州
④ 捺印証書と普通の契約書を同様に扱い，かつ，（捺印証書も含めて）何らかの契約書面があれば約因がなくても契約は拘束力を持つとする州——3 州（Model Written Obligation Act を採択しているペンシルベニア州を含む）
⑤ 捺印証書が従前通りの効力を持つとする州——16州と District of Columbia
⑥ ルイジアナ州はコモン・ロー法系に属さない

〔なお，これ以降，とくに断らない限り，説明はすべて単純契約に関するものである.〕

(b) 双務契約と片務契約

双務契約（bilateral contract）とは，約束と約束とが交換的に取引される契約をいい，片務契約（unilateral contract）とは，約束と行為（不作為を含む）が交換される契約をいう．なお，一方が債務を負担し，他方がそれに対して何もしない無償の契約も片務契約といえるが，これは約因を欠いているので拘束力が否定される．こののち片務契約というときは，一方が即時に引き渡した本に対して，他方が 2 週間後にその代金の支払を約束する場合のような片務有償契約を指すものとする（なお，リステイトメントは双務契約・片務契約の用語を用いていない）．

(c) 明示契約・黙示契約・準契約

明示契約（express contract）とは，当事者の言葉によって明示された意思表示による契約をいい，黙示契約（implied contract）とは，当事者の行動と状況とによって推定される意思に基づく契約をいう．両者の違いは，当事者の意思の表明方法だけであり，契約の法的効果は同じである．

準契約（quasi-contract）ないし法的黙示契約（contract implied in law）は，不当利得返還義務など，法によって課される義務に関するものであり，その点で，両当事者の合意に基づく本来の契約とは異なる（これが準契約と呼ばれ

るのは，かつて，契約と同じ訴訟方式（assumpsit）で訴訟が行われたことによっている）．しかし，契約においても，契約違反に対して被害当事者に与えられる救済の内容は法によって定められているのであって，その点では両者は共通しており，また実際にも，契約法上の救済と準契約法上の救済との選択が被害当事者に認められている場合が多い．

(d) Enforceable Contract; Unenforceable Contract; Void Contract; Voidable Contract

① Enforceable contract——契約違反に対して救済を求めることのできる契約

② Unenforceable contract——契約違反に対して救済を求めることのできない契約

③ 無効な契約（Void contract）——契約成立の要件が欠けていたり，その目的・手段が法に反する契約

④ 取り消し得る契約（Voidable contract）——未成年者による契約や，不実表示，強迫による契約など

2. 申込と承諾——契約の成立

契約は，一方当事者（申込者——offeror）が申込（offer）をし，他方当事者（被申込者——offeree）がそれに応じて承諾（acceptance）をすることによって成立する．

(1) 申　込
(a) 申込とは

申込は，契約を締結しようという意思の表明であり，その中には，申込者側の約束と，その代償として被申込者に要求される対価（約因）とが示されている．この対価は，双務契約の場合は約束であり，片務契約の場合は行為である．申込は，被申込者がそれに同意すれば，すなわち承諾すれば，直ちに契約が成立するようなものでなければならない．

(b) 申込と申込の誘引

申込は，相手方の承諾があれば直ちに契約を成立させるという意思表示である．アメリカ契約法において，意思表示の内容を判断するさいの基準は，合理的な人（合理人）が意思表示を受ける相手方の立場にあれば，その合理人は当該意思表示にどのような意味を付与するであろうか，というものである．したがって，この場合も，合理人をして，自分が承諾すれば直ちに契約が成立する，と思わせるような意思表示がなされれば，それは申込ということになる．これに対して，相手方の承諾によって直ちに契約成立とはならず，相手方から改めて申込をするように要請する意思表示は，申込の誘引（invitation to offer; invitation to treat）と呼ばれる．

申込の誘引の例としては，価格の見積り，商品の展示（スーパー・マーケットにおいても同じ），広告，カタログの送付，メニューの表示，などが挙げられる．いずれの場合にも，商店やレストランは，客の側から申込をするよう勧誘しているものと扱われる．申込をするのは客の側である，ということは，もし商店などの側が（品切れなどの理由で）契約を締結したくなれば，承諾をしなければよい——そうすれば契約は成立しない——ということを意味している．

このような解釈がなされる理由は主として，(合理人の立場から考えると)商店等が履行できる数には限りがあるので，応じられる数以上の者と取引することを強いられる結果を招きかねないこと，すなわち(客が承諾すれば無条件に契約が成立してしまうことになる)申込を，商店等がしていると考えることはできない，という判断からである．したがって，商品の展示や広告において，「現物限り」とか「先着順」とかいうような表示がなされておれば，当該展示・広告は申込とされても不都合はないことになり，現実にもそのように扱われることが多い．また，犯罪者の逮捕，ないしは逮捕に役立つ情報の提供に対して懸賞金を提示する広告や，遺失物の発見者に対する謝礼を約束する広告なども，その条件を満たすことのできる人は限られているので，契約の申込であるとされる(この場合は，広告者＝申込者は懸賞金や謝礼の支払を約束しているが，その条件として承諾者に求められているのは犯罪者の逮捕，情報の提供，遺失物の届出，などの行為であるので，成立する契約は片務契約ということになる)．

　　(c)　申込の失効事由

　被申込者は，申込が有効なあいだは，承諾して契約を成立させることも，承諾せずに契約を成立させないでおくこともできる．しかし，次の(イ)～(ヘ)のことが起きた場合には，申込は失効し，被申込者の承諾権限も消滅してしまう．ただし，そのうち，(イ)(ハ)(ニ)の場合には，申込者は，その後に申込を復活させることができる．

　　　(イ)　申込の撤回　　申込者は，申込が被申込者に到達する以前に自由にそれを撤回することができるのみならず，申込が被申込者に到達した後も，自由にそれを撤回することができる，とされている．たとえ，「一定の期間申込を撤回しない(申込をopenにしておく)」という約束がなされていても，それだけでは結論は変わらない．なぜならば，撤回しないという約束は無償の約束であって，約因によって支持されていないため，拘束力がない，とされるからである．

　もし，被申込者が，「一定の期間申込を撤回しない」という約束に対して，金銭を支払うなどして約因を提供すれば，申込は撤回できなくなる．その場合には，被申込者は，その期間中，安んじて，承諾して契約を成立させるか，承諾せずに契約を成立させないか，の選択を考慮・検討するこ

とができる．このようにして被申込者に与えられる契約の成立についての選択権をオプション（option）とよび，このオプションを成立させる契約をオプション契約（option contract）という．

　申込を撤回するためには，申込者は，当該契約を締結する意思がなくなったことを被申込者に伝えなければならない．撤回は，被申込者に到達して，はじめて効力を発生する．このような直接的な撤回の意思表示に加えて，リステイトメントは，申込者が，当該契約を締結する意思と両立しない確定的行動をとり，被申込者がこのことについて信頼できる情報を得た場合にも，撤回の効果が生じ，被申込者の承諾権限は消滅する，と定めている（2d, §43——申込で提案された売買の目的物たる土地が第三者に売却されたことを信頼できる筋から知った場合など）．

　新聞広告やポスターなどによって公衆に対してなされた一般的申込(general offer）を撤回するためには，申込と同程度の周知性をもつ広告等（通常は，申込に用いたものと同じ方法）によって撤回を知らせれば，撤回はその知らせが届かなかった人についても効力を生じる，とされている．ただし，それより良い手段が利用可能な場合には，それを用いなければならず，また，申込を信頼して行動しようとしている人を知っている場合には，その人に，個人的に撤回を伝えなければならない（Restatement 2d, §46）．

　　　㈢　申込者・被申込者の死亡・能力喪失　　申込が承諾される以前に申込者が死亡したり，精神無能力（意思能力を喪失した状態）になったりすると，申込は失効する．被申込者が，申込者の死亡または能力喪失を知っていたかどうかは問題ではない．

　申込者が死亡したり，能力を喪失した場合にも，そのことが被申込者に伝えられるまでは，被申込者は承諾できるとする（死亡の場合は，申込者の遺言執行者や遺産管理人と被申込者との間に契約が成立することになる）ほうが，申込を信頼した被申込者の保護にかなうとも考えられるが，アメリカ契約法では，契約の締結には両当事者の意思の合致が必要であって，死者や能力喪失者との意思の合致はあり得ない，とする意思理論の名残で，上記のような原則がとられている．

　被申込者の死亡・能力喪失については，申込を承諾できるのは被申込者に限られる，という原則から，被申込者が死亡したり，能力を喪失したり

すれば，承諾が不可能になり，その結果として，申込が失効することになる（Restatement 2d, §48）.

　（ハ）**承諾期間の徒過**　申込は，申込中に明示されている承諾期間を徒過すれば失効する．承諾期間が明示されていない場合には，相当の（合理的な）期間（reasonable time）が承諾期間とされる．相当の期間がどれほどの長さのものであるかは，契約の種類や，取引慣行などすべての状況を勘案して決定される．たとえば，契約の目的物が価格変動の激しい投機的商品であればその期間は短いであろうし，郵便による申込については，電報による申込より承諾期間が長く認定されるであろう．なお，面前の交渉や電話による交渉の間になされた申込の効力は，通常，その交渉のあいだに限られるものとされる（Restatement 2d, §41）.

　（ニ）**申込の拒絶――反対申込**　申込を無条件で拒絶（reject; rejection）すれば，（たとえ承諾期間内であっても）申込は失効し，その後被申込者は承諾することができなくなる．拒絶の有無の判断は，被申込者の言動から見て，被申込者は申込を承諾する意思も，それを考慮する意思もない，と判断するのが合理的であれば，拒絶を認定する，という客観的テストによってなされる．拒絶は，申込者に到達したときに効力を生じ，申込を失効させる（Restatement 2d, §§38, 40. 拒絶後に発信された承諾の効果，承諾後に発信された拒絶の効果については承諾のところ〔本節(2)(d)(ヘ)〕で論じる）.

　申込の内容に変更を加えてなされた承諾は，申込の拒絶であると同時に，反対申込（counter offer）となり，当初の申込者がこれを承諾すれば契約が成立する．条件の変更の可能性についての問い合わせや，よりよい条件を求める要請は，それだけでは通常，反対申込とは扱われない（Restatement 2d, §§39, 59）.

　（ホ）**契約の履行に不可欠な人の死亡または物の滅失**

　（ヘ）**契約の履行の違法化**

　(d)　**オプション**

　　（イ）**オプション契約と約因**　申込者が一定期間申込を撤回しない旨を約束し，その約束に対して被申込者が約因を提供すれば，オプション契約が成立し，申込者は，申込を撤回できなくなる．

　このとき提供される約因は，通常は25セントとか1ドルとかいうような

小額の金銭であることが多い．オプションの期間が短い場合は，このような小額のいわば名目的な約因でも有効とされる（オプション期間が長期にわたるものについては，名目的約因では足らず，実質的約因が必要である）．

また，オプション契約の書面に被申込者から提供された約因が明示されているにもかかわらず，実際にはそれが授受されていないことも多い．そのような場合に約因の欠如を理由にオプション契約を無効とする裁判所もあるが，現実の授受がなくても，金銭支払の約束はなされており，約因は金銭支払の約束である，という理由などを挙げて，オプション契約の拘束力を肯定する裁判所もある．

リステイトメントはこのような場合について，オプション契約が書面でなされており，その書面に申込者の署名があり，約因が表示されている場合，契約の内容が公正なものであって，オプションの期間が相当（合理的）なものであれば，たとえ現実に約因の授受がなされていなくても，オプション契約は有効である，としている（2d, §87(1)）．

また，UCCは，動産売買の申込が，申込者の署名ある書面によって商人によってなされた場合で，一定期間撤回しない趣旨が述べられておれば，約因が提供されていなくても，その明示された期間（3ヵ月を超えてはならない），申込は撤回できなくなるものと定めている（このような申込を確定申込(firm offer)という）．撤回しない期間が明示されていないときは，（3ヵ月を超えない）相当な期間撤回できないものとなる（§2-205）．

　　(ロ)　オプションの効力　　撤回できない申込をした申込者が撤回の意思表示をしても，それは無効で，その後も，被申込者は承諾し，契約を成立させ，申込者が履行しなければ，契約違反で訴えることができる．また，このような申込は，申込者・被申込者の死亡・無能力によっても失効しない．

被申込者が申込を拒絶したときについては，オプションに対して実質的約因が提供されている場合には，拒絶があっても申込は失効しないとされるが，名目的約因の場合や約因の授受がない場合には，被申込者が拒絶し，それを信頼した行動を申込者がとった場合には，申込は失効するのではないか，といわれている．

オプションも，その有効期間（承諾期間）の徒過，契約の履行に不可欠な

人の死亡または物の滅失，契約の履行の違法化によって失効する．

　(e)　申込等を信頼した被申込者の保護

　　(イ)　片務契約の申込を信頼した被申込者の保護　　片務契約の申込を信頼して被申込者が申込で求められた（完成に時間のかかる）行為を開始した後に，申込者が申込を撤回した場合

　　(例)　AがBに対して，ブルックリンの橋を渡れば＄100支払うことを約束した．Bがその約束を信じて橋を渡り始め橋の中ほどに来たとき，AはBに対してその約束(申込)の撤回を伝えた．この場合にBに対してどのような保護を与え得るか？

　Aの約束を片務契約の申込と捉えると，Bが承諾するためにはAの求めた行為を完成させることが必要(それには時間がかかる)．Bが承諾し契約を成立させる以前であれば，Aは自由に申込を撤回できる．

　Bを保護する方法として，次の二つのものがある．

　　①　Aの申込を双務契約の申込と解釈することができれば，Bは橋を渡り始めることによって黙示的に（行動によって）承諾したものと考えることができる．そうすると，Bが橋を渡り始めたときに契約は成立したことになるのでその後のAの撤回は有効ではない(Aが＄100の支払を明確に拒否すれば，それは自らの債務についての履行拒絶となり，Bはその後の履行義務を免れる――履行することが可能でなければならないが――ことになろう．Bは損害軽減義務を課され，残り半分を渡らずに済んだことによる履行費用の節約分が損害から控除される．本章 *5* (4)および *6* (3) (c)参照)．

　　②　リステイトメントは，

Where an offer invites an offeree to accept by rendering a performance and does not invite a promissory acceptance, an option contract is created when the offeree tenders or begins the invited performance or tenders a beginning of it.

［申込が，被申込者に履行をなすことによって承諾することを要求し，約束による承諾を求めていない場合には，被申込者が，要求された履行を提供するときもしくはそれを開始するとき，またはその開始を提供するときに，オプション契約が成立する．］(2d, §45(1))

と規定し，片務契約の申込に対して被申込者が申込中で要求された行為

を開始(または提供)すれば、オプション契約が成立する、としている。すなわち、申込者は撤回することができなくなるのである(双務契約の成立時と異なり、被申込者には履行義務は課されない)。

リステイトメントはさらに、被申込者が申込者に対してその約束の履行を求めるためには、自らの履行を完成させることが必要だとしている (2d, §45(2)) が、申込者が被申込者の履行を全く望んでいない場合には、被申込者は損害軽減義務を課され、撤回を知った時点以降に回避できた履行費用や損失の賠償は認められないことになる (本章 **6**(3)(b), (c)参照)。

(例) AがBに対して、松茸100kgを見つけて収穫・包装のうえ納入してくれれば、1kgあたり$50支払うことを約束した。Bは、$500をかけて調査して100kg以上の松茸を確保できる見通しをつけたあと、実際に収穫・包装を始めた。しかし、AはBが60kgについて納入する準備を整えたところで、その受領を拒否した。BはAが受領を拒否した60kgを1kgあたり$35でCに売ることができた。Bが1kgを収穫・包装等するのに要する費用を$25とすると、

Bの損害 = loss in value(@ $50×100) − cost avoided(@ $25×40) − loss avoided(@ $35×60)
= $5000 − $1000 − $2100
= $1900
= expected profit($2000) + cost of reliance($500 + @ $25×60) − loss avoided(@ $35×60)

となる。

BがAの受領拒否のあとも松茸の収穫・包装を続け(その費用の額は@ $25×40)、また拒否された松茸を漫然と放置して腐らせたとしても(その損失は@ $35×60)、その賠償は認められない。

(ロ) **双務契約の申込を信頼した被申込者の保護** リステイトメント45条の原則によって保護されるのは、片務契約の申込を信頼して、被申込者が申込中で求められた行為を開始した場合である。申込が双務契約の成立を求める場合には、被申込者は申込を承諾することによって契約を成立させることができるので、申込の撤回から被申込者を保護する必要性は大きくない。したがって、被申込者が承諾しないまま申込を信頼して行動した場合には、たとえ後に申込者が撤回しても、被申込者は原則として保

護されない．しかし，このような一般原則が，近年では特に建築請負契約の入札をめぐる事件において変更されてきている．

　建築請負契約の入札において，元請業者は工事の各部分について下請業者から入札を募り，各部分についての最低入札額を基礎として自らの入札額を決定する．入札は申込と解されるが，下請業者の入札に対して元請業者が承諾を与えるのは，自らが発注者から主契約を与えられてのちである．元請業者が主契約を与えられて後，（その入札額が最低で元請の入札額決定の基礎とされた）下請業者に承諾を通知する以前に，下請業者が入札を撤回しようとする場合に問題が起こる．

　　　① 伝統的理論のもとでの処理　　下請業者は，元請業者が承諾するまではいつでもその入札(申込)を撤回することができる．その入札額が最低で元請業者の入札額に織り込まれたとしてもこれは変わらない．もし，元請業者がそのような結論を避けたいのであれば，元請業者は，ⓐ自らの入札時に，下請の入札に対する承諾を与え契約を成立させ，契約上の義務の発生を主契約の落札に条件づけるか，または，ⓑ約因を提供して，下請業者の入札を撤回できないものとしておけばよい．

　　　② 約束的禁反言の法理の適用　　近年の判例の大半は，元請が下請の入札を信頼した行動をとった場合には，下請は入札を撤回できなくなるものとしている．このような趣旨を述べた指導的判例は1958年のDrennan判決であった．

Drennan v. Star Paving Co., 51 Cal. 2d 409, 333 P.2d 757 (1958)
　【事実の概要】　原告(Drennan)は，学校建設工事の元請業者として入札するために工事の各部分について下請業者からの入札を募っていた．そのうち，舗装工事については被告（Star Paving Co.）の入札した＄7,131.60が最低のものであった．そこで，原告は，それに基づいて自らの入札額を計算し，また，その入札において被告の名前を表示した．原告は主契約を与えられた．しかしその翌日，原告が被告に承諾を伝える以前に，被告は自らがなした入札には計算違いがあって＄15,000未満では仕事はできないと伝えた．原告は安価で仕事をする他の業者を探したが，結局＄10,948.60の支払を余儀なくされた．原告は差額の＄3,817の損害の賠償を求めて提訴した．カリフォルニア州最高裁は原告の請求を認めた原判決を肯認した．

【判旨】 下請の入札を信頼して主契約の入札がなされるような場合には，その入札を撤回しないという趣旨の約束が黙示されていると考えるべきである．この約束に対する約因は存在しないが，入札に対する合理的な信頼行為が約因の代わりになるのである．

Drennan 判決の趣旨は，一般化されたかたちで第2次リステイトメントにおいても認められている．

An offer which the offeror should reasonably expect to induce action or forbearance of a substantial character on the part of the offeree before acceptance and which does induce such action or forbearance is binding as an option contract to the extent necessary to avoid injustice.

［承諾以前に被申込者の側に実質的性格をもつ作為または不作為を誘発するものと申込者が予測すべきことが相当な申込で，現実にそのような作為または不作為を誘発したものは，正義に反することを回避するために必要な限度においてオプション契約として拘束力を有する．］(2d, §87(2))

(ハ) 申込がなされる以前の予備的交渉段階において，契約の成立を期待してなされた信頼行為の保護　（これについては後掲 3(8)(f)④で説明する）

(2) 承　　諾

(a) 申込を承諾できる者

申込は，その名宛人である被申込者だけが承諾できる．被申込者が会社である場合，その会社を吸収合併した会社は，被申込者に対してなされた申込を承諾することはできない．また，（オプションを除いて）被申込者が申込を第三者に譲渡することもできない．

(b) 申込を知らない者による承諾

(イ) 懸賞金や謝礼を約する報酬片務契約の場合　　犯罪者の逮捕，逮捕に役立つ情報の提供，遺失物の発見届出，などに対して報酬を約束する一般的申込が広告によってなされたときに，そのような申込の存在を知らずに，申込中で求められた行為を行った者は，その行為の実行によって承諾した（＝契約を成立させた）として報酬を得ることができるであろうか？

この問題について，アメリカの判例・学説は，申込を知って当該行為を

なしたのでなければ承諾とはならない，としている．その理由としては，申込を知らない場合には，報酬との交換取引に応じる趣旨で当該行為がなされたことにはならない，ということが挙げられる（報酬の約束に対する約因は当該行為であるが，約因として有効となるためには，約束と交換取引的に求められ，かつ与えられたものでなければならないという原則がある）．もっとも，報酬の約束が当該行為を行う主たる動機であることまでは求められておらず，申込を知ってその行為をなしたことで足りる，とされている（Restatement 2d, §23 comment c）．

また，このような申込において求められた行為を完了するのに時間がかかる場合，どの時点で申込を知っていなければならないか，の問題が出てくるが，これについて，リステイトメントは，その行為を完了するまでに知ればよい，としている．たとえば，失った時計を発見して届けてくれた人に100ドルの謝礼を約束する広告がなされた場合，時計を発見した後に広告を知って，そののちに時計を広告者に届けたときにも，届出者は謝礼を請求できることになる（2d, §51）．

　　(ロ)　交叉申込　　交叉申込（cross offer）がなされた場合，すなわち同一内容の申込が，同じ当事者間で，相手方の申込が到達する前にそれを知らずに郵送された場合，契約は成立するであろうか？
アメリカ法では，申込中に別の意思が表示されていない限り，または交叉申込に対してさらに承諾がなされない限り，契約は成立しないとされている．わが国では，民法に規定はないが，双方の意思の合致が認められるから，契約は成立するものとされている．

　(c)　双務契約の承諾・片務契約の承諾
双務契約の申込は約束による承諾を求め，片務契約の申込は行為による承諾を求める．申込が約束による承諾を求めているか，行為による承諾を求めているか，が明らかでない場合について，リステイトメントは，被申込者にいずれの方法によるかの選択権を与えている（2d, §32）．

　(d)　双務契約の承諾
　　(イ)　約束による承諾　　双務契約の成立を求める申込を承諾するためには，申込の中で示された契約条件に合致した約束を，無条件にする（約束がいずれかの当事者の行為に条件づけられてはいけない）ことが必要である．

(ロ) Mirror Image Rule　　伝統的な契約法理論においては，承諾は，申込の述べる契約条件と完全に合致する約束をするものでなければならない．申込の中で述べられた条件と承諾の中で述べられた条件が，鏡に写された像のように完全に合致していることが求められるということで，この原則は，Mirror Image Rule と呼ばれている．申込の条件と異なる条件を述べる承諾や，申込中に述べられていない条件を述べる承諾は，有効な承諾ではなく，反対申込であり，申込の拒絶とされるのである．

　もっとも，裁判所は，妥当な解決を達成するために必要な場合には，ⓐ申込中の条件と異なる条件が承諾中に含まれているときに，それは契約条件の変更の提案に過ぎず，被申込者の真の意思は，申込中で述べられた条件で承諾することにあった，と認定したり，ⓑ申込中に明示されていない条件を承諾が述べている場合に，当該条件は，実は，申込の中にも黙示的に含まれていた，と認定するなどのやり方で，契約の成立を認めることがある．

　(ハ) 動産売買契約における書式の闘争 (Battle of the Forms) と UCC 2-207条

　　① 動産売買契約と書式　　現在，商人や会社によって行われる動産売買は，買主が purchase order（買い注文書——申込）を売主に送り，それに応じる売主が acknowledgement of order（or confirmation of sale）（注文承諾書——承諾）を買主に送ることによってなされている．それぞれが用いる purchase order ないし acknowledgement of order の書式は弁護士の助けなどを得て自らに専用のものが作成されており，その裏面には自らに有利な契約条件が小さい活字を用いて詳細に印刷されている．

　当事者は，契約の締結に際して，目的物の品名，品質，数量，価格，引渡し条件については十分交渉し，合意の内容を書式の表面の該当箇所に記入するが，不可抗力によって履行が不可能になった場合や履行に瑕疵がある場合にとられるべき処置や，紛争が生じた場合の処理方法（仲裁による解決；特定の裁判所の裁判管轄権に対する同意等）などについてはあまり注意が払われない．しかし，これらの事項については，それぞれの用いる書式の裏面に詳細な規定があり，その内容は売主の書式と買主の書式で食い違っていることが多い．

もっともこのような契約条件の細目が相違していても，多くの契約については双方の当事者が円満に履行を終了しているので，たとえ mirror image rule に従うと契約は成立していないことになっても，問題は顕在化しない．実際に問題が生じるのは次の二つの場合である．

　　　　ⓐ　契約の履行を免れたいと思うようになった当事者の一方が，両当事者の書式の述べる契約条件の相違を根拠に契約不成立を主張する．

　　　　ⓑ　契約の履行をめぐる紛争が生じたときに，その紛争の処理のために契約条件を確定する必要が出てくる．

　　② コモン・ローのもとでの処理

　　　　ⓐ　契約は成立しているか？──成立していない(mirror image rule)．

　　　　ⓑ　履行が始められた後に紛争が生じたときの契約条件は？──契約は，最後に送られた書式（通常は売主からの acknowledgement of order）の述べる条件に従って成立している．その相手方（通常は買主）は，履行を始める（商品を受理する）ことによって黙示的にそれを承諾した（last shot principle）．

　　③ UCC2-207条

UCC §2-207. Additional Terms in Acceptance 〔〕

(1)　A definite and seasonable expression of acceptance 〔〕 operates as an acceptance even though it states terms additional to or different from those offered 〔〕, unless acceptance is expressly made conditional on assent to the additional or different terms.

(2)　The additional terms are to be construed as proposals for addition to the contract. Between merchants such terms become part of the contract unless:

　　(a)　the offer expressly limits acceptance to the terms of the offer;

　　(b)　they materially alter it; or

　　(c)　notification of objection to them has already been given or is given within a reasonable time after notice of them is received.

(3)　Conduct by both parties which recognizes the existence of a contract is sufficient to establish a contract for sale although the writings of the parties do not otherwise establish a contract. In such case the terms of the particular contract consist of those terms on which the writings of the parties agree, together with any supplementary terms incorporated under any other provisions of this Act.

［2-207条．承諾中の追加条件

(1) 明確でかつ適時の承諾の表示は，申込の条件に追加される条件またはそれと異なる条件を述べるものであっても，承諾として有効である．ただし，承諾が，追加される条件または異なる条件に対する同意に明示的に条件づけられているときは，この限りではない．

(2) 追加条件は，当該契約に対する追加を提案するものと解釈されるものとする．商人間においては，そのような条件は，以下の場合を除いて契約の一部となる．

　(a) 申込が，承諾を申込の条件に一致するものに明示的に限定している場合
　(b) 追加条件が契約に重大な変更を加えるとき
　(c) 追加条件に対する異議の通知が既に与えられているか，または追加条件の通知の受領後相当の期間内に与えられる場合

(3) 両当事者の書面が契約の成立を証明しない場合においても，契約の存在を認識してなされる両当事者の行為がある場合には，売買契約の成立は十分証明される．そのような場合における特定の契約の条件は，両当事者の書面が一致している条件および本法の他の規定によって組み込まれる補充的条件によって構成される．］

　　　ⓐ　契約は成立しているか？　　2-207条(1)項によって，acknowledgement of order が，明確でかつ適時の承諾の表示といえれば，たとえ申込中で述べられていない契約条件や申込中のものと異なる契約条件を含んでいても，有効な承諾とされる．明確な承諾といえるためには，品質，数量，価格，引渡条件など通常交渉の対象となる条件について，申込中のものと合致するものが述べられていなければならない．

　ただし，承諾の条件として，acknowledgement 中に含まれる（追加的なまたは相違する）条件に申込者が同意することが明示的に要求されている場合には，承諾とはならない．

ⓑ 履行が始められた後に紛争が生じたときの契約条件は？

㋑ 明確で適時の承諾の表示がなされた場合――同一の事項について申込中の条件と承諾中の条件が相違する場合については，多くの裁判所は，相違する条件は互いに打ち消し合い，代わりにUCCの任意規定等によって補充される条件が契約条件となる，としている（これに対して，申込中の条件が契約条件になるとする有力な学説も存在する）．申込中で述べられている条件について承諾が触れていないときは，申込中の条件が契約条件となる．承諾が申込中で触れられていない事項について条件を定めている場合は，2-207条(2)項が適用され，被申込者側からの契約条件の追加の提案と扱われる．商人間では，その提案に対して申込者が反応を示さなければ，当然に契約の一部とされる．しかし例外が認められており，ⅰ申込が申込中の条件に何も追加せずそのまま承諾するよう明示的に要求しているとき，ⅱ追加条件が契約に重大な変更を加えるものであるとき，ⅲ追加条件に対する異議が申込者から既に出されているか，速やかに出されるとき，には追加条件は契約の一部とはならない．

㋺ Acknowledgement 中で示された条件に対する同意が明示的に要求されていた場合（および，acknowledgement が明確な承諾の表示といえない場合）――書面の交換によって契約が成立したとはいえないが，履行が始められておれば，2-207条(3)項により，両当事者の書面が合致する条件およびUCCの任意規定によって補充される条件が契約条件となる．

㊁ 承諾の通知

① 通知の要件　　双務契約の承諾は，原則として，被申込者が申込者に対して承諾を通知するための相当な努力を尽くしたか，申込者が遅滞なく承諾を受領したか，のいずれかでなければ有効とはならない（前者の場合には，承諾の通知が申込者に到達しなくても，承諾は有効とされる）．

② 通知が不要とされる場合　　ⓐ 申込において承諾の通知は不要であると明示されている場合（Restatement 2d, §56 comment a）

注文（申込）書面に，契約は本店において業務執行取締役・支配人が注文を承認したときに成立する，という趣旨が明記されているときなどに認められる．このような場合，注文書の用紙は通常被申込者（供給者）側から提供されている．

　　　　　ⓑ　沈黙が承諾と扱われる場合（Restatement 2d, §69）

㋑　報酬を期待してなされていることが明らかな労務の提供を、拒否する機会がありながら黙って受領した場合

　（例）　AはBの子に数回バイオリンのレッスンをしてやった．Aは合計20回のレッスンをして，それに対する報酬を請求するつもりであった．BはAの指導を求めたわけではなかったが，そのレッスンの継続を黙認し，またAの意図を知っている筈であった．このような場合，Bはレッスン料の支払を義務づけられる．

㋺　販売の目的で送られてきた商品に対して，自らのものとする意思を表す行為をした場合（提示された条件が明白に非合理的なものである場合は除く）

　（例）　BはAからある書籍の郵送を受けた．それには，「この本の購入を希望される場合には1週間以内に代金＄25を送金してください．不要の場合には通知して下されば返信用切手をお送りします」という手紙が添えられていた．Bが返事を出さないまま書籍を友人Cに贈与した場合には契約が成立する．単に本棚に置いておいた場合には成立しない．

　（もっとも，消費者保護の観点から，注文なくして商品を販売目的で送付することを違法とし，そのような商品を受け取った者の責任を否定する法律を制定している州があるし，また，連邦の郵便法は，注文しない商品の郵送を受けた者はその取引を贈与とみなすことができる，と規定している．）

㋩　通知がなければ承諾と扱われる旨を申込が述べているとき（またはその趣旨が申込から窺われるとき）で、被申込者が承諾するつもりで通知をしない場合（この場合と上記のⓐの場合との区別は微妙である．この場合は被申込者は単に沈黙しているのに対して，ⓐの場合は承諾意思が被申込者側の客観的行動に現れている点で異なるのであるが）

　（例）　Aは既にBの占有下にある自分の馬について＄2500で売却するという申込をBに送った．その手紙には「これまでの話から，あなたがその馬を引きとられることは確実だと思いますので，改めて返事を書いて頂くには及びません．返事がなければ承諾，ということに致しましょう」と書かれていた．Bが承諾するつもりで返事を出さなければ契約は成立する．

㋥　これまでの取引状況から，被申込者が承諾を拒む意思である場合にはその旨を申込者に通知することが相当とされる場合

　（例）　Aは，そのセールスマンを使って，頻繁にBから商品の注文を取っ

ていた．注文はAが自ら承認したときに契約となるものとされていたが，これまではすべて，改めて承認の通知がなされることなく，注文商品は1週間以内に発送され，その代金の請求書が送付されていた．これまでと同様にAのセールスマンがBの注文を受け，Aはやはり何の通知も出さなかった．Bはその注文が承認されたものと信じ，1週間他からの購入を控えていた．このような状況においてはAは注文に応じることを義務づけられる．

　　㈭　承諾の発効時期　　郵便や電報を用いる隔地者間の取引において，申込が求める方法（承諾の方法が指定されているときはその方法，指定がないときは，申込において用いられた方法や他の相当な方法を用いるよう求めているものと扱われる）によってなされた承諾は，それが被申込者の手からはなれると同時に効力を発生し，契約を成立させる．その後は，申込者が申込を撤回することはできなくなる(隔地者間の承諾の発信主義――Restatement 2d, §§63 (a), 30, 65)．

　たとえば，郵便によってなすよう申込中で定められている承諾や，あるいは郵便でなされた申込に対する承諾については，承諾の郵便をポストに投函した時点において契約が成立する．たとえ，その郵便が，申込者に到達しなくても，契約は成立したものとされる．郵便による申込に対して電報で承諾がなされた場合も，通常は，その承諾は相当な方法によるものとされ，同様に扱われるであろう．ただし，宛名の正しい記載，規則に定められた料金額の支払・切手貼付など，相当の注意が払われていることが必要で，それらがなされていない場合には，発信時に発効するものとはならない（Restatement 2d, §66）．

　承諾の発信の方法が申込の求めるものでなかったり，相当の注意が払われなかった場合には，正しく発信された承諾が到達する時期までにそれが到達した場合にのみ，発信時に発効したものと扱われる．それ以外の場合は，到達時に発効する（Restatement 2d, §67 & comment）．

　オプション契約がある場合には，以上述べたような，承諾の発信主義の原則は適用されず，承諾は到達時に発効するものとされる（Restatement 2d, §63 (b)）．また，申込において到達主義をとることが明示されている場合も，上記の原則は適用されない．

　　㈥　承諾の発信主義がとられる場合の承諾と拒絶の競合　　前述し

たように承諾は発信時に発効するのに対して，申込の拒絶は到達時に発効する．そこで，㋑ 被申込者は，拒絶を発信して後それが申込者に到達するまでに承諾を発信することによって，有効な承諾をなすことができるか，あるいは，㋺ 承諾発信後に拒絶が発信され，拒絶が先に到達した場合，承諾の発信主義の原則通り，契約の成立を認めてよいか，といった問題が生じる．

㋑ については，拒絶発信後に発信された承諾については発信主義が適用されず，拒絶より早く到達した場合に限って有効な承諾となる．拒絶と承諾のうち，早く到達したものが発効するのである．拒絶が先着した場合には，被申込者の承諾は反対申込となり，申込者がさらにそれに対して承諾しない限り契約は成立しない（Restatement 2d, §40）．

㋺ については，被申込者は，承諾の発信後に申込を拒絶することはできず，たとえ拒絶が先着した場合でも，それは無効である，とされる（被申込者が，承諾発信後に，その撤回を発信し，それが先着した場合も同様である）．しかし，申込者が先に到達した拒絶（あるいは承諾の撤回）を信頼して行動したときには，契約の成立を申込者に押し付けることは酷であるので，被申込者は契約の強行を禁反言される，とされている．

　(e) 片務契約の承諾

　　(イ) 行為の履行による承諾　　片務契約の成立を求める申込を承諾するためには，申込の中で要求された行為を履行することが必要である．その履行を約束するだけでは，承諾として有効ではない．

　　(ロ) 承諾の通知　　片務契約の申込に対する承諾においては，申込中において承諾の通知が要求されていない限り，承諾の通知は必要ではない．すなわち，当該行為の履行のみによって，契約は有効に成立するのである．

しかし，申込者が，要求された履行が行われたかどうかを，簡単に知ることができない場合には（この場合にも履行によって契約は成立するが），被申込者が申込者に承諾を通知するための相当な努力を尽くしたか，申込者が相当な期間内に履行を知ったか，あるいは，申込中において通知は不要とされていたか，のいずれかでなければ，申込者の契約債務は解除されてしまう，とされている（Restatement 2d, §54）．

(3) 明確性の要件

(a) 概　　説

契約の成立には，申込—承諾の過程を通して両当事者間に合意が成立するだけでなく，その合意が裁判所によって実現され得るだけの明確性を持っていることが必要とされる．すなわち，契約違反の存否，および(契約違反の存在が認定される場合には)適切な救済の内容の決定をなし得るだけの明確性がなければ，その合意は裁判所によって実現され得ないのである(単純な例として，目的物の品名や数量について規定のない動産売買契約)．なお，この明確性の要件は契約の履行期に満たされればよく，契約締結時に満たされていることは必要でない．

明確性の要件は救済についての決定をするさいの必要性に根ざしたものであるので，特定履行が認容されるために必要な明確性の程度と損害賠償が認容されるために必要な明確性の程度は異なっている．すなわち，前者の場合の方が，高い程度の明確性を要求されるのである．

(b) 明確性の要件と契約規定の解釈・契約条件の補充

契約の条件が十分な明確性をもって合意されているとは思えないような場合でも，契約規定の解釈・契約条件の補充によって明確性の要件が満たされるようになる場合は少なくない．業界の標準的契約条件等の外部の基準が契約に明示的・黙示的に組み込まれていると認定されたり，取引慣行，取引の経緯，履行の経緯などに依拠した契約規定の解釈・契約条件の補充が行われたりして，不明確さが除去されることも多い．また，UCC等の法律の任意規定によって契約条件が補充されることも頻繁になされることである．

たとえば，UCC2-305条の下では，価格について取り決められていない場合でも，動産売買契約を締結することはできる，とされている．

§2-305. Open Price Term

(1) The parties if they so intend can conclude a contract for sale even though the price is not settled. In such a case the price is a reasonable price at the time for delivery if

(a) nothing is said as to price; or

(b) the price is left to be agreed by the parties and they fail to agree; or

(c) the price is to be fixed in terms of some agreed market or other standard as set or recorded by a third person or agency and it is not so set or recorded.

(4) Where, however, the parties intend not to be bound unless the price be fixed or agreed and it is not fixed or agreed there is no contract. In such a case the buyer must return any goods already received or if unable so to do must pay their reasonable value at the time of delivery and the seller must return any portion of the price paid on account.

［2-305条. オープン・プライス条項
(1) 両当事者にその意思がある場合には，価格を定めないでも売買契約を締結することができる．そのような場合で，以下のいずれかに該当するときには，価格は引渡時の合理的な価格とする．

　(a) 価格について何も述べられていないとき

　(b) 価格は後に当事者が合意するものとされているにもかかわらず，当事者が合意をしていないとき

　(c) 価格は，第三者または第三者機関によって定めまたは記録される市場の基準またはその他の基準で予め合意されたものに従って確定されるものとされているにもかかわらず，その基準がそのように定められまたは記録されなかった場合

(4) しかしながら，両当事者の意思が，価格の確定または合意がない限り拘束されないというものであって，かつその確定または合意がない場合には，契約は存在しない．そのような場合には，買主は既に受領された商品をすべて返還するか，それが不可能な場合には引渡時におけるその合理的な価額を支払わなければならず，売主は価格の内金として支払われた部分をすべて返還しなければならない．］

2-305条(1)項(b)号は，価格について当事者間に取決めがない場合だけでなく，価格は後に取り決める旨の条項が契約中に置かれたにもかかわらずその取決めがなされなかった場合にも，(両当事者の意思が契約締結である限り)それは明確性を欠く契約にはならない，としている．

(c) 明確性を欠く契約

契約が明確性を欠いていると認定された場合でも，裁判所による救済が完全に否定されるとは限らない．（明確性を欠くとされた）契約の履行が開始されている場合には原状回復利益の返還が命じられるし，ときには信頼利益の賠償を認めることによって救済が与えられることもある．前者の例として上掲の UCC 2-305条 (4) 項，後者に関しては，本章 **3**(8)(f)④ の Hoffman v. Red Owl Stores, Inc. 判決を参照．

3. 約　因

(1) 約因の定義

単純契約では，約束 (promise) に対して約因 (consideration) がなければ，その約束は拘束力を持たない．

約因は伝統的には，約束者 (promisor——約束をした当事者) に対する利益，または受約者 (promisee——約束を受けた当事者) に対する損失，と定義されてきた．なかでも，受約者に対する損失が強調され，また，その損失は，法的な損失 (legal detriment)，すなわち，法的に義務づけられていないことを行うこと，もしくはそれを行う約束，または，法的に行う権利のあることを控えること，もしくはそれを控える約束，でなければならないとされてきた．

しかし，アメリカでは，19世紀末までに，約束者に対する利益や受約者に対する損失は，約束と交換的に取引されたものでなければならない，といわれるようになった（約因の交換取引理論）．さらに，1932年に公表された第1次リステイトメントにおいては，約因の定義から利益や損失の言葉がなくなり，約束との取引関係のみによって約因が定義された．このように約束との取引関係の要件のみによって約因を定義する姿勢は，以下に示す第2次リステイトメントの定義 (Restatement 2d, §71) においても維持されている．

§71. Requirement of Exchange; Types of Exchange

 (1) To constitute consideration, a performance or a return promise must be bargained for.

 (2) A performance or return promise is bargained for if it is sought by the promisor in exchange for his promise and is given by the promisee in exchange for that promise.

 (3) The performance may consist of

   (a) an act other than a promise, or

   (b) a forbearance, or

   (c) the creation, modification, or destruction of a legal relation.

(4) The performance or return promise may be given to the promisor or to some other person. It may be given by the promisee or by some other person.

［71条．交換の要件；交換の類型
  (1) 約因を構成するためには，履行または反対約束は取引されたものでなければならない．
  (2) 履行または反対約束は，約束者が約束と交換的にそれを求め，かつ受約者が約束と交換的にそれを与えた場合に，取引されたものとなる．
  (3) 履行は以下のいずれかによって成立する．
    (a) 約束以外の作為
    (b) 不作為
    (c) 法律関係の設定，変更，解消
  (4) 履行または反対約束は，約束者に与えられても，他の者に与えられてもよい．また，それは，受約者によって与えられても，他の者によって与えられてもよい．］

(2) 約因の提供者・受領者

上述のリステイトメントの定義にも示されているように，約因は約束者に与えられる必要はなく，また受約者によって与えられる必要もない．

①第三者に与えられる約因の例

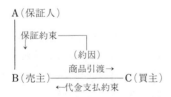

A＝約束者；B＝受約者；C＝第三者
Aは，BがCに対して商品を売り渡せばCの代金支払を保証すると約束した．Aの保証約束の約因は，BのCに対する商品引渡．

②第三者から与えられる約因の例

A＝約束者；B＝受約者；C＝第三者
Aは，Cの求めに応じて，Cの支払う代金と交換に，Bに対して商品を引き渡すことを約束した．Aの約束に対する約因は，Cの代金支払．

③第三者から第三者に与えられる約因の例

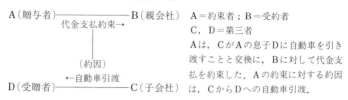

A＝約束者；B＝受約者
C，D＝第三者
Aは，CがAの息子Dに自動車を引き渡すことと交換に，Bに対して代金支払を約束した．Aの約束に対する約因は，CからDへの自動車引渡．

(3) 約因を欠く約束

(a) 贈与の約束

無償の贈与約束は，交換の要素を全く欠くもので，捺印証書など，他に拘束力の根拠がない限り，守られなくても法的保護を受けることができない．しかし，贈与が，目的物の引渡などによって完了してしまえば，贈与者が後に，約因の欠如を理由に目的物の返還を請求することはできない．他の unenforceable contract（契約違反に対して救済が与えられない契約）と同様に，約束に従って履行されたならば，それは非債弁済にはならない，とされているのである．

したがって，贈与の約束については，それが履行されない場合も，それが履行された場合も，法の介入は求めることができない，ということになる．

(b) 過去の約因・動機

約因は約束と取引されたものであることを要する．そして，「取引」の要件が満たされるためには，約因は，約束者が約束と交換的に要求し，かつ受約者が約束と交換的に与えたものでなければならない．

約束者が，受約者によってすでになされた行為を約因として約束をする場合には，約束者の側は，約束と交換的にその行為を要求しておらず，また，受約者の側も，約束と交換的にその行為を行ったわけではないので，そのような約因は約束と取引されたものとはいえず，有効性が否定される．過去の約因（past consideration）は無効とされるのである．

具体例を挙げると，長年精勤してくれた使用人の退職に際して，雇主が，彼のこれまでの精勤に報いるために，爾後毎年一定額の金銭を支給することを約束した場合，使用人の過去の精勤は約因として有効ではない．

なぜなら，雇主は，使用人に精勤してもらいたいがために年金の支払約束をしたとはいえ，また使用人の側も，そのような約束がなされたから精勤をした，というわけではないからである．

「過去の約因は有効ではない」という原則に類似するものとして，「動機は約因として有効ではない」という原則がある．上述の例において，雇主がそのような約束をした動機は，使用人の過去の精勤に報いることであった．そのような動機も有効な約因とはならないのである．

（もし，上述の例において，年金の約束に拘束力を付したいのであれば，使用人が今後雇主と競合関係に立つ仕事に従事しないこと，あるいはその趣旨の約束など，使用人が何らかの（作為・不作為を含む）行為や約束をすることを，雇主が年金支払の条件として求めればよい．そうすれば，交換取引関係が認められる限り，その行為や約束は有効な約因となり，有効な片務契約ないし双務契約が成立することになる．）

(c) 過去の約因は無効という原則の例外――道徳的義務

裁判所は，過去の約因は有効ではないと述べる一方で，一定の場合に限って，道徳的義務（moral obligation）は約因として有効である，としてきた．

(イ) 出訴期限の徒過した債務の履行約束　出訴期限の徒過した金銭債務の債務者がその債務の支払を約束した場合，裁判所は古くから，その約束に新たな約因が提供されていなくても約束の拘束力を認めてきた．その理由としては，債務者は出訴期限の徒過によって債務を弁済する法的義務は免れたが，道徳的には依然として義務を負っており，改めてその支払が約束された場合には，その約束は債務者の負っている道徳的義務を履行するためになされたものであり，その道徳的義務は約束を支持する十分な約因となる，ということが述べられてきた．しかし，その道徳的義務は過去の約束を原因とするもので，新たな約束と交換取引されたものとはいえない．だから，約因の交換取引理論から見る限り，これは約因なくして約束に拘束力が認められる場合といわざるを得ない，と指摘されている．

このような新たな支払約束にもかかわらず支払を拒む債務者に対して訴訟によって支払が請求される場合には，その訴訟は後の約束に基づくものになるので，債権者に与えられる損害賠償も後に約束された額に限られ

る．しかし，前の債務額以上のものを支払う約束がなされた場合には，その約束は超過部分については拘束力を持たないとされる．

このような出訴期限を徒過した金銭債務を支払う約束については，それが現実になされたか否かについての紛争を防ぐため，イギリスでは1828年に Lord Tenterden's Act が制定され，このような約束は（詐欺防止法が適用される契約と同様に）債務者の署名ある書面でなされていない限り証明できないものと定められた．アメリカでも約３分の２の法域でこれと同じ趣旨の規定が置かれている．

なお，破産手続において免除された金銭債務の支払約束についても同様の扱いがなされてきた（しかし，Bankruptcy Reform Act of 1978 は，そのような約束が強要されることを防止するために，それが拘束力を持ち得る場合を厳しく制限した）．また，未成年者によってなされた約束や不実表示，錯誤，強迫によって得られた約束など取り消し得る契約について，後にその履行が約束された場合にも，同様に新たな約因なくして拘束力が認められる（もっともこのような場合については，改めて履行の約束がなされたと捉えず，当初の約束が取り消されずに追認されたと捉える見方も可能である）．

　(ロ)　過去の利益受領に基づく約束　　上記の(イ)は，過去に法的な義務が存在した場合に，その履行が免除されたまたは免除され得るにもかかわらずその履行が約束された場合であった．これに対して，過去に法的義務が存在しない場合については，たとえ道徳的義務を履行するために約束がなされたといい得る場合であっても，その約束に拘束力が認められないのが原則であった．その趣旨を述べる代表的判例として，Mills v. Wyman 判決が挙げられる．

Mills v. Wyman, 20 Mass. 207（1825）

【事実の概要】　原告（Mills）は，長い航海から帰ったのち突然病気に罹り困窮していた被告（Wyman）の息子（25歳で被告とは離れて生活していた）に住居・食事を与えたうえ看病をしてやった．この息子は15日後に死亡したが，このことを知った被告は原告に対し，息子のために費やされた費用の支払を約束した．しかし被告はその約束を履行しなかったので原告は提訴した．

【判旨】　道徳的義務が十分な約因になると述べる先例は多いが，それが

認められたのは，出訴期限法によって阻止された金銭債務，未成年者によって負担された債務，破産者の債務など，実定法原則によって支払を強制されなくなっているけれども，自然的正義の原則に従えば支払われるべき既存債務があった場合に限られている．これらの場合には，当初約束に対応するものが存在したのであり，無に対してなにかを支払うことが約束されたのではない．約束に対して何も支払われずまた約束されない場合には，法は，その履行を約束者の良心に委ねている．訴えの却下を命じた原判決を肯認．

しかし，若干の裁判所は，約束者が，過去に受けた利益に報いる趣旨でなした約束について拘束力を認める態度を示している．その代表的判例がWebb v. McGowin であった．

Webb v. McGowin, 27 Ala. App. 82, 168 So. 196 (1935), cert. denied, 232 Ala. 374, 168 So. 199 (1936)

【事実の概要】 材木会社の従業員であった原告（Webb）は階上の材木を階下に落していた．ある材木を落そうとしたとき，それが落下するところにMcGowin（被告はその遺産に対する遺言執行者）がいるのに気づき，McGowinに対する材木の直撃を回避するために材木とともに落下した．それによってMcGowin は死亡ないし重傷を免れることができたが，原告は一生就労できなくなってしまった．McGowin は約1ヵ月後に，原告が自分の死亡・重傷を回避してくれたこと，および原告の受けた負傷を約因として，原告に対して一生の間，2週ごとに15ドルを支払うことを約束した．この支払は8年余りの間続けられたが，McGowin の死後ほどなく途絶してしまった．そこで原告が提訴した．第一審では，被告側からのdemurrer（75頁のgeneral demurrer 参照）が認められた．

【判旨】 約束者が受約者から実質的な利益を受け，その代償を支払うよう道徳的に義務づけられた場合には，たとえ約束者が既に義務を負っていた場合でなくても，その道徳的義務は後の約束を支持する十分な約因となる．また，McGowin を救うために原告は重い障害を負った．約束者に対する利益または受約者に対する損失は約因として十分である．破棄差戻．

Webb v. McGowin 判決で述べられた原則は第2次リステイトメントにも，限定的にではあるが受け入れられている．

§86. Promise for Benefit Received

(1) A promise made in recognition of a benefit previously received by the promisor from the promisee is binding to the extent necessary to prevent injustice.

(2) A promise is not binding under Subsection (1)

(a) if the promisee conferred the benefit as a gift or for other reasons the promisor has not been unjustly enriched; or

(b) to the extent that its value is disproportionate to the benefit.

[86条．受領利益に対する約束

(1) 約束者が過去に受約者から受取った利益を認識してなした約束は，正義に反することを防止するために必要な限度において拘束力を有する．

(2) 約束は，以下の場合または限度において，第(1)項による拘束力を有さない．

(a) 受約者がその利益を贈与として与えた場合，もしくは他の理由から約束者の不当利得にならない場合，または

(b) 約束の価値が利益に不均衡な限度において］

(4) 約因の相当性

約因は，約束と比較していかに経済的に不均衡なものであっても，それが約束と取引されたものである限り，有効であるとされる．いかに些細なものであってもよいとする趣旨で，Peppercorn Theory（胡椒の実〔価値の小さな物のシンボル〕の理論）と呼ばれる．その論拠は，取引内容が合理的であるかどうかの判断は，契約当事者がすべきであって，裁判所の仕事ではない，という私的自治ないし契約自由の原則に求められる．

もっとも，約因が約束に比して著しく不均衡な場合には，裁判所（とくにエクイティ裁判所）は，能力の欠如（incompetency），錯誤（mistake），不実表示（misrepresentation），強迫（duress），不当威圧（undue influence），あるいは契約の非良心性（unconscionability）などを理由に，救済を否定することがある．

(5) 既存義務の原則と契約の変更

伝統的に，有効な約因として認められるためには，損失は法的な損失でなければならず，それは，法的に義務づけられていないことを行うこと，などであると定義されてきた．言い換えると，既に受約者に課されている義務を履行することは，有効な約因とは認められないのである．これを既存義務の原則（Pre-existing Duty Rule）という．

（例）　AとBはアパートの建築請負契約を締結し，AはBのためにアパートを建築することを約し，それに対してBはその完成時に50万ドル支払うことを約した．工事開始後ほどなくしてAの資金繰りが悪化して，Aは工事を中断してしまった．アパートの早期完成を望むBは，Aに対して，当初の予定通りに完成させれば，さらに10万ドル支払おうと約束した．この約束がなされたこともあってAは工事を再開し，アパートは予定通りの時期に完成した．

　Bは当初約束された代金の50万ドルは速やかに支払ったが，10万ドルの追加金については支払うことを拒否した．その根拠としてBが述べたことは，Bの追加払いの約束に対して，Aが提供した約因は予定通りにアパートを完成させたことであるが，これは当初の契約によってAが既に負っていた義務を履行したに過ぎないのであって，有効な約因とはならない，ということであった．

上記のような例においては，既存義務の原則に従う限り，Bの追加払いの約束には拘束力はないことになる．一般的にいえば，契約の一方当事者の債務を変更する約束は，反対当事者の債務の変更を伴わない限り（もしそれがあれば有効な約因となる），拘束力を持たないのである．上記の例でいうと，Bの追加払いの約束に拘束力を付与するためには，Aの側の債務内容も変更するか，Aがなんらかの新たな債務を負担するか，しなければならないのである．

このような原則の存在理由は，請負業者が，当初安い価格で工事を請け負い，工事開始後に，予定通りに工事を完成させることに対して追加払いを求める，というやりくちを防ぐ，という点にある．しかし，契約の変更は，契約締結時に予見できなかった事情に照らして誠実になされる場合もあり，そのような場合には，裁判所は既存義務の原則の適用を回避して，契約変更に効力を与えるときもある．

そのような場合に用いられる法技術ないし適用される法原則としては，以下のようなものがある．

　①　契約の解除と新契約の締結　　当初の契約を一旦解除し（契約の解除は，両当事者がお互いに，相手方による契約上の権利の放棄の約束を約因として，自らの権利の放棄を約束するもので，約因に関する問題はない），新しい契約が締結されたものと扱う．

　上記の例では，当初の契約を一旦解除して，その後に請負代金を60万ドルとする新契約が締結されたということであれば，既存義務の原則の適用は回避できる．

　②　リステイトメント

Restatement 2d, §89. Modification of Executory Contract

　A promise modifying a duty under a contract not fully performed on either side is binding

(a) if the modification is fair and equitable in view of circumstances not anticipated by the parties when the contract was made; or

(b) to the extent provided by statute; or

(c) to the extent that justice requires enforcement in view of material change of position in reliance on the promise.

[89条．未履行契約の変更

　いずれの側も履行を完了していない契約の義務を変更する約束は，以下の場合または限度において拘束力を有する．

(a) 当該変更が，契約締結時に両当事者が予測しなかった事情に照らして公正かつ衡平なものである場合，または

(b) 制定法が規定する限度において，または

(c) 当該約束を信頼してなされた重大な地位の変更に照らして正義が実現を求める限度において．]

　リステイトメント89条(a)項は，変更が，契約締結当時予見されなかった事情に照らして公正かつ衡平であることを要件として，①のような擬制を用いることなく，契約変更の約束に拘束力を認める態度をとっている．

　リステイトメント89条はさらに(c)項で，契約変更の約束を信頼して受約

者がその立場を変更したときにも，変更約束の拘束力を認めている．
　この趣旨を（傍論においてではあるが）述べる代表的判例は，イギリスの High Trees 判決である．

Central London Property Trust, Ltd. v. High Trees House, Ltd.（High Trees Case），[1947] K.B. 130

　【事実の概要】　1937年9月に原告は被告にアパート用建物を年額2,500ポンドの賃料で賃貸したが，第2次大戦で居住者が減少し，被告が受取る家賃収入では原告に対する賃料を支払い得なくなったため，原告は1940年の1月に賃料を1,250ポンドに減額する約束をした．その後被告は減額された賃料を支払っていたが，1945年の初めになるとアパートが満室の状態となったので，同年9月原告は被告に対して，元通り年額2,500ポンドの賃料を支払うよう求め，その後1945年の後半について賃料の差額を請求する訴訟を提起した．
　【判旨】　本事案における家賃減額の約束には約因がないが，先例によると，約束者が，約束を拘束力あるものとして，かつ受約者がそれを信頼することを予期してなした場合で，実際に受約者がその約束を信頼して行動した場合には，その約束は（請求原因を生じさせるものとしては用いることはできないけれども）請求に対する抗弁事由として用いることができるとされている．本事案における減額の約束は，居住者減少の事態に対応するために与えられたものであるので，居住者の減少していた1945年初めまでについては，賃料減額の約束を信頼して賃借を続けた被告に対して原告は差額を請求できない．しかし，本訴訟の請求に係る同年後半以降については，事態が変わっており減額の約束は適用がない．原告の請求を認容．

　89条(b)項の制定法の例としては，次の③の UCC の規定のほか，「契約，債務等を変更，免除する約束は，署名ある書面中のものであれば，約因の欠如のために無効とされることはない」と規定するニュー・ヨーク州法 (Gen. Oblig. L. §5-1103) などの若干の州法規定を挙げることができる．

　③　UCC　UCC2-209条(1)項は，動産売買契約を変更する合意については約因は不要である，と規定している．もっとも，変更後の契約が詐欺防止法の規定の適用を受けるときには，変更は書面でなされなければならない．

(6) Pinnel's Case の原則ないし Foakes v. Beer の原則

　英米法においては伝統的に，弁済期が既に到来した確定金銭債務の一部の弁済を受けて残りの債務を免除する，という約束には拘束力がない，とされてきた(すなわち，債権者は免除の約束にかかわらず残額を後に請求することができる)．この場合に受約者たる債務者が行うことは，自らが既に履行を義務づけられている債務の一部履行に過ぎないから，既存義務の原則によって約因の存在が否定されるのである．このような原則を Pinnel's Case の原則ないし Foakes v. Beer の原則というが，この原則は，残りの債務を免除する約束だけでなく，現実の免除についても適用あるものとされている．ただし，まだ金額が確定していない債務(不法行為を原因とする損害賠償義務でまだ判決が下されていないような場合)については，和解(の約束)となりこの原則は適用がない（次項(7)参照)．

　この原則に対しては批判が強く，債務全額の支払として受領された一部額の弁済によって債務は全体として消滅すると述べる裁判所が少数あるほか，債務者側の行為の中に当初の債務によって義務づけられていなかった点を見いだす，ないしは含める，ことによって，この原則の適用を回避することもしばしばなされてきた．すなわち，弁済期到来以前の支払；当初約定された支払場所と異なる場所での支払；代物によるまたは代物を添えての弁済，等を債権者の同意を得てなせば，債務者は自らが義務づけられていること以外のことをしたことになり，有効な約因の存在が肯定され得るのである(当初の債務の一部の履行または履行の約束が第三者によってなされた場合にも同様の結果が認められる)．もっとも，そのような履行態様の変更は，単に残額債務の免除に拘束力を与えるためになされたものでは足りず，免除の約束と交換取引されたものといえなければならないとされている．

(7) 和解契約と約因

　　（例）　AはBに対して，Bが不注意によりその運転する自動車をAのオートバイに接触させたと主張し，オートバイに生じた損害の賠償として＄1,000を要求した．Bは追突が自分の不注意によるものと認めたが，損害は＄400にしかならない，と主張した．両者は交渉の末，BがAに＄600支払うことで和解することにした．

この和解契約において，Aは爾後この事故による損害について一切Bに請求をしないことを約束し，Bはそれと引き換えに＄600の支払を約束した．

① Aの約束に対する約因はBの＄600の支払約束である．これは，Aの目から見ればBが自分に対して負っている＄1,000の債務の一部支払の約束になるのではないか？――Pinnel's Case の原則は確定金額の金銭債務について適用があるもので，責任または金額について両当事者の主張が対立している場合には適用がない．したがって，Bの＄600の支払約束（ないし支払自体）は有効な約因を構成する．リステイトメントも，争いのある義務の履行は約因になり得るとしている．

Restatement 2d, §73. Performance of Legal Duty
　　Performance of a legal duty owed to a promisor which is neither doubtful nor the subject of honest dispute is not consideration []．
［73条．法的義務の履行
　約束者に対して負担されている法的義務で，不確定なものでなく，かつ善意の紛争の対象となってもいないものの履行は約因とはならない．］

② Bの約束に対する約因は，爾後この事故による損害について賠償の請求を差し控えるというAの約束である（Aによる損害賠償請求権の放棄といってもよい）．これは，Aが賠償を請求する権利を有している場合には，法的権利を有すること〔＝損害賠償請求権を行使すること〕を差し控える約束であり，有効な約因を構成する．ところで，後にAの請求権が法的に認められないものであることが判明した場合には，Aによる賠償請求の差控えの約束は，法的権利のないことを差し控える約束をしたに過ぎず，無意味なものであって，有効な約因ではない，ということにならないであろうか？――このような問題についてリステイトメントは，請求権の有効性が現実に（客観的に）不確定であったり，Aが請求権の有効性を善意に信じた場合には，有効な約因として認められる，としている．

Restatement 2d, §74. Settlement of Claims
　(1) Forbearance to assert or the surrender of a claim or defense which proves to be invalid is not consideration unless
　　(a) the claim or defense is in fact doubtful because of uncertainty

as to the facts or the law, or

(b) the forbearing or surrendering party believes that the claim or defense may be fairly determined to be valid.

[74条. 請求の和解
(1) 無効であることが判明した請求または抗弁について，それを主張することの差控えまたはその放棄は，以下の場合を除いて約因とはならない．
　(a) 事実または法が不確実であるために，当該請求または抗弁が現実に不確定であった場合，または
　(b) 差し控えた当事者または放棄した当事者が，当該請求または抗弁が有効であると判断される可能性が相当程度存在すると信じた場合．]

以上のように，善意で争っている当事者が和解する場合には，その和解契約の拘束力が約因の法理によって否定されることはない．和解契約がこのように好意的な取扱いを受けるのは，和解による紛争解決を促進しようとする態度が存在するためである，と指摘されている．

(8) 約束的禁反言の法理

(a) はじめに

受約者が約束者の約束を信頼して行動した場合，その行為が約束と交換取引されたものであれば有効な約因となるが，そうでなければ約因とは認められない（交換取引の有無についての決め手は，約束者が，当該行為を得る目的で，かつ当該行為がなされることを条件として約束をしたか，ということである）．しかし，今日では，そのような，交換取引の要素は満たさないが，約束を信頼してなされた受約者の行為が存在する場合に，受約者の信頼(行為)を根拠に，約束違反に対して救済が与えられる場合がかなり見受けられる．

　（例①）使用者が被用者に対して，これまでの精勤に報い退職後の生活を保証するために，退職後毎月＄500の年金の支払を約束した．この約束を信頼して被用者は退職した（被用者の年齢から再就職は困難であった）．その後，使用者は年金の支払を拒否した．この場合，使用者は年金支払約束と交換的に被用者の退職を要求したのではない．被用者の退職は年金の約束の約因とはならない．しかし，今日では，大半の裁判所が，被用者は使用者の年金支払約束を信頼して退職した，という事情が認められる場合には，その信頼行為の存在を根拠に，使用者の約束に拘束力を認めている．

（例②）　AはBに対して負っている＄10,000の金銭債務について，その支払を滞納していた．Aの友人Cは，Bに対してその債務をAに代わって支払うことを無償で約束した．このCの約束を信じて，BはAに対する取立をしばらく控えていたが，その間にAは支払不能に陥ってしまった．この場合，Cは自分の支払約束と交換的にBに取立の差控えを要求してはいない．したがって，Cの約束は約因によって支持されていない．しかし，Bがこの約束を信頼して取立を差し控えたことを理由に，Cの約束に拘束力を認める裁判所がかなり存在する．

(b)　信頼に基づいて拘束力が認められた古典的事例

　上記の例のように，約因が存在しなくても，約束に対する信頼行為に基づいて約束に拘束力が認められる，という理論が一般的に承認されるようになったのは20世紀に入ってから，とくに第1次リステイトメント以降のことであるが，一定の類型の契約については，既に19世紀において，受約者の信頼行為を理由とする拘束力が認められていた．

　①　家族間の約束

Ricketts v. Scothorn, 57 Neb. 51, 77 N.W. 365 (1898)

　【事実の概要】　孫娘Xが金に困って帳簿係として働いているのを見て哀れに思った祖父が，働く必要がないようにと，＄2,000の約束手形を与えた．Xはこの手形をもらってすぐ仕事をやめたが，祖父は手形金を支払わずに死亡した．Xは祖父の遺言執行者Yを相手取って手形金を訴求した．

　【判旨】　祖父は約束をするさいに，何の条件も要求も付さなかった．彼は手形を無償で与えたのであり，何も代償を求めなかった．Xの退職は全く任意になされたものであり，契約義務の履行としてなされたものではなかった．手形は有価約因なく与えられたものであり，贈与の約束に過ぎないものであった．しかし，手形を与えるさいに，祖父が，贈与の合理的でかつ蓋然性の高い結果としてXの退職を考えていたことは確実である．Xに対して，手形が期日に支払われることを信頼させて，不利な地位の変更をするよう意図的にしむけた祖父またはその遺言執行者が，約束が約因なくして与えられたことを理由に支払を拒むことは著しく不衡平である．原告はequitable estoppelの要件を構成する事実を主張しており，それらは証拠によって確定的に証明されている．X勝訴の原判決を肯認．

② 土地贈与の約束

Seavey v. Drake, 62 N.H. 393 (1882)

【事実の概要】 Xに援助を与えたいと思っていたその父Aが，口頭でXに対して自分の所有地の一部を贈与し，土地譲渡証書の交付を約束した（土地の贈与の完成には土地の譲渡証書の交付が必要；また土地取引には詐欺防止法によって債務者の署名ある書面が必要）．XはAの口頭の贈与を信頼して，その土地の占有を開始し，それに課された租税をすべて支払い，また＄3,000を支出してその土地に住宅，納屋，馬小屋等を建てた．Aの死後，Xは，約束に基づいて，Aの相続人Yを相手取って土地譲渡証書の交付を（エクイティ手続において）訴求した．Yは，この口頭契約には約因がなく未履行であるので拘束力はない，と主張した．

【判旨】 原告Xは，約束を信頼して，土地の占有を開始し，その恒久的改良のために多額の出捐をした，と主張している．（エクイティにおいては，一部履行がある場合には，詐欺防止法の適用は免れる．）土地贈与の口頭約束は，受贈者が占有をし，贈与の約束を信じて有益な改良を行った場合には，エクイティ上保護される．土地贈与約束が誘引となってなされた土地改良のための金銭・労力の出捐は，エクイティ上当該約束に対する約因を構成し，したがってこの約束は実現されることになる．

③ 無償寄託に付随して受託者によってなされた無償の約束

Siegel v. Spear & Co., 234 N.Y. 479, 138 N.E. 414 (1923)

【事実の概要】 YはXの家具を無償で預かることを約束し，さらにその引渡しのさいにYはそれらに火災保険を掛けておくことを約した（費用は後にXが支払うこととされた）．XはYの保険購入の約束を信頼して，自ら保険契約を結ぶことはしなかった．後日Xの家具が火災で焼失したが，Yは保険を購入していなかった．XはYの保険取得の約束に基づいて損害賠償を訴求した．

【判旨】 無償で将来信託を引き受けるという約束には拘束力はないが，受託者に目的物が預けられ（受託者に信任が置かれ）信託の執行が開始されたならば，その信任および信託執行引受が十分な約因をもたらし，受託者は信託の約束を完全に履行することを義務づけられる．X勝訴の原判決肯認．

④ 慈善寄付約束

Allegheny College v. National Chautauqua County Bank of Jamestown, 246 N.Y. 369, 159 N.E. 173 (1927)

【事実の概要】 1921年6月Aは，原告X（Allegheny College）の募金運動に

応じて,「キリスト教教育に対する私の関心を約因として,および他の寄付約束者を約因として」＄5,000を死後30日後に支払うことを約束するとともに,その支払をなすよう遺言執行者に指示する書面を作成し,Xに交付した.その書面の裏面には,「この寄付金は Mary Yates Johnston Memorial Fund と称され,牧師志望の学生の教育のために用いられなければならない」と記されていた.1923年の12月に,Aは生前に寄付の内金として＄1,000をXに支払った.Xはそれを牧師志望の学生のための奨学資金として別途保管した.1924年7月Aは約束を撤回した旨Xに通知した.しかしXは,Aの死後30日経過後に遺言執行者を被告として残額の支払を訴求した.

【判旨】 Aは,当該贈与は Mary Yates Johnston Memorial Fund と称されるべし,という条件を課している.Xが内金の＄1,000を受領したときに,Xは,この記念基金をその創設の精神にかなうよう維持するために必要なあらゆることを行う義務を引き受けたのである.この義務の引受は,約束者Aの黙示の要請によってなされたものであり,これが寄付約束に対する有効な約因となり,その結果双務契約が成立したのである.Xの訴えを却下した原審判決を破棄し,X勝訴の判決を下すよう命令する.

(c) Promissory Estoppel と Equitable Estoppel

無償の約束であっても,受約者がそれを信頼して行動した場合には,拘束力が認められる,という法原則は equitable estoppel の名で呼ばれたこともあった(上掲①事件参照)が,1920年頃からはそれと区別されて promissory estoppel の法理と呼ばれるようになった.Equitable estoppel においては,一方当事者によってなされた事実に関する表示を相手方が信頼して行動した場合に,その表示に反する事実の主張や証明が禁じられるのに対して,promissory estoppel においては,受約者が約束を信頼して行動した場合に,約束者が約因の欠如を理由に約束の履行を拒むことが禁じられるのである.

(d) リステイトメントの規定

1932年の第1次リステイトメントは,それまでに一定の類型の約束に限って認められてきた promissory estoppel の法理を,すべての類型の約束に適用可能な文言を用いて規定した.

Restatement, §90. Promise Reasonably Inducing Definite and Substantial Action.

A promise which the promisor should reasonably expect to induce action or forbearance of a definite and substantial character on the part of the promisee and which does induce such action or forbearance is binding if injustice can be avoided only by enforcement of the promise.

［90条．明確かつ実質的な行為を誘発することが相当な約束
　受約者の側に明確かつ実質的性格をもつ作為または不作為を誘発するものと約束者が予測すべきことが相当な約束で，現実にそのような作為または不作為を誘発したものは，正義に反することの回避が約束の実現によってのみ可能な場合には拘束力を有する．］

　この90条の規定は，先例をまとめて条文化するというリステイトメント起草の方針が逸脱されたものであったが，その後の多くの事件において，信頼に基づく責任に根拠を与えるものとして極めて重要な機能を果たした．
　90条は第2次リステイトメントでは，若干の修正が施されて以下のようになっている．

Restatement 2d, §90. Promise Reasonably Inducing Action or Forbearance

（1）A promise which the promisor should reasonably expect to induce action or forbearance on the part of the promisee or a third person and which does induce such action or forbearance is binding if injustice can be avoided only by enforcement of the promise. The remedy granted for breach may be limited as justice requires.

（2）A charitable subscription or a marriage settlement is binding under Subsection（1）without proof that the promise induced action or forbearance.

［90条．作為または不作為を誘発することが相当な約束
　(1) 受約者または第三者の側に作為または不作為を誘発するものと約束者が予測すべきことが相当な約束で，現実にそのような作為または不作為を誘発したものは，正義に反することの回避が約束の実現によってのみ可能な場合には拘束力を有する．違反に対して与えられる救済は正義が求めるところに限定することができる．
　(2) 慈善寄付約束または婚姻承継不動産処分は，約束が作為または不作為を

誘発した旨の証明なしに，(1)項による拘束力を有する．］

(e) Promissory Estoppel の法理の適用の要件

第2次リステイトメント90条において，この法理の成立のために求められている要件は次のようなものである．

① 受約者または第三者が約束を信頼して作為・不作為を行ったこと
② 約束者が，約束を信頼した行為が行われることを予期すべきであったこと
③ 約束に拘束力が認められなければ不正義が生じること

このうち，①の要件は，作為・不作為が約束によって誘発されたものであることを求める．言い換えると，約束がなかった場合にもその作為・不作為がなされたようなものであってはならない．使用者の年金約束の例において，その約束がなされなくても被用者は退職するつもりであったのであったり，Ricketts v. Scothorn の事例において，孫娘が祖父から約束手形が与えられる以前から仕事をやめるつもりであったのであれば，この要件は満たされていないことになる．

ただし，慈善寄付約束や婚姻に伴う財産授与の場合については，信頼行為の証明が要求されていない．このような場合には，約束は即座に拘束力を持つことになる．このような規定が置かれた背景には，裁判所がこれまでこれらの約束に効力を与えるに好意的であったこと，および，これらの場合に，約束によって受贈者の行動が変更されたといえる場合は少ないこと，などの事情がある．

②の要件については，現実に行われた行為がなされるであろうということを予測できたことが求められる(客観的基準)．この要件が容易に満たされるのは，無償の約束に条件(反対給付にはならないもの)が付されている場合である (たとえば退職後年金を給付する約束における退職の予測)．また，Ricketts v. Scothorn の事例におけるように，約束者が受約者の行動について希望を述べたような場合にも，この要件は満たされやすい．

(f) 約束的禁反言の法理の機能

① 贈与約束等，無償の約束に拘束力を与えること（約因の代わり）（なお Restatement 2d, §88(c) には保証契約への適用についての特則が設けられている――

信頼行為が予見可能で実質的なものであれば，〔不正義の回避・正義が求める救済の要件・制約を課されることなく〕保証約束が文言通り実現される．)

　② 契約変更の約束を信頼した者を保護すること（前掲138～39頁参照）

　③ 申込を信頼した行為を被申込者が行った場合にオプション契約の成立を認めること（前掲117～18頁参照）

　④ 契約締結に向けての予備交渉過程においてなされた約束を信頼した者を保護すること

Hoffman v. Red Owl Stores, Inc., 26 Wis.2d 683, 133 N.W.2d 267 (1965)

　【事実の概要】　パンの製造販売業を営んでいた原告（Hoffman）は，スーパー・マーケット・チェーンを経営する被告（Red Owl）のフランチャイズ加盟店になることを希望し，被告にその旨を申し出た．原告は，自分が出資できる資本は＄18,000だけであると伝えたが，被告は，Red Owl の加盟店になるにはそれで十分であると繰り返し確約した．原告は，食料品店経営の経験を得るために，被告の勧めで Wautoma で小さな食料品店の店舗を賃借し，その設備・商品を購入した．原告はそこで3ヵ月間営業し利益を挙げていたが，被告の勧めにより，その設備等を売却し，被告の選んだ Chilton という町に所在する土地を＄6,000で購入できるオプションを＄1,000で取得した．さらに原告は被告の求めに応じて，原告夫妻の所有するパン屋の店舗を＄2,000の損失を被って＄10,000で売却するとともに，Chilton で住宅を賃借し（賃借料は＄125），Red Owl のチェーン店で経験を積むために Neenah という町へ引っ越した（その費用は＄140）．このように原告は，被告の勧め・助言に従って準備行為を進めたが，最終的には，被告が当初よりも大きな額の出資を原告に要求したため，交渉は決裂してしまった．原告が損害の賠償を訴求した．

　【判旨】　被告は，この交渉において，店舗の規模，費用，デザイン，配置，賃貸の条件等についてはまだ合意に至っておらず，(承諾があれば拘束力ある契約が成立するような) 契約の申込の段階にも達していなかったことを指摘している．たしかに約束的禁反言の法理は，当初，約因の代替物を提供するものであった．しかし，リステイトメント90条は約束が申込として認められるほど完全であることを要求していない．本事案においてはリステイトメントが要求する三つの要件が満たされている．また原告に与えられる救済については，裁判所が不正義の防止に必要と考える範囲に限定されるべきである．本事案では，原告のパン店舗売却のさいの損失＄2,000，オプションの取得

費用＄1,000，住宅賃借料＄125，引越し費用＄140，そして Wautoma の食料品店の売却のさいの損失（在庫品・設備の市場価格から実際の売買価格を控除したもの）に限られる．この趣旨を述べた原判決を肯認．

【解説】 この事件においては，約束的禁反言の法理が，約因の要件を満たしても完全な契約となり得ないような約束にまで適用され得るものであることが示されるとともに，それによって与えられる救済が，必ずしも期待利益（＝履行利益）の賠償（被害当事者を契約が履行されたのと同じ状態に置くことを目的とする損害賠償）ではなく，信頼利益の賠償（被害当事者を約束がなされる以前の状態に戻すための損害賠償）である場合もあり得ることが示された．また，この判決に従うと，契約締結のための交渉は善意でなされることが求められることになる．この点で，本判決の趣旨はドイツにおける culpa in contrahendo（fault in negotiating）（契約締結上の過失）の理論と同じ考えに立つものであるといわれている．このような理論で認められる責任は，契約法上の責任（人が自らの意思によってなした約束の結果生じた義務の違反に対して課される責任）というより，むしろ不法行為法上の責任（法によって人に課された義務の違反に対して課される責任）に近いものであるといわれている．

⑤　詐欺防止法の要件を満たさない契約を信頼した者を保護すること
Restatement 2d, §139. Enforcement by Virtue of Action in Reliance

(1)　A promise which the promisor should reasonably expect to induce action or forbearance on the part of the promisee or a third person and which does induce the action or forbearance is enforceable notwithstanding the Statute of Frauds if injustice can be avoided only by enforcement of the promise. The remedy granted for breach is to be limited as justice requires.

[139条．信頼行為に基づく実現
(1)　受約者または第三者の側に作為または不作為を誘発するものと約束者が予測すべきことが相当な約束で，現実に当該作為または不作為を誘発したものは，正義に反することの回避が約束の実現によってのみ可能な場合には，詐欺防止法にかかわらず拘束力を有する．違反に対して与えられる救済は正義が求めるところに限定されるものとする．]

4. 意思の不存在・意思表示の瑕疵

本節では，意思の不存在として錯誤を，意思表示の瑕疵として不実表示，強迫，不当威圧を，さらにこれらに近接する事項として，能力の欠如，契約の非良心性の問題を，概ねリステイトメントの配列の順で取り上げる．

(1) 能　　力
(a) 未成年者

未成年者 (minor) は契約を締結する能力が欠如しているものと扱われる．成年は，コモン・ローでは21歳であったが，1971年に成立した合衆国憲法第26修正によって18歳以上の者に投票権が認められたことの影響を受けて，ほとんどの州で18歳に引き下げられた．

未成年者による契約は，本人(成人する以前でもよい)，法定代理人，(本人が死亡した場合には) 遺言執行者・遺産管理人・相続人が取り消すことができる．また，未成年者は，成年に達した後に，当初の契約を追認することもできる．当初の契約の履行を引き受ける約束に新たな約因は必要ない(3(3)(c)(イ)参照)．

取消しは契約が履行された後にもすることができる．取消し前に相手方が履行していた場合には，取り消した未成年者は，原則として，履行によって受領した物を現状で，または履行によって現に受ける利益を返還することが求められる．

(b) 能力の欠如

精神障害が原因で，取引の内容・結果を合理的に理解できないか，取引に関して合理的に行動できない者による契約は，能力を回復した本人，法定代理人，(本人が死亡した場合には) 遺言執行者・遺産管理人・相続人が取り消すことができる．また，能力を回復した本人は，当初の契約を追認することもできる．相手方が履行した後に契約を取り消すためには，原則として，履行によって受領した物・利益を返還することが求められる．

(2) 錯　　誤

契約当事者が，契約締結時に，契約締結の前提となる事実関係に関して，錯誤（mistake——真実と異なる認識）に陥っていた場合，契約の取消しが認められることがある．錯誤に陥っていたのが両当事者の場合（共通的錯誤）と一方当事者のみの場合（一方的錯誤）とがある．

(a) 共通的錯誤

リステイトメントは共通的錯誤による契約の取消しについて次のように規定している．

§152. When Mistake of Both Parties Makes a Contract Voidable.

(1) Where a mistake of both parties at the time a contract was made as to a basic assumption on which the contract was made has a material effect on the agreed exchange of performances, the contract is voidable by the adversely affected party unless he bears the risk of the mistake under the rule stated in §154.

[152条．両当事者の錯誤によって契約を取り消すことができる場合

(1) 契約締結時における両当事者の錯誤が，契約締結の基本的前提に関するものであって，合意された履行の交換に重大な影響を持つ場合には，不利な影響を受ける当事者は契約を取り消すことができる．ただし，154条に定める原則に基づいて，その者が錯誤の危険を負担する場合は別である．]

§154. When a Party Bears the Risk of a Mistake.

A party bears the risk of a mistake when

(a) the risk is allocated to him by agreement of the parties, or

(b) he is aware, at the time the contract is made, that he has only limited knowledge with respect to the facts to which the mistake relates but treats his limited knowledge as sufficient, or

(c) the risk is allocated to him by the court on the ground that it is reasonable in the circumstances to do so.

[154条．当事者が錯誤の危険を負担する場合

当事者は以下の場合に錯誤の危険を負担する．

(a) 当事者の合意によってその者に危険が配分される場合

(b) その者が，契約締結時に，錯誤に関係する事実に関して限られた情報しか有していないことを認識しており，かつ，その限られた情報で十分

であるとした場合
　(c) 裁判所が，当該状況において合理的だという理由で，その者に危険を配分する場合

　契約の取消しが認められるためには，次の3要件が満たされなければならない．
　　① 錯誤が，契約締結の基本的前提に関するものであること
　　② 錯誤が，合意された履行の交換に重大な影響を持つこと
　　③ 取消しを主張する当事者が，錯誤の危険を負担していないこと
　③の危険負担に関しては，154条の原則に従って判断することになる．154条(a)項の合意の例としては，売買契約における目的物の品質に関する "as is"（そのままの状態で）の文言を掲げることができる（品質に関する危険は買主が負担することになる）．(b)項の原則によって説明できる判決としては，次の事件を掲げることができる．

Wood v. Boynton, 64 Wis. 265, 25 N.W. 42（1885）

　【事実の概要】　X（Wood）が宝石商のY（Boynton）にカナリアの卵ほどの大きさ・かたちの石を見せ，以前，それがトパーズだと告げられたことがあると話した．Yは，そうかもしれないと言って，それを1ドルで買い取ることを申し出た．Xは一旦断わったが，数ヵ月後に金詰まりになり，それをYに1ドルで売り渡した．後にそれはダイアモンド原石で約700ドルの価値があることが判明した．Xは，（利息を加えて）1ドル10セントを差し出してその返却を請求したが，Yが応じないので，その石の返還請求訴訟を提起した．第一審では，裁判官がY勝訴の評決を下すよう陪審に指図し，X敗訴の判決が下された．

　【判旨】　Xはその石を長期間所持しており，その内容や品質について若干の調査を行った．Xがその価値についてさらに調査をすることなくそれを他者に売り渡すことを選択した場合，相手方に詐欺や不公正がない限り，Xは，不利な取引をしたことが判明したことを理由に売買を取り消すことはできない．この売買がなされたとき，当事者の双方が石の価値を知らず，代金は適切であると考えていたのであり，詐欺があったとはいえない．原判決肯認．

なお，錯誤による取消しが認められる場合，取消しは，錯誤を知ったまたは知り得た後，合理的期間内になされなければならない．また，当事者の錯誤が過失によるもので，合理的な注意を払えば回避できた場合であっても，その過失が信義誠実と公正取引の合理的基準に反するものでない限り，錯誤を理由とする救済は否定されない（この点は，一方的錯誤の場合も同じ）．

(b) 一方的錯誤

リステイトメントは一方的錯誤による契約の取消しについて次のように規定している．

§153. When Mistake of One Party Makes a Contract Voidable.

　　Where a mistake of one party at the time a contract was made as to a basic assumption on which he made the contract has a material effect on the agreed exchange of performances that is adverse to him, the contract is voidable by him if he does not bear the risk of the mistake under the rule stated in §154, and

　　(a) the effect of the mistake is such that enforcement of the contract would be unconscionable, or

　　(b) the other party had reason to know of the mistake or his fault caused the mistake.

［153条．一方当事者の錯誤によって契約を取り消すことができる場合

　契約締結時における一方当事者の錯誤が，その者が契約を締結した基本的前提に関するものであって，合意された履行の交換に対してその者に不利な重大な影響を持つ場合には，その者は，154条に定める原則に基づいて錯誤の危険を負担するものでなく，かつ下記のいずれかにあてはまる場合に，契約を取り消すことができる．

　(a) 錯誤の影響が，契約の強制的実現を非良心的なものとする場合

　(b) 反対当事者が錯誤を知りうべきであったか，またはその過失が錯誤を生じさせた場合］

一方的錯誤による契約の取消しが認められる場合で最も多いのは，建築請負契約における（計算間違いによる）入札価格の錯誤である．この取消しが認められる場合，取消しは，反対当事者が入札を信頼した実質的行為を

行うまでになされなければならない (**2**(1)(e)(ロ)の Drennan 判決参照).

(3) 不実表示

当事者の一方が相手方に真実でない表示を行い,相手方がそれを信じて契約を締結した場合,契約の取消しが認められることがある.取消しが認められるためには,(a)不実表示(misrepresentation——事実に関する真実でない表示)がなされたこと,(b)当該表示が詐欺的なものであるか,重大なものであること,(c)表示の相手方がそれを信頼して契約を締結したこと,(d)その信頼が正当なものであること,の4要件が満たされる必要がある.

(a) 不実表示

不実表示は,過去または現在の事実に関する虚偽の表示でなければならない.表示は,通常,口頭または書面上の言葉によって表示されるが,行為による場合もある.建物の売主が床のひび割れを隠すためにペンキを塗るなど,相手方に真実を知らせないよう意図・予測された行為は,そのことが存在しないという表示と同視される.一方当事者のみが把握している事実(たとえば,以前にAが相手方に説明した内容から状況が変化したことをAだけが知っている場合や,売買の目的物の価値を大きく上下させる事件が発生したことを当事者の一方のみが知っている場合)を相手方に開示しないことは,以下のいずれかの場合には,その事実の不存在の表示に等しいものと扱われる(Restatement 2d, §161).

　　① 一方当事者が以前に表示した内容に関して新たな情報を得た場合で,開示しないと,以前の開示が不実表示になったり,詐欺的または重大なものとなったりする場合

　　② 一方当事者が,相手方が契約締結の基本的前提に関して錯誤に陥っていて,開示すればそれが解消することを知っており,かつ,開示しないことが信義誠実と公正取引の合理的基準に従った行為に反することになる場合

　　③ 一方当事者が,相手方が契約書の内容・効果に関して錯誤に陥っていて,開示すればそれが解消することを知っている場合

　　④ (医師患者関係など)当事者間にある信頼関係に基づいて,一方当事者が相手方に開示すべき義務を負っている場合

(b) 不実表示の詐欺性・重大性

契約取消しの理由となるためには，不実表示が詐欺（fraud）の性格を有しているか，または重大な（material）ものであることが必要である．不実表示が詐欺的なものとなるのは，その内容が虚偽である・あり得ることを認識した上で，相手方を契約締結に誘導する目的で表示がなされる場合である．不実表示が重大なものであるのは，当該表示を受けた合理的な人または現実に表示を受けた者が契約締結に誘導される可能性が高い場合である．

(c) 不実表示に対する信頼

不実表示が契約締結への実質的誘因であればこの要件は満たされる．

(d) 信頼の正当性

一般的には，表示が明白に虚偽であるか，真剣に受け取るに値しないようなものである場合でない限り，この要件は満たされる．

不実表示による取消しが認められる場合，取消しは，表示が真実でないことを知った後，合理的期間内になされなければならない．また，不実表示があったことを知った後に契約を追認した場合には，取り消すことはできなくなる．追認は言葉によることもあるが，売買契約の買主が目的物を自身の所有物のように使用する場合など，取消しの意思と矛盾する行為によってもなされ得る．契約が取り消された場合，両当事者は原状回復の義務を負う．

なお，一方当事者が相手方に契約書の内容・効果に関して詐欺的不実表示を行い，それを信じた相手方が契約に同意した場合，相手方が不実表示を信じたことが相当と認められれば，裁判所は，不実表示を受けた者の求めに応じて契約書の訂正を認めることができる（Restatement 2d, §166）．

(4) 強迫・不当威圧

(a) 強　　迫

一方当事者による強迫（duress）によって反対当事者が契約を締結した場合には，契約の取消しが認められることがある．取消しが認められるためには，①不当な脅迫（improper threat）があったこと，②脅迫の相手方にそれに屈して契約を締結する他に合理的な選択肢がなく，脅迫のために現実

に契約が締結されたこと，の2要件が満たされなければならない．

リステイトメントによると，①の不当な脅迫として，以下のようなものが挙げられる（Restatement 2d, §176）．

　　(イ)　以下のいずれかにあたる場合
　　　　(i)　犯罪や不法行為を犯すという脅し，または（当該行為だけでは犯罪・不法行為とはならないが）脅した結果財産が取得されるときに犯罪や不法行為となる行為
　　　　(ii)　刑事告訴・告発をするという脅し
　　　　(iii)　民事訴訟を提起するという脅しで悪意によるもの
　　　　(iv)　相手方と締結されている契約に関して信義誠実および公正取引の義務を破るという脅し
　　(ロ)　脅しの結果として不公正な条件の取引が成立した場合で，かつ，以下のいずれかにあたる場合
　　　　(i)　脅された行為が相手方を害するが，脅した当事者に実質的利益を与えない場合
　　　　(ii)　脅した当事者の過去の不公正な取引行為が合意を引き出す脅しの効果を実質的に高めた場合
　　　　(iii)　脅された内容が，他の点で，不当な目的のための権限行使である場合

リステイトメントは，例として，以下のようなものを掲げている．

　　((イ)(iii)の例)　Aは，BがAに対して主張してきた請求権を放棄する和解契約を締結しない限り，B所有の土地に関してBを訴え，当該土地の登記に訴訟係属物件の表示（lis pendens = notice of pendency of action）を申請すると脅した．Bは，他に合理的な選択肢がなく，Aに対する請求権を放棄する契約に合意した．AがB所有の土地に関する訴訟に根拠がないことを認識していた場合には，その訴訟を提起するという脅しは悪意によるものとなり，Bは請求権放棄の契約を取り消すことができる．他方，Aが当該訴訟について合理的な根拠があると考え，請求権放棄の契約の内容が法外なものでなければ，Bはそれを取り消すことができない．

　　((イ)(iv)の例)　Aは，Bのために地下貯蔵庫を建設する契約を締結した．Aは工事を始めた後，もう一つ貯蔵庫を建設する別の契約を締結しない限り，工事を完了させないとBに伝えた．Bは，他に合理的な選択肢がないため，

Aの求める契約を締結した．Aの脅しは信義誠実および公正取引の義務に違反するものであり，Bは2番目の契約を取り消すことができる．

　((ロ)(i)の例)　Aは，かつての被用者Bに対して，BがAに対して有している請求権を放棄する契約に合意しない限り，Bの就職を妨害すると伝えた．Bは，他に合理的な選択肢がなく，Aの求める契約に合意した．裁判所が，AによるBの就職妨害がBの利益を損ない，かつ，Aに実質的利益を与えるものでないと認定した場合には，Aの脅しは不当なものとなり，Bはその契約を取り消すことができる．

　((ロ)(ii)の例)　Aは，ある商品を過去数回にわたってBに販売し，意図的に，今後も通常の価格で商品の供給をAから受けられるものとBに信じ込ませた．その結果，Bは他からその商品を購入する努力を怠った．Aは，Bが他から調達することが難しくなった後に，Bに対して，従前の価格を大幅に上回る価格でなければ商品を販売しないと伝えた．緊急に商品を必要としていたBは，仕方なく，Aの提示する価格で購入する契約を締結した．裁判所が，Aのかつての不公正な取引によって，より高い価格でなければ契約を締結しないという脅しの効果が実質的に高まったと認定すれば，Bは契約を取り消すことができる．

　Aが，商品の供給の継続をBに意図的に信じ込ませたという事情がなく，単に，Bが緊急にその商品を必要としており，かつその供給が不足しているということを認識していたにとどまる場合には，Aの態度は不当な脅しとはならず，Bは契約を取り消すことができない．

　((ロ)(iii)の例)　市水道公社Aが，宅地造成業者Bに対して，新たな造成地への給水本管の延長について，他の同様のものに対する料金に比べて大幅に上回る金額でなければ契約を締結しないと伝えた．Bは，合理的な他の選択肢がないため，Aの提示する金額で契約した．Aの態度は，給水しないというAの権限を不当な目的のために用いたものと認定されるので，Bはこの契約を取り消すことができる．

　強迫による取消しが認められる場合，取消しは，強迫の状態が解消した後，合理的期間内になされなければならない．また，強迫の相手方が契約を追認した場合には，取り消すことはできなくなる．契約が取り消された場合，両当事者は原状回復の義務を負う．

　(b) 不当威圧

　不当威圧 (undue influence) は，(制限能力者とされるには至らない) 何らか

の弱さを持つ者を(不実表示や強迫には至らない)不当な説得から保護しようとするエクイティ由来の法原則である．契約の締結について不当威圧があったと判断されると，契約は取り消し得るものとなる．現在では，強迫による取消しが広く認められるようになっているので，不当威圧による救済の必要性は低下する傾向にある．

　不当威圧は，①一方当事者が相手方の支配下にあるか，または，相手方との関係に基づいて相手方が自分の幸福や利益に反する行動をとることはないと信じることが相当とされる場合において，②相手方が不当な説得を行って契約に対する合意を得た場合に成立する．

　①の「自分の幸福や利益に反する行動をとることはないと信じることが相当とされる」関係として認められてきたものとしては，親子，夫婦(場合によっては婚約者同士)，聖職者と信者，医師と患者などの関係があるが，同様の信頼関係が認められる場合であればそれらに限られない．②の不当な説得の有無を決めるのは，説得を受けた当事者の自由で適切な判断を大きく損なう方法によって合意が得られたかどうかであり，その判断には，締結された契約の公正さ，独立の助言の利用可能性，説得を受けた当事者の弱い状態・状況などを考慮すべきとされている（Restatement 2d, §177）．

(5) 非良心性

(a) 前　史

　エクイティにおいては，契約が裁判所の良心を揺るがすほどに不衡平なものである場合には，その非良心性（unconscionability）を理由に強制的な実現が拒否されてきた．

Campbell Soup Co. v. Wentz, 172 F.2d 80（3d Cir. 1948）

　【事実の概要】　X（缶入りスープのメーカー）は農業に従事する Y_1（Wentz 兄弟）と人参の売買契約を締結し，Y_1 は1947年度にその畑（15エーカー）で収穫される Chantenay 種の人参を全量 X に売り渡し，X はトンあたり23〜30ドルの代金を支払うことを約束した．Y_1 は約100トンの人参を収穫したが，1948年1月，X に対して，契約価格での人参の納入を拒否することを告げた．当時，天候不順のため人参の価格はトンあたり90ドルにまで高騰し，また，同

種の人参を市場で入手することは困難になっていた．Y_1は収穫された人参のうち62トンを近所のY_2に売却し，Y_2はそのうち58トンを市場で売却，Xはその半量ほどを購入していた．Xは，Y_2の人参がY_1との契約の目的物ではないかと疑い，Y_2からの購入を中止し，当初の契約の特定履行を求める訴えを提起した．第一審裁判所は，本契約の目的物が非代替的であることが証明されていないとして，請求を棄却した．

【判旨】 本契約の目的物を市場で入手することは不可能であるので,その点では本契約は特定履行になじむが，それは余りに過酷で一方的な契約であり，Xは，良心の裁判所で救済を求める権利はない．

契約は，Xが買主の利益を確保すべく用意した書式を用いて締結された．その書式の中には，買主側に有利な他の規定とともに，Xは一定の状況において人参の引き取りを免除されるが，生産者はその人参についてXの責任を問えず，また，それをXの同意なく第三者に売り渡すことも許されないと定める規定が含まれていた．このような過酷な契約を手に入れた当事者がエクイティ裁判官の面前でその内容の強制的実現を求めるようなことをするべきではない．エクイティは非良心的な取引の強制的実現を行わないということは明確に確立されており，詳細に典拠を掲げるに及ばない．原判決肯認．

(b) UCC2-302条とその後の展開

エクイティ裁判所において非良心的な契約は強制的実現を拒否されるという原則は，UCC2-302条に一般的な原則として条文化された．

UCC §2-302. Unconscionable Contract or Clause

(1) If the court as a matter of law finds the contract or any clause of the contract to have been unconscionable at the time it was made the court may refuse to enforce the contract, or it may enforce the remainder of the contract without the unconscionable clause, or it may so limit the application of any unconscionable clause as to avoid any unconscionable result.

[2-302条．非良心的な契約または条項

(1) 裁判所が，法律上の問題として，契約または契約の条項が契約締結時に非良心的であったと認定する場合，裁判所は当該契約の強制的実現を拒み，または非良心的条項を除外して当該契約の残部を強制的に実現し，または非良心

的結果を回避するよう非良心的条項の適用を制限することができる.]

　この規定は UCC の第 2 編に置かれているので, 本来は, 動産売買の事件に限って適用されるべきものともいえる. しかし, 現実には, 他の種類の契約にも広く適用され, 第 2 次契約法リステイトメントにも, ほぼ同様の内容の規定が置かれるに至っている (Restatement 2d, §208).
　この規定が適用されるためには, 契約締結の時点における非良心性の認定が必要となる. 契約またはその一部が非良心的であるかどうかの判断は, この法理が陪審の関与しないエクイティ裁判所に由来するものであることから, 法律問題として裁判所が行うものとされている. どのような場合に非良心性が認定されるべきかに関して, UCC もリステイトメントも明確な定義は置いていない. 2-302 条の注釈によると, その判断は基本的に「一般的な取引状況と特定の業種や場合における取引上の必要性に照らして, 当該条項が, 契約締結の時点において存在する状況のもとで非良心的といえるほど一方的なものであるかどうか」に係っている. 次に, 典型的なタイプの事件を取り上げて, より具体的な判断基準を探ってみよう.

Williams v. Walker-Thomas Furniture Co., 350 F.2d 445, 449 (D.C. Cir. 1965)

　【事実の概要】 Y は X (コロンビア地区で家具小売店を経営) から多数の所帯道具を月賦で購入していた. 売買契約は X の用意した書式を用いて締結されていて, その中には, 買主が代金を完済するまで X が販売した各商品の所有権を留保すること, 毎月の返済が滞った場合には X が商品を取り戻すことができること, 毎月の返済金は代金未済の各商品に係る債務の残高に比例して充当されること (これは, 全商品の代金が支払われるまで, 全商品が X に帰属し, 返済が滞った場合に取り戻しの対象となることを意味した), が定められていた. 1962 年 4 月に Y は X から 514 ドル 95 セントでステレオセットを購入した. Y はほどなく返済しなくなったため, X は, Y が 1957 年以降に購入したすべての商品について返還を求める訴えを提起した. 第一審でも第二審でも X が勝訴した.
　【判旨】 原審は非良心的であると認定された契約であっても, 裁判所にはその強制的実現を否定する権限が欠けているとしたが, 当裁判所はそれに同意

しない.連邦議会がコロンビア地区のためにUCCを制定したのは,本契約が締結された後であったが,そのことが,その時点における判例法がそれを認めない趣旨であるとか,裁判所が判例法を発展させる権限を行使して同様の原則を採択することができないとか,ということを意味するものではない.当裁判所は,契約が締結された時点で非良心性の要素が存在する場合には,契約は実現されるべきでないと判示する.

　非良心性は,一般に,一方当事者の側における意味ある選択の欠如と,反対当事者に不当に有利な契約条項を含むものと認識されてきた.多くの場合,交渉力の不均衡が大きい場合,意味ある選択は否定される.契約が締結された態様も重要である.当事者の教育の有無から判断して,契約条件を理解する相当の機会があったか,重要な条件が細かい活字の中に隠蔽されたり,欺罔的な販売によって矮小化されたりしていないか.通常,その条件を十分に理解せず契約書に署名する者は,一方的なものであっても契約を結んだことになる危険を負担するものとされてきた.しかし,交渉力,ひいては真の選択の余地が小さい者が,その条件を理解することなく,不当な契約書に署名する場合には,その条件に同意している状況にはほど遠い.そのような場合には,契約条件は問題とされることがないという通常の原則を放棄して,裁判所は,不当な契約条件のゆえに強制的実現を否定すべきかどうかを検討すべきである.

　相当性や公平性を判断する際には,第一に,契約が締結された時に存在する状況に照らして契約条件を検討すべきである.契約条件は,「一般的な取引状況と特定の業種や場合における取引上の必要性に照らして」検討されるべきである.Corbinは,契約条件が「その時点・場所における慣行や取引実務に照らして非良心的と思えるほど極端なものであるか」ということを基準として提示している.われわれは,これが,契約締結にあたって意味ある選択がなされなかった場合に適用されるべき基準を正しく述べていると考える.

　契約の非良心性に関する審理のために破棄差戻.

　その後の裁判所も,上記の判決が提示した,一方当事者に不当に有利な契約条件と反対当事者における意味ある選択の欠如という2点に焦点を当てて,非良心性の検討を行っている.前者は実体的非良心性,後者は手続的非良心性と呼ばれている.手続的非良心性に含まれるものとしては,強引な取引方法の使用,細かい活字や難解な用語の使用,理解の欠如,交渉

力の不均衡, などが掲げられる.

　契約が非良心的であると認定された場合, 裁判所は, 契約全体の強制的実現を否定することや, 非良心的な条件の実現を否定したりその適用を制限したりすることができる. 場合によっては, 裁判所が契約条件を変更したり, 新たな条件を追加したりすることもある. しかし, かつてのエクイティと同様に, 裁判所が非良心性に基づいて損害賠償を認容することはない.

5. 口頭証拠法則

(1) 概　　説

　口頭証拠法則（Parol Evidence Rule）とは，①　契約の両当事者が，契約内容を「最終的に」表現するものとして契約書を作成したときには，契約書作成以前になされた合意についての証拠（口頭のものであれ書面のものであれ――現実には口頭の合意が問題になることが多いが）は契約書の内容を否認するために提出することはできない，さらに，②その契約書が契約内容を（「最終的に」のみならず）「完全に」表現するものとして作成された場合には，契約書作成以前の合意についての証拠を契約書の内容を補足するために提出することもできない，という原則である．

　口頭証拠法則は，契約書を最終的なものと扱う，あるいは最終的・完全なものと扱う，という当事者の意思に効果を与えるものである．契約を最終的に表す契約書が作られたときには，その契約書で述べられるものに反する交渉過程中の取決めは削除されたものと考えるのが自然だし，契約を最終的・完全に表す契約書が作られたときには，交渉過程中の取決めでそこに含まれていないものは削除されたと考えるのが自然である．

　この法則の目的としては，（削除されたと考えるのが自然な契約書作成以前の取決めを証明するためになされる）偽証による証言を排除すること，が挙げられてきた．しかし，この法則は画一的に一定の内容の証拠を排除するものであるために，偽証による証言を排除すると同時に真実を述べる証言も排除している，という批判も強い．ともあれ，裁判所は，具体的事案において妥当な解決を引き出すために，本法則に一貫しない例外を数多く認めてきた．そのため，口頭証拠法則に関する法は非常に錯綜し，そのことがまた訴訟を誘発している，とも指摘されている．

　このように問題点も多いものであるが，口頭証拠法則は英米を通じて例外なく認められており，UCCも2-202条において動産売買についてこの法則の適用を定めている．

　§2-202. Final Written Expression: Parol or Extrinsic Evidence.
　　Terms [] which are [] set forth in a writing intended by the parties as

a final expression of their agreement with respect to such terms as are included therein may not be contradicted by evidence of any prior agreement or of a contemporaneous oral agreement but may be explained or supplemented

 (a) by course of dealing or usage of trade [] or by course of performance []; and

 (b) by evidence of consistent additional terms unless the court finds the writing to have been intended also as a complete and exclusive statement of the terms of the agreement.

[2-202条．最終的な書面による表現：口頭証拠または外部証拠

 当事者がそこに収められた条件についてはその合意の最終的表現とするよう意図した書面がある場合，その中に述べられた条件は，それに先行する合意または同時になされた口頭の合意の証拠によって否認することはできない．ただし，以下のものによって説明または補足することはできる．

 (a) 取引の経緯もしくは取引慣行または履行の経緯，および

 (b) 矛盾しない内容の追加的条件の証拠．ただし，裁判所がその書面を合意の条件の完全かつ排他的表示と意図されたものであると認定する場合は除く．]

(2) 口頭証拠法則の内容

(a) 要　件

 ① 当事者が契約を最終的に表現するものとして契約書を作成すれば，書面は integrated agreement（最終的契約書）と呼ばれる．このような契約書が作成されることが口頭証拠法則適用の第一要件である(ここではリステイトメントの用語法に従うが，後掲の completely integrated agreement の意味で integrated agreement の言葉が用いられることも多い)．

 Integrated agreement の存否，言い換えれば契約書が integrated agreement であるか否かの決定は裁判所が行う．そのさいの基準となるのは，両当事者が，その書面中の契約条件について，当該書面を最終的なものとする意思であったか否かである．この決定には書面自体の内容が大きなウエイトを持つ．当該書面の完全性や明確性から，書面がそこに含まれる契約

条件についての最終的合意を示すものと考えられるときには，それらの条件については integrated agreement であると認めてよいことが多いであろう．しかし，他の証拠による反証が許されないわけではない．この決定のために提出できる証拠は当該書面に限られず，(当該書面以前の合意や交渉の過程を証明する証拠等)関連性を有するものであればすべての証拠が提出できる，とするのが現在の多数説である．

② Integrated agreement が契約全体の内容を完全かつ最終的に表現するものとして作成された場合には，その書面は completely integrated agreement (全体的に最終的な契約書)と呼ばれる．Integrated agreement が契約内容の一部を最終的に表現するものとして作成された場合には，その書面は partially integrated agreement (部分的に最終的な契約書)と呼ばれる．後者の場合には，書面に含まれていない契約条件が残されていることになる．

Integrated agreement が completely integrated agreement か partially integrated agreement かについての決定も裁判所が行う．そのさいの基準も書面作成時の当事者の意思である．すなわち，当事者はその書面を契約全体(契約条件すべて)を完全かつ排他的に表現するものとして作成したか否か，である．

この当事者の意思がどちらであったかを決定するために提出できる証拠の範囲については大きな説の対立があった．

ⓐ Williston (第1次リステイトメントの reporter) は，その証拠を当該書面に限ろうとする．とくに，当該書面が文面上契約全体を完全かつ排他的に述べていると思われる場合，または不完全にしか述べていないことが明らかな場合には，各々それに従って決定される．20世紀前半の判決はこの見解をとるものが多かった．もっとも，若干の裁判所は，書面作成当時の周囲の状況に照らして当該書面を検討するとした(それに関する証拠の提出は許される——しかし，書面作成以前の交渉についての証拠の提出は認めない)．

ⓑ Corbin (第1次リステイトメントの special advisor で救済の部分の reporter) は，書面の完全性は書面作成以前の合意や交渉過程なども含めたあらゆる状況を考慮して決定されなければならないとして，提出できる証拠の範囲に制限を加えない．今日の判例の大勢は，この Corbin の説

に従っている．第2次リステイトメントも同様である(§210(3))．

契約書の最終性・完全性について不確実な点を残さないために，契約書中に，その書面が completely integrated agreement であることを宣言する merger clause が置かれることがよくある．典型的な文言は次のようなものである．

This writing contains the entire agreement of the parties and there are no promises, understandings, or agreements of any kind pertaining to this contract other than stated herein.

［本書面は両当事者の合意のすべてを収めるものであり，本契約に関して，ここに表示されている以外の約束，了解，または合意はいかなる種類のものも存在しない．］

Williston の立場では，このような merger clause があれば，⒤当該書面が明確に不完全なものである，ⅱ merger clause が不実表示や錯誤によって挿入された，ⅲ契約を取り消す他の事由がある，のいずれかでない限り，その書面は completely integrated agreement であるとされる．Corbin の立場からは，integration の完全性について他の証拠による否認も可能であるが，実際にも，merger clause の存在にもかかわらず integration を部分的なものに過ぎないとした判決が僅かながら存在する．

(b) 効 果

① Partially integrated agreement の存在が認定されると，その書面に含まれている契約条件に矛盾する契約条件を証明するために書面以前の合意や交渉過程についての証拠を提出することは許されない．しかし，書面中の条件に矛盾しない契約条件の存在を証明することは許される(契約条件を補足するための証明)．

② Completely integrated agreement の存在が認定されると，書面に含まれていない契約条件の証明は一切認められない．

③ Restatement 2d, §213(1)(2)はこの趣旨を実体的法律関係からみて，次のように規定している．

§213. Effect of Integrated Agreement on Prior Agreements (Parol Evidence Rule)

(1)　A binding integrated agreement discharges prior agreements to the extent that it is inconsistent with them.
　(2)　A binding completely integrated agreement discharges prior agreements to the extent that they are within its scope.
　〔213条．最終的契約書が先行する合意に及ぼす効果（口頭証拠法則）
　(1)　拘束力のある最終的契約書は，〔先行する合意が〕それと矛盾するものである限りにおいて，先行する合意を消滅させる．
　(2)　拘束力のある全体的に最終的な契約書は，〔先行する合意が〕その範囲内のものである限りにおいて，先行する合意を消滅させる．〕

　④　このような実体的効果を有する点で，口頭証拠法則は，その名前に反して，証拠法上の原則ではなく，実体法上の原則であるとされる．証拠法の原則は一定の証拠方法の使用を禁じるものであるが，口頭証拠法則は一定の契約条件の存在（証明の対象）の証明そのものを禁じるものである．

　⑤　Integrated agreement の存在が認定されなかった場合にも，その書面外の契約条件の存在が認定されたわけではない．書面外の契約条件の証明が許されるだけである．Integration が部分的であるとされた場合の，書面と矛盾しない書面外の契約条件についても同様である（その認定は陪審等の事実認定者に委ねられる）．

(3)　付随契約の原則

　契約書が completely integrated agreement であると決定された場合でも，(同じ当事者間で締結された)その契約と別個の契約を証明することまで禁じられるわけではない．従って，completely integrated agreement に収められた契約に付随するけれども，それとは別個の契約の存在を証明する証拠の提出は許される．これを付随契約の原則（Collateral Agreement Rule）という．ただし，書面中の契約(条件)と矛盾するものであってはならない．
　ある合意が collateral agreement と認められるためには，次のいずれかでなければならない．
　　①　その合意が主たる契約と別個の約因を対価としていること
　　②　その合意が，当該状況において，書面から省かれることが自然で

あり得たこと．

［この collateral agreement rule によってある合意の証明が許される場合というのは，実は当該書面が completely integrated agreement ではなかった場合に過ぎない．］

(4) 具体的事例

Gianni v. R. Russel & Co., 281 Pa. 320, 126 A. 791 (1924)

【事実の概要】　原告（Gianni）はオフィス・ビルの一室を賃借し，そこでタバコ，果物，キャンディ，清涼飲料水を販売していた．被告（R. Russel & Co.）はそのビルを第三者から譲り受けたが，そのさい，原告と新たに期間3年の賃貸借契約を結んだ．その契約書の中には，賃借人は「当該物件を果物，キャンディ，炭酸飲料水等の販売にのみ使用できる」という条項が収められており，加えて，「賃借人はいかなる形態においてもタバコを販売することは許されず，もしそれに違反すれば，賃貸借契約は直ちに失効する旨が明示的に了承された」という規定が置かれていた．原告の主張によると，被告との交渉過程において，原告がタバコを販売せず，またこれまでより高い賃料の支払を約束することを約因として，原告にそのビルにおける清涼飲料水の独占的販売権を与えることが合意されたということであるが，そのような合意は契約書中には収められていなかった．このような賃貸借契約が結ばれてほどなく，被告は原告が借りている場所の隣室をある薬局に賃貸したが，そのさい，その薬局の清涼飲料水販売権には制約が加えられなかった．この薬局が清涼飲料水を販売したために自らの売り上げが激減したとして原告は口頭の契約に対する違反に基づく損害賠償を求めた．第一審は原告勝訴．

【判旨】　原告は，本事件は，契約書に収められておらず，その条項と無関係な別個の口頭の合意に対する違反をめぐる事件である，と主張している．しかし，当裁判所はこの結論に到達することができない．なぜならば，本契約書は書面上それだけで完全な契約書と思われるので，当事者の契約全体がそこに収められているものと看做され，また，口頭の合意が書面契約に含まれる領域内のものであるか否かについては，当事者がその口頭の合意を契約書中に収めるのが自然かつ通例であるか否かによって判断されるところ，本事案における契約書は店舗の使用形態について規定しており，とくに，原告は，タバコの販売を差し控えるという約束は清涼飲料水の独占販売権に対する約因の一部であると主張するが，タバコ販売の差控えの約束は本書面に収めら

れているので，そこから考えると，独占販売権の約束もその書面に収めるのが自然なことといえる．本契約書は両当事者の契約を完全に収めるものであり，原告の主張にかかる口頭契約の領域はそれに含まれるものであるので，口頭契約についての証拠は口頭証拠法則によって提出することは許されない．原判決破棄，被告勝訴の判決を自判．

Mitchill v. Lath, 247 N.Y. 377, 160 N.E. 646 (1928)

　【事実の概要】　原告（Mitchill）は，被告（Lath）が売却しようとしていた農場の購入を考えて現地に赴いた．そのさい原告は，道をはさんでその農場の向いに位置する第三者所有の土地に被告が所有していた貯氷庫が気に入らなかったが，被告が，当該農場を原告が購入することを約因として貯氷庫の除去を口頭で約束したので，当該農場を＄8,400で購入する書面契約を締結した．被告が貯氷庫除去の約束を履行しないので，原告はその約束の特定履行を求めて提訴した．

　【判旨】　（Collateral agreement rule の適用について）口頭の合意が書面契約に変更を加えるためには，少なくとも次の三つの条件が満たされなくてはならない．すなわち，①その合意は形式上付随的な合意でなければならない，②その合意は書面契約の明示・黙示の条項に矛盾してはならない，③その合意は，両当事者が通常書面に含めると思われるものであってはならない，のである．本事案においては第3の要件が満たされていない．この契約書面は両当事者の債務を詳細に表示しており，契約を完全に示すものといえる．本事案における口頭の合意は付随的な形式をとってはいるが，書面契約で扱われている事柄と密接に関連している．もしそのような口頭の合意が締結されたのであれば，それは書面契約中に収められるのがもっとも自然であると思われる．原告の請求を認めた原判決を破棄，請求の棄却が命じられた．

(5)　**口頭証拠法則によって排除されない証拠**

　(a)　当該書面が作成されてから後の合意や交渉過程を証明する証拠
　口頭証拠法則は，当該書面作成後の合意等についての証拠を排除しない．それゆえに，書面作成後にその契約が口頭で変更されたことを証明する証拠の提出も禁じられない．たとえ契約書が completely integrated agreement であるとされても，（約因や詐欺防止法の関連で問題がない限り）その契約を口頭で変更・解除することは可能であり，その証明も禁じられない．もっと

も，若干の州においては，書面契約の変更・解除は書面ですることが必要と定める法律が制定されている．

書面契約のなかには，その変更を書面によるものに限って，口頭での契約変更を禁じる特約を収めるものがある．理論的には，このような特約も後の口頭の合意によって変更できることから，(特約の変更を黙示的に含むと解釈できる) 口頭での契約変更は,特約にもかかわらず有効とされることになる．このような趣旨を述べる判決もあるが，口頭の変更の有効性が認められた事件では，その変更を信頼した行為がなされていることが多く，信頼行為がない場合に，この種の特約に反してなされた口頭の変更を有効とした判決は少ない．

UCC はこの問題について次のような規定を置いている．

§2-209. Modification, Rescission and Waiver.

(2) A signed agreement which excludes modification or rescission except by a signed writing cannot be otherwise modified or rescinded, but except as between merchants such a requirement on a form supplied by the merchant must be separately signed by the other party.

(4) Although an attempt at modification or rescission does not satisfy the requirements of subsection (2) [] it can operate as a waiver.

(5) A party who has made a waiver affecting an executory portion of the contract may retract the waiver by reasonable notification received by the other party that strict performance will be required of any term waived, unless the retraction would be unjust in view of a material change of position in reliance on the waiver.

[2-209条．変更，解除，放棄

(2) 署名ある書面による以外の変更または解除を排除する署名ある合意は，他の方法で変更または解除することはできない．しかし，商人間の場合を除いて，商人によって交付された書式上のそのような要件は，反対当事者によって別個に署名されなければならない．

(4) 変更または解除をするための行為が(2)項の要件を満たさない場合においても，それは放棄としての効力を有し得る．

(5) 契約の未履行部分に関して放棄をなした当事者が放棄を撤回するために

は，放棄された条件について厳格な履行を要求する旨の相当な通知なし，かつ反対当事者がそれを受領することを要する．ただし，放棄を信頼してなされた重大な地位の変更に照らして撤回が不当な場合は除く．]

2-209条(2)項は，署名ある書面によらなければ契約の変更・解除はできないとする合意が署名ある書面によってなされた場合には，その合意の拘束力を肯定している．しかし，書面によらない変更・解除を全く無効としているわけではなく，(4)項で，それは waiver (当初の契約条件に従った履行を要求する権利の「放棄」) になるとし，かつ(5)項で，waiver の撤回 (当初の契約条件に従った履行を要求すること) は，相手方当事者が waiver を信頼して重大な地位の変更をしており，その撤回が不当な場合には許されない，と規定している．

(b) 契約の不存在や契約の無効を証明する証拠

口頭証拠法則は，時間的に後の書面契約はそれ以前の合意にとって代わる，というものであるから，有効な書面契約が存在しない限りこの法則は働く余地がない．それゆえに，契約の不成立や契約の無効を証明するための証拠の提出は，口頭証拠法則によって禁じられるものではない．たとえ，契約書に merger clause が存在しても，このことは変わらない．Merger clause 自体が契約の有効性を前提とするものだからである．

契約の不存在・無効の例としては，最終的な契約書の外観を示す書面が存在しても，当該契約はまだ申込がなされているだけで承諾がなされていないこと，その書面が偽造されたものであること，その契約の内容が違法なものであること，などを示すための証拠の提出が挙げられる．

また，契約が約因の欠如のために拘束力を欠いていることを証明する証拠の提出も口頭証拠法則によって禁じられない．たとえ，completely integrated agreement において約因の授受が述べられていても，それが真実でない旨の証明は許される．しかし約因が約束であって，契約書の中に明示されている場合には，それは口頭証拠法則の対象たる契約条件となり，それを否認したり，補足したりするための証拠の提出は許されなくなる．

さらに，契約が，錯誤，不実表示，強迫などの理由で取り消し得るものであることを証明するための証拠の提出も，口頭証拠法則によって禁じられない．

(c) 当該書面の文言の解釈を助ける証拠

たとえ integrated agreement の存在が認定されても，その文言の解釈を助けるための証拠は，書面作成以前の合意や交渉過程に関するものであっても提出が許される．

しかし，Williston および第1次リステイトメントに代表される古い見解においては，当該書面の文言が unclear（不明確な——その意味は vague or ambiguous（漠然としたまたは多義的な）であるとされる）である場合にのみ，書面以前の交渉過程等に関する証拠の提出が許される，とされた．この説に従うと，裁判所がまず，契約文言が unclear か否かを決定し，unclear であると認定された場合に限って，その解決のために以前の交渉過程に関する証拠の提出が許される，ということになる．

これに対して，Corbin および第2次リステイトメントに代表される新しい見解においては，口頭証拠法則は契約解釈の問題には全く適用がないものとされている．古い見解のように，まず文言が unclear であることを認定する必要はないのである．しかし，契約書以前の交渉過程に関する証拠の提出が許されるのは，契約を解釈するという目的に限られ，また契約の解釈というのは言葉の不完全性のために存在する ambiguity（多義性）や vagueness（漠然性）を解決することであるので，この見解においても，契約書以前の証拠の提出が許されるのは，問題が文言の ambiguity や vagueness である場合に限られる．解釈の名のもとに，契約書の内容を変更したり，(completely integrated agreement がある場合にはさらに）契約書の内容に追加を加えたりするための証拠の提出は許されないのである．

両者の違いは，前説においては，ambiguity や vagueness の存在が書面から明白に判明するものでなければならないとされるのに対して，後説においては，その存在自体を書面以前の証拠を用いて証明できる点にある．最近では，書面に対する信仰が薄れたこと，および言葉の意味がそれが用いられた状況に左右されるものであることが認識されるようになったため，後説が支配的である．

(6) 契約書の訂正と口頭証拠法則

契約の両当事者が契約書を作成するときに，共通の錯誤によって，自分

たちの合意の内容・効果を正確に表してはいない書面を作成し，それに署名することがあり得る(単純な例としてはタイプの打ち間違い)．あるいは，一方当事者の詐欺的不実表示によって，反対当事者が書面の内容・効果について誤解して，それに署名する場合もあり得る．そのような場合に，裁判所は，共通的錯誤の場合には両当事者の合意したところに沿って，詐欺的不実表示の場合には不実表示を受けた当事者の理解に沿って，契約書の訂正 (reformation of a contract) を認めることができる．

たとえその書面が integrated agreement であると認定された場合でも，錯誤や詐欺的不実表示があって，書面が合意を正しく表現していないことを証明するために，書面作成以前の交渉過程に関する証拠を提出することは妨げられない．

契約書の訂正は伝統的にはエクイティ裁判所の与えた救済方法であるので，他のエクイティ上の救済方法と同様（後掲 **6**(2)(e)参照）に，裁判所の裁量によってその認容が否定される場合がある．

6. 債務の履行・不履行

(1) 双務契約における両当事者の債務の牽連関係

双務契約においては，当事者の双方が債務を負っている．一方当事者が債務を履行しない場合にも，反対当事者は契約通りの履行をしなければならず，その救済は損害賠償などを待たなくてはならないとすれば，損害賠償を訴訟で得るために必要な時間・手間や不履行当事者が支払不能に陥る可能性などから考えて，反対当事者の保護は十分とはいえない．このような結果を回避するために，一定の場合に，一方当事者が債務を履行することが，反対当事者に債務を履行させるための〔停止〕条件とされるようになった．このような条件関係は，当事者の合意によらずに裁判所(ないしは法)が契約条件として補充するもので，交換取引の法定条件(constructive condition of exchange)と呼ばれる（当事者が別の意思を表示するときにはそれが優先される）．

(a) 履行期が前後する場合

先に履行期が到来する債務の履行は，後に履行期が到来する債務を現実に履行する義務の発生の停止条件となる．

その例としては建物完成後代金が支払われる建築請負契約が挙げられる（建築業者の側の債務の履行〔＝建物の完成〕が注文主の側の〔代金支払〕債務を現実に履行する義務の発生の停止条件となる）．

この法定条件のもとでは，履行期が後の債務を負う当事者のみが保護されることになる．

(b) 履行期が同時の場合

互いに自らの債務の履行の提供が，相手方の債務の履行義務の発生の停止条件となる（この場合，同時条件（concurrent condition）と呼ぶ）．

その例としては代金を商品引渡と交換的に支払う動産売買契約が挙げられる（売主の商品提供と買主の代金提供とが，互いに同時条件となる）．

ここで求められる「提供」は現実の提供である必要はなく，履行を即座になすことができる状態で履行の申し出をすることで足りる．自らがこのような「提供」をすれば，相手方に即時の履行を求めることができるが，

それに応じて相手方が「提供」すれば，自らも即時に履行することが要求される．
　両当事者が，この法定条件によって保護される．
　(c)　履行の順序の決定
　　(イ)　両当事者が履行の順序を契約で規定している場合または状況から履行の順序が決定される場合はそれに従う．
　　(ロ)　(イ)に該当しないときには，両当事者の債務が同時履行を許すものである限り，同時に履行すべきものと扱われる．
　　(ハ)　一方当事者の債務の履行に時間がかかる場合は，(契約の文言や状況が別の順序を求めない限り)その当事者の債務が先に履行されるべきものとされる．この例としては，雇用契約や建築請負契約が挙げられる．しかし現在では，雇用契約については労働者保護の観点からこの原則が修正されているし，建築請負契約についても progress payments (本節(3)(a)(イ)参照) の採用によってこの原則の不都合は緩和されている．

(2) 実質的履行の法理

　法定条件の原則に従って，先に履行期が来る債務の履行が後に履行期が来る債務の履行の停止条件になる場合に，先に履行すべき債務の履行が完全なものでなければ条件の成就が認められないとすると，その債務者に酷な結果を招く場合がある．たとえば，建築請負契約において，建築業者が建物を完成させたが，その建物に僅かの瑕疵があった場合(たとえば使用材料の仕様が契約で定められたものと異なる場合)に，注文主は代金の支払を拒むことができることになる．
　この不都合を回避するために生み出されたのが実質的履行の法理(doctrine of substantial performance)である．この法理は，法定条件については，100パーセント完全な履行でなくても実質的履行があれば条件が成就したものと認めるものである．
　〔(注)　この法理は，契約当事者が契約中で規定した明示の条件(たとえば，火災保険契約において，保険会社の保険金支払義務の発生の停止条件とされた被保険者による火災損害の発生の証明の提出)には適用がなく，それについては約定通りの厳密な履行が求められる．〕

だから先の例で，もし完成した建物がその契約の実質的履行であると認められれば，建築業者は注文主に契約代金を請求することができる．しかし，業者は完全な履行をしていないのであるから，契約違反を犯していることに変わりはなく，これに対する責任はこの法理によっても免除されることはない．すなわち，業者はその契約違反による損害を注文主に賠償しなければならない．これをまとめると，業者が注文主に請求できる金額は，契約代金の額から損害賠償額を控除した額ということになる．

実質的履行の存在が認められるか否かは事実問題であるが，その決定のさいには次のような要素を考慮すべきものとされる．

Ⓐ　被害当事者が契約から期待した利益を失った程度（逆にいえば，その利益を得た程度）　　たとえば，居住を目的とする建物の建築契約において，欠陥が構造的なものや建物の強度に影響するものであれば，その契約を締結した目的が損なわれる程度が大きく，実質的履行はないと認定されるであろうし，細目における仕様違反であれば，契約の目的が損なわれる程度は小さく，実質的履行ありと認定されるであろう．

Ⓑ　被害当事者が損害賠償によって救済される程度　　たとえば，建築契約において，欠陥が補修できるものや我慢できるものであれば，損害賠償を与えてやることで被害当事者を保護することができるので，実質的履行が認められやすい．

Ⓒ　実質的履行が認定されない場合に，違反当事者の置かれる状態　　代替物の売主のように履行したものを取り戻して他に転用できる場合には実質的履行は認められにくい．逆に，建築契約のように，履行した内容を転用することが難しいものについては実質的履行は認定されやすい．このため，建築請負契約においては実質的履行の法理が幅広く認められるが，動産売買契約においてはこの法理は適用がないものとされている．動産売買契約の売主は，契約に完全に適合した商品を契約の定める引渡方法に従って提供することが義務づけられるのである（perfect tender rule——完全な提供の原則）．

Ⓓ　違反当事者の善意・悪意　　違反当事者が善意でないと，実質的履行は認められにくい．

(3) 契約違反を理由とする契約の解除と損害賠償

(a) 双務契約において，相手方が契約違反を犯した場合にどのような対応措置をとることができるか？

(イ) 両当事者の債務の履行期が前後する場合

(例) 工期を4期に分け，各期の工事終了後5日以内に23パーセントの代金が支払われ，全体の完成時には31パーセントの代金が支払われるという progress payments が約定された建築請負契約

(第1期工事完成→第1回代金支払→第2期工事完成→第2回代金支払→第3期工事完成→第3回代金支払→第4期工事完成・工事全体の完成→残代金全部の支払，というように各債務は牽連関係にある)

建築業者が第1期工事を完成させたのち5日経っても注文主が代金を18パーセント分しか支払わないとき，業者は代金不払を理由に第2期工事を中断して契約を解除できるか？

実質的履行の法理から，相手方が実質的履行をしていれば，自らの債務の履行を拒むことはできないが，相手方が実質的履行をしていなければ，自らの債務の履行を保留することができる．

契約当事者が正当な理由なく，既に履行義務の発生した債務について実質的履行をしない場合，その者は重大な契約違反(material breach)を犯したものとされる．一方当事者が重大な契約違反を犯しておれば，反対当事者は，① 自らの債務の履行を保留，ないしは中断し，② 違反当事者にその違反を治癒させるために相当の猶予期間を与え，それでも違反の治癒がなされない場合には，契約を解除することができる．

上記の例の場合，5パーセント足らない代金支払が重大な契約違反と認定されれば，業者は工事を中断し，猶予期間ののち，契約を解除できる．それが重大な契約違反に該らない(言い換えれば，実質的履行がある)ものと認定されれば，業者は遅延利息などの損害賠償は請求できるが，自らの履行

を中断することはできない．もし工事を中断すれば，今度は業者が重大な契約違反を犯したことになり，注文主側から契約を解除される恐れがある．

　現実には，契約の履行の過程で履行が契約に適合しているかをめぐって紛争が発生し，両当事者がそれぞれ，相手方が重大な契約違反を犯したことを理由に自らの債務の履行を中断し，契約を解除しようとすることが多い．たとえば，上記の契約において，注文主が，第1期工事に重大な契約違反があったとして第1回代金を全く支払わず，これに対して建築業者は，第1期工事には重大な違反はなく実質的履行があるとして，注文主の代金不払いこそが重大な違反であるとして，工事を中断し，それぞれが契約の解除権を主張する場合である．

　このような場合に，どちらの主張が認められるかの決め手になるのは，① 最初に重大な契約違反を犯したのはどちらの当事者か，② 最初の重大な契約違反についての被害当事者は，契約違反の治癒のために相当な猶予期間をおいた後に契約を解除したか，ということである．

　重大な契約違反を相手方当事者が犯していないときには，契約を解除することはできないのが原則であるが，相手方当事者が，履行期到来後であれば重大な契約違反となる違反を犯す意思（履行拒絶の意思）を表示しているときには，契約を解除することができる．

　上述の原則に従って契約が解除されれば，被害当事者は契約違反を全体的違反（total breach）と扱ったとされ，彼は全体的違反に対する損害賠償請求権（claim for damages for total breach）を持つことになる．すなわち，被害当事者の契約上の権利（債権）はすべて違反当事者に対する損害賠償請求権に転化する．その内容は，違反当事者の不履行によって被った損害額から（自らの債務の履行を免れることによって）回避できた履行費用の額と（目的物の転売などによって）回避された損失の額を控除した額である（詳細は，後掲(b)参照）．

　重大な契約違反がなかった場合や，重大な契約違反があったけれども被害当事者が契約の解除を求めなかった場合には，被害当事者は当該契約違反を部分的違反（partial breach）と扱ったとされ，部分的違反に対する損害賠償請求権（claim for damages for partial breach）を取得する．しかし，両当事者の契約債務はそのまま存続する．この場合の損害賠償請求権は，

（履行遅滞等の履行上の瑕疵を内容とする）契約違反の結果被られた損害のみを塡補するものである．被害当事者の履行は免除されていないので，回避され得た費用等は考慮する必要がない．

　　㈐　両当事者の債務の履行期が同時の場合
　　（例）　商品と代金とを同時に交換することが約束された動産売買契約

　自らの債務の履行を提供しない限り，相手方に債務の履行を求めることはできない．すなわち，相手方の契約違反を追及するためには，自らの債務の履行を提供していなければならない．

（双方の当事者について）
自らの債務の履行の提供
　　↓　　　　　　　　　　┌─相手方が履行→自らも履行（契約関係が円満に解消）
相手方の履行義務の発生──┤
　　　　　　　　　　　　　└─相手方が不履行──不履行が重大な契約違反になる
　　　　　　　　　　　　　　　　　　　　　　　　　　↓
　　　　　　　　　　　　　　　　　　　　①自らの履行を保留できる
　　　　　　　　　　　　　　　　　　　　②猶予期間の経過後解除できる

　(b)　重大な契約違反の存否を決定するさいに考慮されるべき要素

　実質的履行の存否を決定するさいに考慮すべき要素Ⓐ～Ⓓ，および，

　Ⓔ　違反当事者が契約違反を治癒する可能性（実質的履行の法理が適用される場面においては，違反当事者は履行を終えており，また治癒が難しい状況が多いのでこの要素は問題にならないことが多い）．

　(c)　契約違反を治癒させるために被害当事者が与えるべき猶予期間の長さ（被害当事者の解除が早まったものであったか否か）を決定するさいに考慮すべき要素

　契約違反が重大なものであるか否かを決定するさいに考慮すべき要素Ⓐ～Ⓔ，および，

　Ⓕ　遅滞によって被害当事者が代替的取引を手配することが困難になる程度　　たとえば，価格変動の激しい動産の売買においては，代替的取引は速やかに調達される必要があり，そのような場合には治癒のための猶予期間は短い．

　Ⓖ　契約が遅滞のない履行を定めている程度　　一定期日までの履行または提供が反対当事者の履行義務の発生の停止条件であることが明文で規

定されているときには，これは明示条件であり，厳密な履行が求められるものであるので，その期日までに完全な履行または提供がなされないと契約は解除される．

単に履行期日が規定されているに過ぎないときには，その期日の徒過(正確には，その期日における重大な契約違反)は，それだけでは解除権を発生せしめない．違反の時点の状況から見て，期日を守った履行・提供が真に重要であると判断される場合にのみ，猶予期間なく解除権が発生する．

"Time is of the essence."（期限遵守は不可欠である）という文言が契約書に挿入されることが多いが，これがあっても期日通りの履行の重要性を確定するものとはいえず，遅滞なき履行の必要度の決定において他の状況とともに考慮される一要素に過ぎない．

(4) 履行期到来前の履行拒絶（Anticipatory Repudiation）

(a) はじめに

英米法においては一般に，一方当事者が自分の債務の履行期の到来以前にその履行を拒絶する明確な意思を表明すれば，相手方は自らの債務を履行する義務を免れるとともに，履行期を待つことなく即座に契約を解除し，全体的違反に対する損害賠償を違反当事者に請求することができる．

しかし，履行期到来以前の履行拒絶によって，（反対当事者の履行義務が免除されることはともかく）履行期を待たずに即座に全体的違反に対する損害賠償を請求できるとする理論に対しては抵抗も強く，それはこの原則の適用範囲の制限をもたらした．すなわち，一方当事者が履行拒絶をする以前に反対当事者が契約債務をすべて履行し終えていれば，その反対当事者は履行期が到来するまで全体的違反に対する損害賠償を請求することはできない，とされているのである．

　　(例)　フットボール観戦の前売券を購入した観客はその券の購入時に自らの債務はすべて履行し終えている．だから，その試合の開催の中止が事前に発表されても，契約法上はその履行期到来までは損害賠償の請求はできない．

(b) 履行拒絶

履行拒絶の存在が認定されるためには，債務者が，債務(の少なくとも一部)を履行することはできない，あるいは履行する意思はない，ということ

を債権者に伝え，かつその債務の不履行が履行期到来後になされたならば，債権者が全体的違反と扱うことができるような重大なものでなければならない．

履行拒絶は言葉によって相手方に表明されてもよいが，行動によっても表明され得る．たとえば，土地の売主が土地譲渡証書を第三者に引き渡してしまうように，契約の履行を不可能にしてしまうような自発的かつ積極的な行為がなされればそれは履行拒絶と扱われる．

債務者が，自分の契約上の権利を誤解して，自分の債務の履行を拒絶した場合，たとえその誤解が善意のものであっても，履行拒絶が成立する．契約上，自分に履行を拒絶する権利があると信じて履行を拒絶した場合に，後にその考えが法律上認められないことが判明すれば，それは履行拒絶となるのである．

(c) 履行拒絶に対する対応

(イ) 契約の解除　　履行拒絶をされた債権者は，契約を解除して，自らの履行義務を免れるとともに，履行期を待たずに違反当事者に対して全体的違反に対する損害賠償を請求することができる．

被害当事者側の債務の履行または履行の提供が違反当事者の債務の現実の履行義務発生の停止条件である場合（被害当事者が先履行義務を負っている場合），その条件の成就は免除され，被害当事者は自らの債務の履行または履行の提供をすることなく，全体的違反に対する損害賠償を請求することができる．ただし，履行拒絶がなければ履行ないし履行の提供をなし得たことを立証しなければならない．

（例）　建物完成時に代金が支払われる約束の建築請負契約において，注文主が代金支払を建物完成以前に拒絶すれば，建築業者は建物を完成することなく，全体的違反に対する損害賠償を請求できる．ただし，建物を完成し得たことは立証しなければならない．

被害当事者に対して与えられる損害賠償の額の算定において，裁判所は，被害当事者が履行を免れたことによって回避できた履行費用，および履行のために用意されたもので転用可能なものの転用によって回避できた損失，の額を損害額から控除する．被害当事者はこれらの費用・損失の回避のために合理的な行動をとることを期待されており，そのような行動がとられ

なかったために回避されなかった損害については塡補されないことになる（損害軽減義務についての詳細は，前掲(3)(c)参照）．

　履行拒絶した者は，その履行拒絶を撤回することによって契約の解除を防ぐことができる．撤回することができるのは，相手方が履行拒絶を信頼して重大な地位の変更（売買の目的物の第三者への転売,用意した資材の他への転用など）をするまでである．また，相手方が履行拒絶を終局的なものと考える旨を拒絶当事者に表示した場合にも，撤回はできなくなるとされている．撤回の方法については，言葉によってなされた履行拒絶は相手方にその撤回を表明することによって，行動によってなされた拒絶は，元の状態が回復され，それが相手方に知れることによってなされる．

　　　(ロ)　履行の要求・履行拒絶の撤回の要求　　履行拒絶をされた債権者は，履行をするよう，または履行拒絶を撤回するよう要求し，契約の存続に努めることもできる．

　拒絶当事者が拒絶を撤回すれば，契約はそのまま存続する（この場合，拒絶によって履行遅滞が生じたなどの事情がない限り，損害賠償は認められない）．拒絶が撤回されなければ，契約を解除して損害賠償を請求できる．履行の要求や履行拒絶の撤回の要求がなされたことは，契約解除の妨げにはならず，履行拒絶が撤回される以前であればいつでも契約を解除することができる．

　　　(ハ)　履行期まで履行を待つ　　履行拒絶をされた債権者は，履行拒絶を無視して，履行期まで履行を待つこともできる．しかし，この対応はもっとも不利な結果を招く．

　このような場合，拒絶当事者は履行期が到来するまでいつでも履行拒絶を撤回できる（市場の変動を理由としてなされることなどが考えられる）．

　また，拒絶が撤回されないまま履行期が到来すれば，履行拒絶に債務不履行による契約違反が加わることになり，被害当事者は（自らの危険であくまで履行を待つことを選択しない限り）全体的違反に対する損害賠償を請求せざるを得なくなる．しかしこの場合，(イ)で述べたような内容の損害軽減義務によって，被害当事者は，履行拒絶以降に自らの債務の履行のために費やした費用や回避できたにもかかわらず回避しなかった損失について損害賠償を請求できなくなる．

(5) 反対債務の履行の保証
　(a) 判例法上の原則
　伝統的な判例法原則においては，一方当事者が，相手方はその債務の履行期が到来しても履行しそうにない，と思ったとしても，それだけでは，自らの債務の履行を差し控える理由として十分なものとは扱われなかった．
　ただし，相手方が支払不能 (insolvent) に陥った場合には，一定の保護が反対当事者に与えられた．すなわち，相手方が支払不能に陥ったことによってその債務の履行が不確実になった場合には，相手方がその負担する債務すべてについて履行するか，履行の提供をするか，履行の保証を提供するか，しない限り自らの履行を差し控えることができたのである．
　なお insolvent は Restatement 2d, §252 (2) では次のように定義されている．

　　A person is insolvent who either has ceased to pay his debts in the ordinary course of business or cannot pay his debts as they become due [].
　　［支払不能にある者とは，通常の取引の過程においてその金銭債務の支払を停止した者，または期日の到来した金銭債務を支払い得ない者をいう．］

　しかしながら，上述の原則は，相手方の支払能力・履行能力に疑いがあるだけの場合には適用が認められなかった．
　(b) UCC2-609条および第2次リステイトメント251条
　この問題に新しい解決策を導入したのが，UCC2-609条でその内容は次の通りである．
　§2-609. Right to Adequate Assurance of Performance.
　(1) A contract for sale imposes an obligation on each party that the other's expectation of receiving due performance will not be impaired. When reasonable grounds for insecurity arise with respect to the performance of either party the other may in writing demand adequate assurance of due performance and until he receives such assurance may if commercially reasonable suspend any performance for which he has not already received the agreed return.

(2) Between merchants the reasonableness of grounds for insecurity and the adequacy of any assurance offered shall be determined according to commercial standards.

(4) After receipt of a justified demand failure to provide within a reasonable time not exceeding thirty days such assurance of due performance as is adequate under the circumstances of the particular case is a repudiation of the contract.

　［2-609条．履行の適切な保証を要求する権利
　(1) 売買契約は，然るべき履行を受領するという相手方の期待は損なわれてはならない，という義務を両当事者に課す．一方当事者の履行に関して，危惧の相当な事由が生じた場合には，相手方は，書面で，然るべき履行の適切な保証を要求することができ，その保証を受領するまでは，取引上相当であれば，約定した反対給付を未だ受領していない履行をすべて留保することができる．
　(2) 商人間においては，危惧の事由の相当性および提供された保証の適切性は，商取引の基準に従って決定されなければならない．
　(4) 正当な要求を受領してのち，30日を超えない合理的期間内に，当該事案の状況において適切な，然るべき履行の保証を提供しないことは，契約の履行拒絶となる．］

　この規定によると，相手方当事者の債務の履行について危惧を感ぜしめる事由が生じたときには，相手方に履行の保証を要求することができ，その保証が提供されるまでは，取引上相当である限り，まだ反対給付を受領していない債務の履行を差し控えることができる．さらに，相当な期間内に相当な保証が与えられなければ，それは契約の履行拒絶と扱われることとされている．
　本規定の適用要件の主たるものは，相手方の債務の履行を危惧する相当な事由の存在であるが，それが認められる場合としては，相手方が第三者と締結した契約や自らと締結した他の契約について債務不履行がある場合や，履行拒絶になるほど明確な意思表示ではないが，履行をためらう意思が表明された場合などが挙げられる．
　UCC2-609条は動産売買についての規定であるが，第2次リステイトメントは251条において，同じ趣旨の規定をあらゆる契約に適用できるものと

して収めている．もっとも，このような原則はこれまで判例法上認められてきたものではないので，今後裁判所によって幅広く認められていくか否かについては未だ不確定なところがある．

(6) 債務者に責なき履行不能・目的達成不能
(a) 履行不能
(イ) 伝統的理論　　英米法においては伝統的に，契約上の義務は絶対的なもので，契約成立後の事情の変更によって履行責任が免除されることはない，とされてきた．

その理由として挙げられたことは，もし，契約成立後の事情の変更による免責を当事者が望むのであれば，予めそれを契約中に定めておけばよいのであって，それをしなかった場合には，契約が定める義務をそのとおりに履行しなければならない，というものであった．

しかし，事情の変更が次の三つの場合にあたるときには，比較的早くから免責が認められていた．

① 債務の履行の違法化　　契約成立後の法律の変更や政府・裁判所の命令によって，債務の履行が禁止されれば，債務の履行は免除される．

② 債務の履行に必要な特定人の死亡または能力喪失　　たとえば，絵を書くという画家の債務について，画家が死亡したり絵を描き得なくなったりすれば，債務は免除される．しかし，ペンキを塗る債務のように別の者でもなし得る債務については免除は認められない．

③ 債務の履行に必要な特定物の破壊・滅失

Taylor v. Caldwell, 3 B. & S. 826, 122 Eng. Rep. 309 (K.B. 1863)

【事実の概要】　原告（Taylor）がコンサートを開く目的で被告（Caldwell）の所有するミュージック・ホールを4日間使用し，各日の終わりに100ポンド支払うという契約が締結された．しかし，コンサート開催の数日前に偶発的火災事故によってホールが焼け落ちてしまったために，コンサートを予定通りに開催することは不可能になった．原告が，そのコンサートの準備のために費やした費用の賠償を求めた．

【判旨】　当事者が当初から，契約の履行時に特定の物が存続しなければ契約

を履行し得ないということを知っており，契約締結時に両当事者がその存続を債務の履行の基礎と考えていたに違いないといえる場合には，当該契約は，債務者の責によらずにその物の滅失によって履行が不能になれば，両当事者は免責される，という黙示的条件に服するものと解釈されなければならない．このような条件を読み込むことが，解釈は契約を締結した者の意思を実現するように行うという偉大な目的の達成に適うということについて，疑問はほとんどない．なぜなら，そのような契約を締結する者は一般に，もし履行不能の可能性を知らされれば，そのような条件の設定に賛成するはずであるからである．本契約全体をみれば，当事者は，コンサートが開かれるときにミュージック・ホールが存在し続けているということを前提に契約を締結したことが認定される．なぜならば，それが契約の履行に不可欠だからである．本事案では，ミュージック・ホールは両当事者の責によらずに存在しなくなったのであるから，両当事者はそれぞれの債務から免責される．請求棄却．

　③の例としては他に，自らの過失なく建物が滅失した場合の，建物を修繕する債務の免除；不作で予定収量が得られなかった場合の，特定の土地からの収穫の一定量を売り渡す債務の免除，などを挙げることができる．

　①～③の場合に免責が認められる理由として，（Taylor 判決をはじめ）古い判例は，そのような事態が生じる可能性を契約締結時に認識したならば両当事者は免責を合意したはずである，という想定のもとに，当事者の意思の実現のためには免責の黙示的条件を契約に課すことが必要である，ということを掲げた．しかし，当事者が契約締結時にこのような可能性を考えたとしても，免責の合意ができたとは限らない．最近では，この免責は，当事者が規定を設けなかった事態に対応するために，裁判所が独自の観点から補充した契約条件に基づくもの，と理解する見解が一般的である．

　㈵　UCC とリステイトメント　　UCC2-615条とリステイトメント261条は履行不能による債務の免除を一般的に認めている．その根拠は，黙示的条件から当該事態の不発生が基本的前提たることに変わっている．

Restatement 2d, §261. Discharge by Supervening Impracticability

　Where, after a contract is made, a party's performance is made impracticable without his fault by the occurrence of an event the non-occurrence of which was a basic assumption on which the contract

was made, his duty to render that performance is discharged, unless the language or the circumstances indicate the contrary.
　［261条．後発的実行不能による消滅
　　契約締結後，一方当事者の履行がある事件の発生によってその過失によらずして実行不能になり，かつその事件の不発生が契約締結の基本的前提であった場合には，その者の当該履行義務は消滅する．ただし，文言または状況が反対の趣旨を示す場合は別である．］

　債務の免除が認められるためには，次の4要件が満たされなければならない．
　① 債務の履行が契約成立後に起こった事件の発生によって実質的に不可能になったこと
　② その事件の不発生が契約締結の基本的前提であったこと
　③ 債務者の過失によらずして，債務の履行が不可能になったこと
　④ 債務者にその事件発生の危険を負担させる特約がないこと

　上記の4要件のうち，① についていえば，リステイトメントや UCC では，これまで履行不能を示すために用いられてきた impossibility という語に代えて impracticability という語が用いられているが，これによって免責が認められるに必要な不可能の程度が大きく変わったとはいえない，とされている．近年問題になっているのは，締約時に予測できなかった事件の発生によって履行費用が著しく増大した場合に免責が認められるかの問題である．しかし，結論的にいえば，履行費用の増大に基づく免責を認めた裁判所は例外的にしか存在しない．否定例としては，ヨーロッパ・アジア間の海上輸送契約において，スエズ運河の封鎖によって喜望峰廻りを余儀なくされた海運業者が，履行費用の増加を理由に免責を主張したが認められなかった事例が挙げられる．

　② については，法律の変更や政府・裁判所の命令によって履行が禁止されることがないということ，債務の履行に必要な特定人が死亡したり能力を喪失したりすることはないということ，債務の履行に必要な特定物が破壊されたり滅失したりすることはないということ，については契約締結の基本的前提として認められ，そのような前提を覆す事件が起これば，伝統的取扱いと同様に免責が認められる．それ以外にこの基本的前提にあたる

ものとしては，労働争議によって操業が停止しないという前提（争議を理由とする免責）などが考えられるが，免責を認める判例は多くないのが実情である．

④については，明示の特約がない場合でも，履行を不可能にする事件の発生が締約時に予見可能であれば，履行を無条件に引き受けている債務者はこの危険負担の特約をしているものと黙示される，と述べる裁判所がある．しかし，たとえ予見可能であっても，当事者が危険負担について約定したとは限らないので，特約の存在を推認させる一証拠とするにとどめるべきだとされている．

　(b)　目的達成不能

債務の履行が不可能になったわけではないが，債権者がその債務の履行から期待した利益（契約の目的）を達成できなくなった場合には，債権者の反対給付債務は免除される．

　(イ)　目的達成不能の理論の由来

この法原則を生み出したのは，一連の**戴冠式事件**（Coronation Cases）であった．

　　【事実の概要と判旨】　1902年6月26日，27日にエドワード7世の戴冠式行列が行われることになり，その行列見物のため沿道の建物の部屋の賃貸借契約が多数締結された．しかし6月24日，国王の病気のために戴冠式と行列が延期されることが発表されたところ，貸主から借主に対して賃料の支払を求めて，および借主から貸主に対して前払い賃料の返還を求めて多くの訴訟が提起された．このような事案において裁判所は，戴冠式行列が行われることが契約の基礎であり，その中止によって契約の目的が達成できなくなったのであるから，後発的履行不能の場合と同様に，契約は消滅し，両当事者はともにその後の債務（既に履行期が到来しているものは除く）の履行を免れる，と判示した．

この事件においては，問題となった債務の履行（部屋の貸与）自体は可能であったが，債権者側がその履行によって期待した利益すなわち契約締結の目的（行列の見物）の達成が不可能になった．そのような場合に，債権者側の反対給付（賃貸料の支払）の履行が免除されたのである．

(ロ) 履行不能と目的達成不能との関係

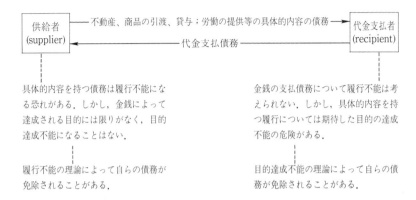

(ハ) リステイトメント265条の定める要件

Restatement 2d, §265. Discharge by Supervening Frustration

Where, after a contract is made, a party's principal purpose is substantially frustrated without his fault by the occurrence of an event the non-occurrence of which was a basic assumption on which the contract was made, his remaining duties to render performance are discharged, unless the language or the circumstances indicate the contrary.

[265条. 後発的目的達成不能による消滅

契約締結後, 一方当事者の主要な目的がある事件の発生によってその過失によらずして実質的に達成不能になり, かつその事件の不発生が契約締結の基本的前提であった場合には, その者の残余の履行義務は消滅する. ただし, 文言または状況が反対の趣旨を示す場合は別である.]

目的達成不能による債務の免除が認められるためには, 履行不能の場合と同様に四つの要件が満たされなければならない. そのうち履行不能の場合と要件の内容が異なるのは①だけであって, 残りの ② 〜 ④ は同じである.

① 契約成立後に生じた事件の発生によって, 契約を締結した主要な目的の達成が実質的に不可能になったこと

② 〜 ④ (省略)

裁判所は目的達成不能の理論による免責を認めることに消極的な傾向を

示している．とくに，①の要件について，債権者が念頭に置いていた特定の目的が達成できなくなっても，裁判所はより広く契約の目的を認定し，その達成は可能であったとして，また④の要件について，予見可能であった危険に関して危険の引受けがあったとして，免責を認めない傾向が強い．

　(c)　履行不能・目的達成不能の効果

　履行不能や目的達成不能が認められれば，当該当事者の債務の履行は免除される．

　反対当事者の債務については，免責された当事者の不履行は，契約違反による不履行の場合と同じ効果を持つ．すなわち，免責された当事者の債務が履行されないことが重大なものであれば，反対当事者は自らの債務の履行を保留することができ，(相当な猶予期間の後に)契約を解除することができる(反対当事者の履行義務も消滅する)．しかし，免責された当事者の債務不履行は契約違反によるものではないので，損害賠償を請求することはできない．このように，免責された当事者の相手方を救済するには解除を認めるほかないという事情があるため，裁判所は，契約違反が存在する場合より容易に，免責された当事者の不履行を重大なものと認める傾向がある．なおリステイトメントにおいては，このような取扱いの結果，一方当事者の側に利益が残ることになる場合には，原状回復(不当利得返還)の理論による利益の返還が命じられることがあるとされ，さらには，信頼利益の賠償を含めた柔軟な解決が唱われている (2d, §272)．

　　(例)　①　年俸3万6千ドルの1年契約（契約期間は9月〜8月．ただし，夏休みとなる6月から8月は実質的職務がほとんどない)で学校Bに雇われた教員Aが11月に死亡した．この場合，(死亡時以降の期間について)Aの働く義務は，債務の履行に必要な人の死亡を原因とする履行不能のために消滅する．Bの俸給支払義務については，Aの就労が不可能になった期間は実質的な就労期間である9月〜5月の3分の2に及ぶものであることから，その不履行は重大なものと認定されると思われるので，これもまた消滅する．しかし，Aは死亡時までは就労したのであるから，その間の労働については，Bは原状回復の理論によって，その価値を金銭に換価して支払うこと（遺産の一部となる）を義務づけられる．7月に死亡した場合には，やはりAの就労義務は消滅するが，この場合にはAは実質的にみてその職務を終えている

ので，死亡時以降の不履行は重大なものとはされないであろう．そうなると，Bは俸給支払義務を免除されることはなく，その全額の支払を義務づけられることになる．

② 10万ドルの代金でBの部屋の4面に壁画を描くことを請け負った画家Aが，3面を完成させたのち死亡した．この場合，Aの壁画を完成させる義務は履行不能によって消滅する．壁画のうちの1面がまだ未完成であることが重大な不履行と認定されれば，Bは代金支払義務を免れる．もっとも，3面しか描かれていない壁画であっても，それがBにとって何らかの価値を持つものであれば，Bは原状回復の理論に従って，その価値を金銭に換価してAの遺産に支払わなければならない．一方，その不履行が重大なものではないと認定されれば，Bは代金10万ドル全額を支払わなければならない．

7. 救済方法

(1) 概　説
(a) 救済方法の目的——期待利益・信頼利益・原状回復利益

　アメリカ契約法において，契約法の提供する救済方法(remedies)の目的は，債務者が契約違反をしないようにすること(履行の強制)ではなく，契約違反をされた債権者に対してその受けた損害を補償してやることである，とされている．強調されるのは，契約の利用の促進を図るために(約束者に不必要な負担を課すことなく)受約者が約束を信頼できるようにするにはどうすれば良いか，ということであり，約束者に約束を守らせることにはほとんど関心が払われていない（さらには，契約締結の自由と並んで，契約を破る自由が存在する，と言われている）．

　受約者が約束を信頼できるようにするために，契約違反があった場合に彼に与えられる救済は，通常，期待利益(expectation interest——履行利益)の賠償である．これは，受約者を，契約が履行されたならば(すなわち契約違反がなければ)置かれたであろう状態と同じ状態に置こうとするものである．これによって被害当事者は，当該取引によって得られるはずであった収益・利潤を手にすることができることになる．

　ときには，期待利益の賠償に代えて信頼利益(reliance interest)の賠償が被害当事者に与えられることがある．これは，被害当事者を，契約が締結されていなければ置かれたであろう状態に置こうとするものである．信頼利益には2種類のものがある．一つは，契約の準備または契約債務の履行を内容とするもので，essential reliance（必要的信頼利益）と呼ばれる．もう一つは，契約が履行された場合に行うことを予定していた付随的取引についての準備を内容とするもので，incidental reliance（付随的信頼利益）と呼ばれる．通常，信頼利益は期待利益よりも小さい．なぜなら，期待利益には，信頼利益に加えて契約違反によって喪失された収益・利潤も含まれるのに対して，信頼利益には後者は含まれないからである（信頼利益の賠償は不法行為の被害者に与えられる損害賠償と同じである）．

　また，裁判所が与える救済が原状回復利益(restitution interest)の賠償に

限定されることもある．これは，違反当事者を，契約が締結されていなければ置かれたであろう状態に置こうとするものであり，この場合，救済の目的は契約の実現というよりも，不当利得の防止になる．通常，原状回復利益は期待利益や信頼利益よりも小さい．期待利益，信頼利益，原状回復利益のいずれのなかにも，違反当事者に利得を与えるために被害当事者が負担した費用が含まれているのに対して，原状回復利益には，それ以外の喪失された収益・利潤や，被害当事者が契約を信頼してなした出捐のうち違反当事者に利得を与えなかったものが含まれていないからである．

　三つの利益についての簡単な例として，代金10万ドルで注文主の土地に建物を建築する建築請負契約を考える．かりに，この建物を完成させるために建築業者にかかる費用を9万ドルとする．業者が何もしていない段階で注文主が契約を破棄すれば，業者の損害は，得べかりし収益の1万ドルということになる．この1万ドルが業者の期待利益の額である．これを業者に与えれば，業者は契約が履行されたのと同じ経済的状態に置かれることになる．業者はまだ契約を信頼した行動を何もとっておらず，また，注文主は業者から何の利得も受け取っていないので，信頼利益も原状回復利益もゼロである．もし，注文主が契約を破棄したときに業者が建築工事の費用として既に6万ドルを支出しておれば，業者の期待利益は7万ドルとなる．その時の信頼利益の額は6万ドルであり，それまでに部分的に完成した建物が注文主にとって4万ドルの価値があるとすれば，原状回復利益の額は4万ドルということになる．

　(b)　救済方法の種類

　　(イ)　特定的救済方法・代替的救済方法　　①　特定的救済方法——被害当事者に債権の内容そのものを実現して与えるもの（売買契約の売主に対して裁判所が目的物を買主に引渡すよう命じる場合など）．

　　　　②　代替的救済方法——被害当事者に債権の内容そのものではなく，その代替物，特に金銭を与えるもの（金銭的損害賠償など）．

　　(ロ)　コモン・ロー上の救済方法・エクイティ上の救済方法　　コモン・ローとエクイティの統合以前であればどちらの裁判所で与えられた救済であるのかによる区別．

　　　　①　コモン・ロー上の救済方法の代表的なものは，金銭的損害賠

償を命じる判決である．これは通常は代替的救済方法であるが，契約上支払われるべき金銭の支払を命じるものであれば特定的なものとなる．

　　　② エクイティ上の救済方法の代表的なものは，契約の特定履行を命じる命令（またはその不履行を禁止する命令）である．これは特定的救済方法である．他に，契約書の抹消・訂正を命じる命令などがある．

(2) エクイティ上の救済方法[1]

(a) 第二次的救済方法

　特定的救済方法であるエクイティ上の救済方法は，被害当事者(受約者)を，約束が履行されたと同じ状態に置くという目的にかなったものである．しかし，それは以下に述べるような歴史的ないし実際的制約のために，第一次的救済方法ではなく，一定の場合にのみ認められる例外的救済方法とされてきた．

　まず，大法官はコモン・ローの欠陥を補うために必要な場合にのみ救済を与えたという歴史的な事実がある．このため，エクイティの救済方法は，コモン・ロー上の救済方法である損害賠償が十分な救済とならない場合に限って認められる，という adequacy test（十分性の基準）が生み出された．さらに，（代替品・代替取引を調達できる）市場経済の進展もあって，この基準に，損害賠償は通常は十分な救済である，という原則が加えられた（ただし，当初から土地は非代替的なもので，損害賠償では十分な救済にならないものとされていた）．

　第2に，エクイティ上の救済は裁量的なものである，という観念に基づく制約がある．

　第3に，実際に被告にその約束を履行させることができるか，という執行可能性からくる制約がある．すなわち，特定履行の命令を被告に遵守させるために有効な監督手段が存在しないような場合には，裁判所は特定履行を認めないのである．

　このような制約のために，エクイティ上の救済が認められる場合は伝統

---

1) 本項については，樋口範雄「契約の特定履行――英米救済法研究のための覚書として」田中英夫編集代表『英米法の諸相』601頁（東京大学出版会，1980）に依拠するところが大きい．

的にかなり狭いものであったが，最近の判例は，明らかに，より緩やかにエクイティ上の救済を認めようとする傾向を示している．

　(b)　エクイティ上の救済方法の種類——特定履行と差止命令

　　①　特定履行命令——約束者（債務者・違反当事者）に債務の内容そのものの履行を命じるもの．

　　②　差止命令——特定の行為を行わないよう債務者に命じるもの．債務の内容が不作為であれば，特定履行と同じことになるが，それ以外の場合，とくに特定履行を命じることが，監督上の理由から困難な場合などに，その債務の内容と相容れない行為を禁じるためにこれが用いられることがある．その古典的事例としてよく挙げられるのは，Lumley v. Wagner の事件である．

Lumley v. Wagner, 1 DeG., M. & G. 604, 42 Eng. Rep. 687 (Ch. 1852)

　　この事件においては，ロンドンのオペラ劇場主であった原告が，被告との間に週2回3ヵ月にわたる出演契約を結んだ．契約中に，被告はその期間中他の劇場に出演してはならないという条項が挿入されていたにもかかわらず，被告が別の劇場からのより有利な契約申込を承諾した（これは履行拒絶になる）．原告が被告の他の劇場への出演の差止を求めて提訴したところ，裁判所は「確かに，私には，歌うことを彼女に強制する手段はない．しかし，彼女自身がしないと約束した行動を行わないよう命じ，これによって彼女にその約束を守らせることになるとしても，彼女は不平をいえる筋合いではない」と述べて，その請求を認めた．

　〔この事件においては，被告が原告の劇場へ出演するという債務については特定履行が求められなかったが，たとえ求められたとしても，個人的労務を強制する特定履行は認められないという原則があるため，認容されなかったと思われる．また，他の劇場への出演禁止の条項が契約に入れられていたこと，差止命令が債務の作為的部分の履行の強制になるおそれが少なかったこと，などの点でかなり稀な事件であったことが指摘されている．なお，adequacy test については，被告の仕事が特殊なものであったり他の人にできないものであれば，要件充足となる．〕

　(c)　救済方法の形態・効果

　裁判所は，債務不履行または履行拒絶による契約違反があった場合に，特定履行・差止命令を与えることができる．

裁判所は，具体的正義が達成されるように自由に特定履行・差止命令の内容を定めることができる．裁判所は，その命令を，被害当事者によってなされるべき行為の履行に条件づけたり（後掲(e)(ロ)参照），特定履行の対象となる債務の内容の変更に対する被害当事者の同意に条件づけたりすることもできる（たとえば，土地の売買契約において，目的物たる土地の一部が売主に帰属していないことが判明した場合，買主たる被害当事者が，売主の所有にかかる土地すべてを引き渡すよう債務内容を変更することに同意することを条件として，特定履行を命じるとする．この場合，引き渡されなかった部分については損害賠償による救済が与えられる）．また，特定履行・差止命令と合わせて，損害賠償を命じることも自由になされる．

裁判所の命令に従わない場合に課される制裁は，法廷侮辱による拘禁・罰金である．すなわち，被告が命令に従うまで罰金が課され続け，拘禁が継続されるのである．

(d) Adequacy Test

エクイティ上の救済方法はコモン・ロー上の救済方法，すなわち損害賠償が不十分な救済にしかならない場合にのみ与えられる．しかし，最近では，損害賠償が不十分であるとして，エクイティ上の救済方法が与えられる場合が拡大されるようになってきている．現在，このテストの適用は，損害賠償とエクイティ上の救済方法を比較し，そのいずれが被害当事者に法的に保障されるべき利益（通常は期待利益）を保護するに有効であるかを決定する，というかたちでなされる．損害賠償による救済の十分性に疑問がある場合には，契約条件の不明確性，反対給付の履行の確実性の欠如，執行の困難性などエクイティ上の救済方法の認容に対する制約要素も併せて検討される．

損害賠償による救済の十分性を検討するさいには，次の三つの要素が重要であるとされる．

　　(イ) 正確に損害を証明することが難しいかどうか　　たとえ被害当事者が損害を受けたことを証明できても，損害額を相当の正確さをもって証明することができなければ，名目的損害賠償しか与えられないことになる．また，損害を部分的にしか証明できなければ，十分な額の賠償は得られない．

一定の物・利益は，その性質上金銭による評価が難しいとされている．その古典的な例としては，先祖伝来の家宝や美術品・骨董品などが挙げられる．最近ではそれらのものに限定されず，（会社の経営に参加することを目的とする）株式の購入契約，必要量契約(requirements contract)，競業避止契約などについても，特定履行の命令がよく認められるようになった．

　　(ロ)　損害賠償金によって適当な代替的履行を入手することができるかどうか　　この例としては，代替物というものを考えることができない不作為債務(競業避止契約など)，種類や品質等において特異な商品の売買契約などの場合を挙げることができる．

　(イ)と(ロ)の点に関連して，土地は古くから，如何に平凡なものであっても，特異なもので，非代替的なものと扱われ，また，その価値の評価が難しいものとされてきた．そのため，土地の売買契約においては，買主のみでなく，売主が被害当事者になったときにも特定履行が認められた．売主に特定履行が認められる理由としては，土地の価値の評価の難しさや土地の換価の難しさが挙げられてきたが，最近では批判が強く，特定履行が認められないことも多い．

　　(ハ)　損害賠償金を回収できる見込みが有るかどうか　　損害賠償を与える判決が有効に執行される可能性がなければ，損害賠償は十分な救済にはならない．ただし，債務者が支払不能に陥っており，被害当事者である債権者が既に履行を終えている場合には，債権者に対して特定履行を与えることは偏頗行為になるとして認められないことが多い．

　(e)　他の制約

　　(イ)　不明確な契約条件　　裁判所は，契約条件が十分明確で，それを基礎として特定履行等の命令を作成し得るようなものでなければ，特定履行等を与えない．このために必要とされる明確性の程度は，契約の成立に必要な明確性の程度(これは契約違反の有無および救済方法の内容の決定のために必要とされる)よりも高い(必要な明確性の程度は，一般に，求められる救済方法が，原状回復利益・信頼利益→期待利益→差止命令・特定履行である順に高くなる)．

　裁判所は，契約条件の確定に当っては，履行の経緯，取引の経緯，取引慣行，法律の任意規定，などを用いる．それらの助けを得て解釈してもなお特定履行の命令の作成に必要な明確さが得られないときに，裁判所はそ

れを否定する．

　(ロ)　反対債務の履行の保証　　違反当事者は，被害当事者側がその債務を実質的に履行し終えているか，またはその履行がなされるという保証がある場合でなければ，履行を強制されることはない．被害当事者側の履行を確保するために裁判所は，特定履行の命令を被害当事者が自らの債務を同時に履行することに条件づけたり(これによって履行期が早まることになれば，その債務の割引等が認められうる)，被害当事者から然るべき保証が提供されることを命令の条件としたりすることがある．被害当事者が契約に従った履行をしないおそれが強く，かつその履行を確保する方法がない場合には，裁判所は救済を否定することがある．

　(ハ)　執行・監督上の問題　　特定履行等の命令の執行のさいに，それから得られる利益と均衡を失するほど大きな監督上の負担が裁判所に課されることが予測される場合には，裁判所はそれを与えない．

　監督上の困難が問題となるのは，履行の質の評価が難しい場合と長期間にわたる監督が必要とされる場合である．この制約が適用されてきたのは主として，建築請負契約・建物修繕契約，継続的な動産供給契約，労務提供契約であった．伝統的には，このように特定履行の執行が困難と考えられる場合には，それが認められる可能性はないものとされてきた．

　しかし，(契約法の範囲を超えるが)現代的訴訟において，黒人と白人との別学撤廃を目的とするバス通学を実施する命令や，議会の選挙区に対する定員の再配分について独自の是正案を実行する命令が裁判所から出され，継続的監督も可能であることが認識されるようになり，今日では，監督上の問題がある場合でも，それだけではエクイティ上の救済を否定する理由とはならないようになった．

　(ニ)　個人的労務提供契約　　特定履行が求められる債務の内容が(他の人によって代替され得ない)個人的労務の提供であるときには，裁判所は特定履行を認容しない．その理由は，一つには，紛争が起き，友好的信頼関係がなくなった後にまで個人的関係の継続を強制したり，強制的労働に服させたりすることは望ましくないという判断であり，もう一つには，前項でみた監督上の困難の問題である．

　特定履行が否定される場合でも，差止命令が認められる場合があること

は上述したが，それが認められるためには，被用者の労務が(その有する特殊技能のゆえに，または，使用者から得られた特別の知識のゆえに) 特異・通常外のものでなければならず，また，差止命令の目的が間接的に労務の提供を強制するものであってもいけない．それは，使用者と競業しないという黙示の約束を実現することに限定されていなければならないのである．債務者が，差止命令に従えば，生活のための収入を得るためには使用者のために働くしかないことになる場合には，それは否定される．

　　㈭　公正・公平　　エクイティ裁判所は，良心の裁判所 (court of conscience) と呼ばれてきたように，具体的事件における公平な解決を目指すものであり，救済がそれにそぐわない結果を招く場合には救済を拒否する．たとえば，公正な条件でのオプション契約以外の，名目的約因や捺印のみを拘束力の根拠とする契約については，エクイティ上の救済は与えられないのである．

　　㈯　公序 (Public Policy)　　特定履行・差止命令は，その命令の対象たる作為・不作為が公序に反するものである場合，またはそれを強制することが公序に反するものとなる場合には，与えられない．

　前者の例としては，支払不能となった者に対する特定履行の否定，後者の例としては，個人的労務契約を内容とする債務についての特定履行の否定，その執行に際して不当な負担を要する特定履行の否定，などが挙げられる．

(3) コモン・ロー上の救済方法——損害賠償

　(a)　概　　説

　　㈰　一般的救済方法としての損害賠償　　契約違反に対する救済方法のもっとも一般的なものは損害賠償である．契約違反があれば，被害当事者には必ず損害賠償請求権が与えられるといってもよい(詐欺防止法の要件を満たしていない契約などについて僅かの例外はあるが)．たとえ，契約違反によって損害が生じていなくても，あるいは損害額が明確に証明されていなくても，被害当事者には1ドルなり6セントなりの名目的損害賠償 (nominal damages) が与えられる．

　基本的には，被害当事者に与えられる損害賠償は期待利益の賠償であり，

それは，契約が履行されておればその履行が被害当事者に与えたであろう利益に従って算定されるものとされている．しかし，それに制限を加える原則も少なくない（後掲の(c)(d)(e)で説明する制約など）．

(ロ) 懲罰的損害賠償の禁止　通常の損害賠償は，被害当事者が被った損害を補償するためのもので，補償的損害賠償 (compensatory damages) と呼ばれる．これに対して，被害当事者に現実の損害額を超えた賠償を与えるものが，懲罰的損害賠償 (punitive damages; exemplary damages; vindictive damages) である．懲罰的損害賠償は，不法行為訴訟などにおいて，被告の行為の性格がとくに非難されるべきものである場合に課される．その目的は，被告に罰を与えることであり，他の者が同じ行為をしないように見せしめを示すことであり，さらには，原告たる被害当事者を慰藉することである．

契約違反については，それがいかに非難に値するものであっても，通常は懲罰的損害賠償は課されない．契約違反の性格がいかなるものであっても，被害当事者は，契約が履行されたならば置かれたであろう状態よりも良い状態に置かれることがあってはならない，というのが，契約法上の救済に関する基本的原則であるとされる．しかし，契約事件であっても，契約違反に，それ自体懲罰的損害賠償の理由となるような独立の不法行為が含まれている場合や，詐欺，悪意，重過失などが含まれている場合に，懲罰的損害賠償を課す裁判所がみられる．20世紀後半，消費者事件において，とくに保険金の請求に対して不当に支払を拒む保険会社に懲罰的損害賠償が課されたことが指摘できる．

(b) 期待利益の賠償額の算定方式

(イ) 損害額算定の四つの要素　契約が履行されたならば置かれたはずの状態に被害当事者を置くためにはどれだけの金額の損害賠償を与えれば良いか？　不完全履行であれ，全くの不履行であれ，契約違反は被害当事者に次の二つのかたちで損害を与える．

① 逸失利益 (loss in value)　契約違反があれば，被害当事者は，相手方債務の履行から得られるであろうと契約締結時に期待した利益を，多かれ少なかれ損なわれてしまう．その損なわれた分，すなわち，契約に従って被害当事者が受けるはずであった履行の価値から被害当事者が

実際に受けた履行の価値を差し引いたものが逸失利益である．

　　② その他の損害（other loss）　契約違反によって，被害当事者は，当初約束された履行を得られないだけでなく，それ以外にも損害を被ることがある．この損害も，後に述べる予見可能性等の要件を満たす限り賠償の対象となる．これは，付随的損害と結果的損害とに分けられる．付随的損害の例としては，相手方の契約違反の後に損害を回避するために被害当事者が出捐した費用が挙げられる（実際に損害の回避ができなかった場合にも賠償が認められる）．結果的損害の例としては，契約違反による身体・財産に対する侵害がある．たとえば，屋根の修繕契約における不完全な修繕によって天井・床が腐ってしまった場合，自動車の売買契約における欠陥車の引渡しによって買主が負傷した場合，医療契約における過失ある治療によって患者が死亡してしまった場合，などが挙げられる．

　被害当事者が契約違反を理由に契約を解除した場合には，自らの履行を免れる．その結果，次の二つのかたちで損害は縮減される．

　　③ 回避された履行費用（cost avoided）　契約の解除によって被害当事者が出捐を免れた債務履行費用．たとえば，建築請負契約において，注文主の契約違反ののち工事を中止したことによって免れた工事費用．

　　④ 回避された損失（loss avoided）　契約の履行のために用意した資材，労力等を転用することによって回避できた損失．たとえば，建築請負契約において，注文主の支払拒絶後，用意した建築材料を転用できた場合．とくに有利な条件で処分できたような場合，その現実に回収できた額によって算定する．

　以上の四つの要素を合計したものが，期待利益の賠償額の基本的算定式となる．すなわち，以下のようである．

　　Ⓐ　general measure ＝ loss in value ＋ other loss − cost avoided − loss avoided

　　(ロ)　供給者（supplier）が被害当事者の場合

　供給者——売主，労働者，建築請負業者など．たとえば，建築請負契約で，代金は＄100,000，履行費用は＄90,000として，まだ業者が履行の準備を全くしていないときに注文主が契約を破棄した場合，他の損害や回避された損失がなければ，賠償額は，

$100,000 + \$0 - \$90,000 - \$0 = \$10,000$

となる．

　同契約において，注文主の契約破棄のときに，業者は既に，建築資材に$35,000を費やしており，また破棄ののちに，それを転用することによって$5,000を回収できたとすると（他の損害はなかったとする），回避された履行費用は$55,000となり，賠償額は，

$100,000 + \$0 - \$55,000 - \$5,000 = \$40,000$

となる．

　ところで，回避された費用は，債務全体の履行費用から契約の履行のために費やされた費用を控除したものであるから，次のような式がえられる．

　　　　cost avoided ＝ cost of complete performance － cost of reliance

この式を Ⓐ 式に代入する．

　Ⓑ　supplier's damages ＝ loss in value ＋ other loss －（cost of complete performance － cost of reliance）－ loss avoided

　　　　　　　　　　　 ＝ loss in value － cost of complete performance ＋ other loss ＋ cost of reliance － loss avoided

代金が未払いの場合は　loss in value － cost of complete performance ＝ profit
だから

　　　　　　　　　　　 ＝ profit ＋ cost of reliance － loss avoided ＋ other loss

この式によっても上の業者に与えられる賠償額は，

$\$10,000 + \$35,000 - \$5,000 + \$0 = \$40,000$となる．

　また，債務の履行のために必要なものがすべて準備されていたときで，相手方の違反にさいしてそのすべてが他に転用（転売）できた場合は，次のような式も可能になる．

　Ⓒ　supplier's damages ＝ contract price － redisposition price ＋ other loss

　　　（ハ）　代金支払者（recipient）が被害当事者の場合　　契約によって与えられるはずであったものを他で入手した場合には，次のような式が可能になる．

　Ⓓ　recipient's damages ＝ replacement price － contract price ＋ other loss

(c) 損害軽減義務 (duty to mitigate damages; avoidable consequence rule)

　　(イ) 基本的原則　　裁判所は通常，被害当事者が，当該状況において相当な対処をすることによって回避し得た損害については賠償を認めない．しかし，被害当事者は，損害を縮減するために，不当な負担，危険あるいは屈辱を被ったり招いたりすることまで行う必要はない．この損害軽減義務が問題になるのは，履行費用の回避と損失の回避とについてである．

　　(ロ) 履行費用の回避　　履行費用の回避については，通常，当事者は，相手方が反対債務を履行しないことを知った時には，自らの履行を中止して，さらなる履行費用の出捐を回避すべきものとされる．しかし，相手方が履行しないであろうことが判明した場合でも，開始されている履行を中断して得られる費用節約額よりも，履行を完成させて転用することによって得られる損失回避額のほうが大きいような場合には，履行の継続が相当とされることもあり得る．

　　(ハ) 損失の回避　　代替的取引・処分による損失の回避については，被害当事者が代金支払者 (recipient) の場合には，代替物を市場で入手できる場合が多いであろうし，また，被害当事者が供給者 (supplier) の場合には，自分が供給すべきであったものを市場で処分できることが多いと思われる．いずれの場合についても，被害当事者は，相手方が履行しないであろうことを知ったならば速やかに行動しなくてはならず，対応が遅れた場合には，市場の変動によって不利益を蒙る危険を引き受けることになる．

　動産売買契約については，このような市場における代替的取引の可能性が，標準的な賠償額算定式に織り込まれている (UCC §§ 2-708(1), 713(1))．

　Ⓔ　supplier's damages ＝ contract price − price on redisposition market
　　　　　　　　　　　　＋ other loss
　Ⓕ　recipient's damages ＝ price on replacement market − contract price
　　　　　　　　　　　　＋ other loss

　動産売買契約においては，現実に被害当事者が行った取引（買主であれば cover，売主であれば resale）が，後の市場の動きからみて最善のものであったとはいえない場合でも，その時点において善意になされた相当なものであれば，賠償額はその代替的取引に即して算定される (UCC §§2-706(1), 2-712(1)(2))．

(d) 予見可能性

(イ) 予見可能性による損害賠償の制限とその由来　違反当事者は，契約時に自らの契約違反の結果生じるものと予見すべかりし損害以外については，賠償の責任を負わない．

このような原則を述べたリーディング・ケースは1854年にイギリスで下された Hadley v. Baxendale 判決である．

Hadley v. Baxendale, 9 Ex. 341, 156 Eng. Rep. 145 (1854)

【事実の概要】　製粉工場で製粉機のシャフトが折れたので，工場主たる原告は，新しいものを作らせるために，型見本としてそのシャフトを製造工場へ運送することを被告運送業者に委託したところ，業者の過失のために運送が数日遅れた．その製粉工場には代わりのシャフトがなかったため，その遅れによって数日間余計に休業することを余儀なくされた．その間の得べかりし収益について損害賠償を請求できるか否かが争点となった．

【判旨】　契約違反の被害当事者に与えられる損害賠償は，①その契約違反自体から当然に，すなわち事物の通常の成行きに従って発生すると考えるのが公正・合理的である損害，および② 契約締結時に，両当事者が契約違反の蓋然的結果であると考えていたと推測するのが合理的である損害，に限られる．本事案においては，原告が被告に知らせたことは，運送品がこわれたシャフトであることと原告が製粉業者であるということだけであって，原告の手元に代わりのシャフトがなく，その輸送が遅延すれば工場の操業再開が遅れ，失われる収益が拡大するという特別の事情については運送業者は知らなかったのであるから，原告の主張する得べかりし収益は損害賠償の対象にはならない．

(ロ)　リステイトメントの規定

Restatement 2d, §351. Unforeseeability and Related Limitations on Damages

(1)　Damages are not recoverable for loss that the party in breach did not have reason to foresee as a probable result of the breach when the contract was made.

(2)　Loss may be foreseeable as a probable result of a breach because it follows from the breach

(a) in the ordinary course of events, or
　　(b) as a result of special circumstances beyond the ordinary course of events, that the party in breach had reason to know.
［351条．予見不可能性および関連する損害賠償の制限
　(1) 契約締結時に違反当事者が契約違反の蓋然的結果と予見すべきであったとはいえない損害については，損害賠償は与えられない．
　(2) 損害は，以下の場合に，契約違反の蓋然的結果として予見可能であり得る．
　　(a) 損害が契約違反から，事物の通常の成行きにおいて生じること，または，
　　(b) 損害が契約違反から，事物の通常の成行きを超えた特別の事情の結果として生じ，かつその事情を違反当事者が知り得べきであったこと．］

　(ハ)　損害賠償が認められるための要件
　　① 予見可能性が必要なのは契約締結時．
　　② 予見の対象は，契約違反をなせば当該損害が生じるであろうこと．
　　③ 予見すべき者は違反当事者．
　　④ 予見の可能性があればよい．予見可能性があれば，違反当事者は予見すべきであったとされる．
　　⑤ 当該損害が違反の蓋然的(probable)結果であることで足りる．
　(ニ)　具体例
　　① 動産売買の売主が被害当事者の場合　　目的物を転売できた場合，損害は市場価格の下落（および代替取引を手配するための費用）から生じることが多い．これは通常生ずべき損害(いかに価格変動が大きくても)とされる．
　　② 動産売買の買主が被害当事者の場合　　目的物の代物を入手できた場合，損害の原因は市場価格の高騰（および代替取引を手配するための費用）であることが多い．これは通常生ずべき損害(いかに価格変動が大きくても)とされる．
　　代物を入手できず，そのために目的物を用いてなすはずであった付随的取引・活動ができなくなったために喪失した得べかりし利益が請求される

場合に予見可能性が問題になる．代物の入手不可能とそれによる利益の喪失の双方に関する予見可能性が証明できれば賠償される(次の確実性の要件が併せて問題になることが多い)．

(e) 確実性

(イ) 確実性による制限の原則　アメリカでは，19世紀中頃から，契約事件において損害賠償が認められるためには，損害額が明白な証拠によって，確実に証明されなければならない，という原則が確立された．最近では，この要件はかなり緩和され，「相当な確実性」でよいとされるようになってきた．これについて，リステイトメントは次のように規定している．

Restatement 2d, §352. Uncertainty as a Limitation on Damages
　Damages are not recoverable for loss beyond an amount that the evidence permits to be established with reasonable certainty.
〔352条．損害賠償の制限としての不確実性
　証拠によって相当な確実性をもって証明され得る金額を超える損害については，損害賠償は与えられない．〕

(ロ) 具体例　損害額を確実に証明することが難しい場合の例としては，動産売買の買主が，資本財または原材料として目的物を購入する契約を締結し，売主の履行拒絶後に，代物を入手できない場合が挙げられる．損害額が相当な確実性をもって証明された，と判断されるかどうかは，事案ごとの具体的事実に左右されざるを得ないが，履行期間の長短，被害当事者の事業の歴史の長短，被害当事者の事業の投機性，などが重要な判断要素であると指摘されている．

(f) 信頼利益の賠償
　得べかりし利益の賠償の証明において確実性の要件が満たされなかった場合，被害当事者は，(エクイティ上の救済方法が得られる可能性があるほかは)名目的損害賠償に甘んじるほかない，というわけではない．被害当事者が契約を信頼した行為をしている場合，そのための支出については十分な確実性をもって証明できる場合がある．それができれば，彼は信頼利益の賠償を得ることができる(支出によって得た物の転用によって回避できた損失があれば

その額は控除されるが).

　信頼利益の賠償は期待利益の賠償より大きくなることは許されない．当該契約が履行されておれば被害当事者は損失を被っていた，というような例外的場合には，違反当事者は，被害当事者の期待利益が信頼利益より小さいこと，すなわち，契約が履行されておれば，それは被害当事者に純損失になっていたことを確実性をもって証明して，その損失額を信頼利益の額から控除してもらうことができる（しかし，被害当事者が買主などの代金支払者（recipient）で信頼利益が付随的なものである場合には，被害当事者が得べかりし利益の証明を確実性をもって行うことが難しいのと同様に，違反当事者がこの純損失の証明を確実性をもってなすことも難しいであろう）．

　　(g)　損害賠償額の予定と違約金

　　　(イ)　損害賠償の予定に対する制約　　アメリカ法においては，契約違反があった場合に与えられる救済方法について，当事者があらかじめ合意できる範囲はかなり制限されている．契約違反に対して支払われるべき損害賠償額をあらかじめ契約中で取り決めておくことも，その額が相当なものであれば損害賠償額の予定（liquidated damages）として有効とされるが，過大なものであれば，違約金（penalty）を取り決めるものとしてその効力が否定される．

　　過大な賠償金の予定に効果を認めない理由としては，そのような取決めは，その支払を義務づけられた当事者に対して債務の履行を強制する効果を持つことになり，被害当事者の損害の補償という契約法における救済方法の目的・理念に反する，ということが挙げられている．

　　　(ロ)　損害賠償額の予定が有効とされるための要件

　　　　①　損害の証明の困難性　　損害額が不確実であることまたは損害の証明が難しいこと．不確実性・困難性は契約締結時を基準として決定されるべきものとされてきた．

　　損害の証明の困難性は，賠償額を予定する合意の効力の要件とされることが多いが，損害の証明（あるいは予見）が容易である場合であっても，予定された額が相当程度正確である場合には，(それが過大ということにはならないので)その約定の効力を認めることを否定する必要はない，と指摘されている．そのように考えると，損害の証明の困難性は，次に掲げる予定額

の相当性を判断する上で考慮されるべき一要素に過ぎず，合意の有効性の必要条件ではない，ということになる．

　　　　② 賠償予定額の相当性　　予定された損害額が相当なものであったか否かは，従来，契約締結時を基準として決定されるべきものとされてきた．この観点からは，現実に被害当事者が被った損害は予定額の相当性の判断に直接の関係はないことになる．しかし，予定賠償額が契約締結時には相当なものであったが，現実には被害当事者は全く損害を被っていない，という例外的な場合になると，賠償額予定の合意の有効性を否定する裁判所もかなり存在する．

　UCC2-718条(1)項およびリステイトメント356条は，予定された賠償額が，予測された損害または現実に生じた損害，および損害の証明の困難性に照らして相当である場合に，賠償額予定の合意に効力を認めている(これによると，予測された損害からみて相当であれば，たとえ現実の損害からみて相当でなくても，合意は有効とされることになる)．

　(h)　原状回復利益の賠償

　一方当事者が解除権を発生させるような契約違反を犯した場合には，被害当事者は契約を解除するとともに，(期待利益の賠償または信頼利益の賠償に代えて)原状回復利益の賠償を請求することができる．原状回復利益の賠償は，被害当事者が契約の一部履行または契約を信頼してなした行為によって違反当事者に与えた利得を(特定的にまたは金銭に換価して)被害当事者に取り戻させるためのものであるが，契約の解除を前提とするものであるので，その請求をするためには，被害当事者も，違反当事者から得た利得を返還することが求められる．

　賠償の対象となる利得が金銭のかたちで与えられたものであれば，算定の問題は生じない．しかし，それが役務や物のかたちで与えられた場合には，(特定的な返還が認められる場合を除いて)算定の問題が出てくる．リステイトメント371条は，① 被請求者が同様の利得を請求者と同様の者から得るために要するであろう費用，② 被請求者の財産の価値が増大した程度，のうち，具体的事案において妥当な解決を達成するものを選択して，それに従って算定すべきものとしている．

　原状回復利益は期待利益より小さいのが普通であるが，契約が被害当事

者にとって不利なものになったとき(すなわち,違反当事者に有利なものになったとき)には,原状回復利益の方が大きくなることがある.リステイトメントは,判例の大勢とともに,原則として,期待利益を超える原状回復利益の賠償を容認している (2d, §373 comment d).

　被害当事者がその債務をすべて履行し終えており,違反当事者の残債務がそれに対する確定額の代金支払債務のみである場合には,被害当事者が原状回復利益の賠償を請求することは許されない.認められる救済は契約で定められた代金の支払に限られるのである.契約で定められた代金金額こそが,被害当事者が違反当事者に与えた利得の価値として両当事者が合意したものに他ならない,ということがこの根拠として掲げられる.

索 引

和文事項索引
欧文事項・人名索引
判例索引

和文事項索引

和文と英文が考えられる場合は,
できるだけ和文を採った

い

イギリス法の継受 ………………… 14, 15
違憲立法審査権 …………………………… 29
医師が患者から得た情報 ………… 80, 92
移送 ………………………………………… 56
一般評決 …………………………………… 95
一方的錯誤 ……………………… 151, 153
違約金 …………………………………… 207
印紙税法 …………………………… 18, 19

え

英米法系 …………………………………… 1, 2
エクイティ …………………… 5, 158, 159, 162
エクイティの継受 ………………… 34, 36

お

王座裁判所 ………………………………… 5
オプション〔契約〕 ……… 112, 113, 125, 148

か

開示手続 …………………………………… 79
開示に関する制裁 ………………………… 86
過去の約因 ……………………………… 132
過去の利益受領 ………………………… 134
課税権限 …………………………………… 46
合衆国憲法の制定 ………………………… 24
合衆国控訴裁判所 ………………………… 53
合衆国最高裁判所 …………………… 28, 54
合衆国地方裁判所 …………………… 28, 53

き

既存義務の原則 ………………………… 137
期待利益 ……………………… 192, 199, 200
既判事項 ………………………………… 101
基本的権利 ………………………………… 49
基本的前提 ………… 151〜154, 186, 187, 189
義務的開示 ………………………………… 80

き(続き)

救済方法の目的 ………………………… 192
強制執行 ………………………………… 101
共通的錯誤 ……………………………… 151
強迫 ……………………………………… 155
共和派 ……………………………………… 29

け

契約違反の治癒 ………………………… 177
契約書の訂正 ……………… 155, 173, 194
契約の追認 ……………………… 134, 150
契約の定義 ……………………………… 104
契約の変更と約因 ……………………… 137
毛織物法 …………………………………… 17
欠席判決 …………………………………… 74
原状回復利益 ……………………… 192, 208
憲法制定会議 ……………………………… 24
権利上訴 → appeal
権利章典 …………………………… 26, 48

こ

航海法 ……………………………………… 17
交換取引の法定条件 …………………… 174
交叉申込 ………………………………… 119
口頭契約 ………………………………… 106
口頭証拠法則 …………………………… 163
公民権法(1964) ……………………… 45, 47
コモン・ロー ……………………………… 5

さ

最終弁論 …………………………………… 94
歳出権限 …………………………………… 46
再審理 ……………………………………… 97
再答弁 ……………………………………… 77
裁判所法 (1789) → Judiciary Act (1789)
裁判地 ……………………………………… 71
債務の牽連関係 ………………………… 174
財務府裁判所 ……………………………… 5
最良証拠法則 …………………………… 92

索引 213

裁量上訴 → certiorari
詐欺防止法 …………………… 4, 104, 149
錯誤 ………………………………… 151
指図評決 …………………… 93, 94, 97
差止命令 …………………………… 195
参議会 ……………………………… 13

し

私権剥奪法 …………………………… 47, 48
事後法 ………………………………… 47, 48
事実審理前協議 …………………………… 88
慈善寄付約束 …………………………… 144
執行停止保証金支払証書 …………………… 98
執行令状 ……………………………… 101
実質的履行の法理 ……………………… 175
質問書 ………………………………… 83
自白の要求 …………………………… 84
支払不能 ……………………………… 183
事物管轄権 …………………………… 54, 58
州際通商条項 ………………………… 43
重商主義 ……………………………… 16
州籍相違事件 ………………………… 55
重大な契約違反 ……………………… 177
主たる証明 …………………………… 91, 94
出訴期限 …………………… 8, 106, 107, 133
準契約 ………………………………… 108
召喚状の送達 ………………………… 71
証言録取 ……………………………… 81
上訴記録 ……………………………… 99
上訴趣意書 …………………………… 99
上訴通知 ……………………………… 98
承諾 ……………………………… 107, 118
──の通知 ……………………… 123, 126
──の発信主義 …………………… 125
証明責任 ……………………………… 95
書式の闘争 …………………………… 120
身体検査 ……………………………… 84
人民訴訟裁判所 ……………………… 5
信頼利益 ………………………… 192, 206
審理不成立 …………………………… 96

せ

請求排除効 …………………………… 101
精神検査 ……………………………… 84
制定法主義 …………………………… 2

成年 …………………………………… 150
説示 …………………………………… 94
絶対的忌避申立て …………………………… 90
宣言法 ………………………………… 19
全体的違反 …………………………… 178
先例拘束性の原理 …………………… 4

そ

争点効 ………………………………… 102
争点排除効 …………………………… 102
総督 …………………………………… 13
双務契約 ……………………………… 108
贈与 ……………………………… 107, 132
訴状 …………………………………… 76
──が請求原因を述べていないことを
  理由とする訴え却下の申立て …… 74, 79, 93
訴訟開始令状 ………………………… 6
訴訟係属物件 ………………………… 156
訴訟準備活動の成果 ………………… 87
訴訟方式 ……………………………… 6, 38
訴答〔書面〕 ………………… 39, 74, 79, 88
訴答に基づく判決 …………………… 77
損害軽減義務 ………………… 116, 182, 203
損害賠償 ……………………………… 199
損害賠償額の予定 …………………… 207

た

第1回大陸会議 ……………………… 19
戴冠式事件 …………………………… 188
対人管轄権 ………………… 59, 72, 73, 76
対審的性格 …………………………… 70
第2回大陸会議 ……………………… 20, 22
代表なければ課税なし ……………… 18
対物管轄権 …………………………… 59
大法官, 大法官府 …………………… 6
大陸法系 ……………………………… 1, 2
単純契約 ……………………………… 106

ち

茶法 …………………………………… 19
懲罰的損害賠償 ……………………… 200

て

牴触法 ………………………………… 63, 64
適正手続〔条項〕 ……… 47, 48, 50, 59, 62, 72

鉄法 ·· 17
伝聞証拠法則 ·································· 91

と

統一州法 ·· 65
統一他州判決執行法 ························ 63
同時条件 ·· 174
道徳的義務 ······································ 133
答弁書 ·· 74, 76
特定履行 ·· 195
特別評決 ·· 95
独立宣言 ·· 20
土地への立入り ································ 83
特許状 ·· 13

な

捺印契約 ······································ 4, 106
捺印証書 ·························· 39, 106, 132
　——による禁反言 ···················· 107

に

入札 ·· 117, 153

の

能力 ·· 150

は

陪審 ······ 2, 7, 8, 34, 49, 70, 88〜91, 93〜97, 167
陪審員選任手続 ································ 89
判決理由（opinion） ······················ 100
判決理由（ratio decidendi） ············ 5
反対申込 ·· 113
判例法主義 ····································· 2, 4
反連邦派 ·· 27

ひ

非常に強い州の利益 ························ 49
「必要かつ適切」条項 ······················ 42
評決 ·· 95
評決無視判決 ···································· 97
非要式契約 ······································ 106
平等保護条項 ···································· 49
非良心性 ·· 158

ふ

不一致陪審 ·· 96
不実表示 ·· 154
付随契約の原則 ······························ 167
付随的禁反言 ·································· 102
不当威圧 ·· 157
部分的違反 ······································ 178
文書，電磁情報，物件の提出 ········ 83

へ

弁護士が依頼人から得た情報 ···· 80, 92
片務契約 ·· 108

ほ

邦憲法 ·· 21
帽子法 ·· 17
法治主義 ·· 2
法廷記録者 ·································· 81, 99
法定条件 ·· 174
法廷侮辱 ······························ 87, 88, 196
法的な損失 ······································ 130
法典編纂運動 ···································· 37
冒頭陳述 ····································· 91, 94
法の支配 ·· 2
傍論 ·· 5
捕獲免許状 ·································· 22, 42
牧師が懺悔者から得た情報 ····· 80, 92
保護命令 ·· 85
補償的損害賠償 ······························ 200
本居 ——→ domicile

ま

マグナ・カルタ ·································· 3

み

未成年者 ·· 150

め

明確性 ······································ 127, 197
明示契約 ·· 108
明示的専占 ·· 51
名目的損害賠償 ······························ 199
名目的約因 ······························ 114, 199

も

申込 ………………………………… 107, 110
　──の拒絶 ……………………………… 113
　──の失効 ……………………………… 111
　──の撤回 ……………………………… 111
　──の誘引 ……………………………… 110
黙示契約 ………………………………… 108
黙示的専占 ……………………………… 51
目的達成不能 …………………………… 188

や

約因 ……………… 106, 111, 113, 114, 130, 150
　──の交換取引理論 …………………… 130
　──の相当性 …………………………… 136
約束的禁反言 …………………… 117, 142

ゆ

誘導尋問 ………………………………… 91

よ

要式契約 ………………………………… 106
予見可能性による損害賠償の制限 ……… 204

り

履行拒絶 ………………………………… 180
　──の撤回 ……………………………… 182
履行の提供 ……………………………… 174
履行の保証 ……………………………… 183
履行不能 ………………………………… 185
リステイトメント ……………………… 66
略式判決 …………………………… 77, 93
理由付忌避申立て ……………………… 90
領域管轄権 ……………………………… 58

れ

歴史的連続性 …………………………… 3
連合規約 ………………………………… 22
連邦派 ………………………………… 27, 29
連邦民事訴訟規則 …………………… 64, 70
連邦問題事件 …………………………… 55

ろ

ローマ法の影響 ………………………… 2

わ

和解契約と約因 ………………………… 140

欧文事項・人名索引

A

acknowledgement of order ……………… 120
Adams ……………………………………… 29
additur …………………………………… 98
adequacy test ……………………… 194, 196
Anti-federalists ─▶ 反連邦派
appeal …………………………………… 56

B

battle of the forms ─▶ 書式の闘争
Bentham ………………………………… 37
beyond a reasonable doubt ……………… 95
Blackstone ………………………… 14〜16, 35, 37
Boston Tea Party 事件 …………………… 19

C

case in chief ─▶ 主たる証明
certiorari ……………………………… 30, 56
challenge for cause ─▶ 理由付忌避申立て
claim preclusion ─▶ 請求排除効
code pleading ……………………… 39, 75
Coke ……………………………………… 16
collateral agreement rule
　　　　　　　　　─▶ 付随契約の原則
collateral estoppel ─▶ 付随的禁反言
common law pleading ……………… 39, 75
completely integrated agreement …… 165, 166
concurrent condition ─▶ 同時条件
constructive condition of exchange
　　　　　　　　　─▶ 交換取引の法定条件
Corbin ……………………………… 165, 172
Coronation Cases ……………………… 188
court reporter …………………………… 82

D

Dallas …………………………………… 35
Declaratory Act ………………………… 19
diversity case ─▶ 州籍相違事件
Domesday Book ………………………… 8

domicile (domicil) …………………… 55, 62
dormant commerce clause ……………… 52
duress …………………………………… 155

E

express preemption ─▶ 明示的専占

F

federal pleading ………………………… 76
federal question case ─▶ 連邦問題事件
Federal Rules of Civil Procedure
　　　　　　　　　─▶ 連邦民事訴訟規則
Federalists ─▶ 連邦派
Field ……………………………………… 37
Field 法典 ……………………………… 38
Foakes v. Beer の原則 ………………… 140
forms of action ─▶ 訴訟方式
Full Faith and Credit Clause …………… 63

G

general appearance …………………… 73

H

habeas corpus ………………………… 30
High Trees Case ……………………… 139

I

implied preemption ─▶ 黙示的専占
in personam jurisdiction ─▶ 対人管轄権
in rem jurisdiction ─▶ 対物管轄権
integrated agreement ………………… 164
issue preclusion ─▶ 争点排除効

J

Jackson ………………………………… 37
Jefferson …………………………… 21, 29
judgment notwithstanding the
　　verdict ─▶ 評決無視判決
Judiciary Act (1789) ………… 28, 30, 32

K

Kent ··· 35
Kirby's Reports ································ 35

L

last shot principle ························ 121
lis pendens ···································· 156
Livingston ······································ 38
local rule ·· 81
long-arm statute ······················ 61, 62
Lord Tenterden's Act ·················· 134
Louisiana 州 ······················· 2, 38, 66

M

Madison ·································· 30, 36
mandamus ····································· 30
Marbury ··· 30
Marshall ·································· 29, 36
merger clause ······················ 166, 171
minimum contact ················ 60, 62, 72
mirror image rule ························ 119
misrepresentation ························ 154
mistake ·· 151
Model Written Obligation Act ········ 108
motion to dismiss for failure to state
 a claim ─→ 訴状が請求原因を述べていな
 いことを理由とする訴え却下の申立て

O

obiter dictum ─→ 傍論
original writ ─→ 訴訟開始令状

P

partially integrated agreement ········· 165, 166
peppercorn theory ······················· 136
peremptory challenge ─→ 絶対的忌避申立て
perfect tender rule ······················ 176

Pinnel's Case の原則 ··················· 140
preponderance of the evidence ········ 95
pretrial order ································ 88
prima facie case ··························· 93
purchase order ···························· 120

R

ratio decidendi ─→ 判決理由
remittitur ······································ 98
Republicans ─→ 共和派
res judicata ─→ 既判事項

S

Shays の乱 ···································· 24
special appearance ······················· 73
Story ··· 36
subject matter jurisdiction ─→ 事物管轄権
subpoena duces tecum ·················· 84
supersedeas bond
    ─→ 執行停止保証金支払証書

T

territorial jurisdiction ─→ 領域管轄権
time is of the essence ················· 180
Tucker ·· 35

U

unconscionability ························ 158
undue influence ··························· 157

V

voir dire ······································· 90

W

Washington ·································· 20
Williston ····························· 165, 166, 172
work products ─→ 訴訟準備活動の成果

判例索引

A

Allegheny College v. National Chautauqua County Bank of Jamestown 144
Anderson v. Liberty Lobby 78
Asahi Metal Indus. v. Superior Court 61

C

Campbell Soup Co. v. Wentz 158
Carter v. Carter Coal Co. 44, 46
Celotex Corp. v. Catrett 78
Central London Property Trust, Ltd. v. High Trees House, Ltd. 139
Champion v. Ames（The Lottery Case）.................................... 43
Cohens v. Virginia 33
Colgrove v. Battin 96
Coronation Cases 188

D

Daimler AG v. Bauman 61
Drennan v. Star Paving Co. 117
Duncan v. Louisiana 48

E

Erie R.R. v. Tompkins 64

F

Fletcher v. Peck 32

G

Gianni v. R. Russel & Co. 168
Gibbons v. Ogden 43

H

Hadley v. Baxendale 204
Hammer v. Dagenhart 44
Hanson v. Denckla 60
Heart of Atlanta Motel, Inc. v. United States 45

Hess v. Pawloski 60
Hodel v. Indiana 45
Hodel v. Virginia Surface Mining & Reclamation Assn. 45
Hoffman v. Red Owl Stores, Inc. 129, 148
Hoke v. United States 43
Houston E. & W. Texas Ry. Co. v. United States（The Shreveport Rate Case）................................... 43

I

International Shoe Co. v. State of Washington 60

J

J. McIntyre Machinery, Ltd. v. Nicastro 61

K

Katzenbach v. McClung 45

L

London Street Tramways Co. v. London County Council 4
Lumley v. Wagner 195

M

Marbury v. Madison 29
Martin v. Hunter's Lessee 33
Matsushita Elec. Industrial Co. v. Zenith Radio Corp. 78
McCulloch v. Maryland 43
Milliken v. Meyer 60
Mills v. Wyman 134
Mitchill v. Lath 169

N

NLRB v. Jones & Laughlin Steel Corp. 44

P

Palko v. Connecticut ················ 48
Pennoyer v. Neff ···················· 59

R

Railroad Retirement Board v.
　Alton R.R. Co. ···················· 44
Ricketts v. Scothorn ············ **143**, 147

S

Schechter Poultry Corp. v. United States
　································ 44
Seavey v. Drake ··················· **144**
Siegel v. Spear & Co. ·············· **144**
South Dakota v. Dole ··············· 47

T

Taylor v. Caldwell ················ **185**

U

United States v. E. C. Knight Co. ······· 43
United States v. Kahriger ············ 47
United States v. Lopez ··············· **45**
United States v. Morrison ············ 46
United States v. Sanchez ············· 47

W

Webb v. McGowin ················ **135**
Wickard v. Filburn ················ **44**
Williams v. Walker-Thomas Furniture Co.
　································ **160**
Wood v. Boynton ················· **152**
World-Wide Volkswagen Corp. v.
　Woodson ························ 61

著者紹介

丸山　英二（まるやま・えいじ）

1951年	大阪府八尾市生まれ.
1974年	神戸大学法学部卒業.
	同大学助手・助教授,
	神戸大学大学院法学研究科教授を経て,
現　在	神戸大学名誉教授.
編著書	『医事法の現代的諸相』（植木哲と共編著, 信山社, 1992）,『出生前診断の法律問題』（編著, 尚学社, 2008）,『脳死・移植医療』（倉持武と共編著, 丸善出版, 2012）.

入門アメリカ法〔第4版〕

1990（平成2）年5月10日　初版1刷発行
2009（平成21）年4月15日　第2版1刷発行
2013（平成25）年3月30日　第3版1刷発行
2020（令和2）年3月30日　第4版1刷発行

著　者　丸　山　英　二
発行者　鯉　渕　友　南
発行所　株式会社　弘文堂　101-0062 東京都千代田区神田駿河台1の7
　　　　　　　　　　　　　TEL 03(3294)4801　振替 00120-6-53909
　　　　　　　　　　　　　https://www.koubundou.co.jp

装　丁　笠井亞子
印　刷　港北出版印刷
製　本　井上製本所

Ⓒ 2020 Eiji Maruyama. Printed in Japan

JCOPY 〈(社)出版者著作権管理機構 委託出版物〉
本書の無断複写は著作権法上での例外を除き禁じられています. 複写される場合は, そのつど事前に,（社）出版者著作権管理機構（電話 03-5244-5088, FAX 03-5244-5089, e-mail: info@jcopy.or.jp）の許諾を得てください.
また本書を代行業者等の第三者に依頼してスキャンやデジタル化することは, たとえ個人や家庭内での利用であっても一切認められておりません.

ISBN978-4-335-35824-1

アメリカ法ベーシックス

●アメリカ法の正確な基本知識を提供する実務にも役立つシリーズ！

　現在、アメリカ法への関心の裾野は広がり、わが国の法解釈の参考とされるだけでなく、関連企業や個人が直接アメリカ法の適用をうける可能性も多くなりました。

　このようにアメリカ法が身近な存在となり、また日本法との違いが両国の関係にとって大きな壁となるなか、一方でアメリカ法研究の発展のために、他方で実務的にアメリカ法の基本的な知識を必要とする人たちのために、主要な法領域における依拠すべき信頼できる基本書が求められています。

　本シリーズは、アメリカ法の各分野における本格的な概説書として、正確な基本的知識を提供し、具体的事例を用いてアメリカ法の特色を明示します。長く基本書として引用・参照されるシリーズを目指しています。

＊現代アメリカ法の歴史[オンデマンド版]	ホーウィッツ著 樋口範雄訳	6000円
＊アメリカ契約法[第2版]	樋口範雄	3800円
＊アメリカ労働法[第2版]	中窪裕也	3700円
＊アメリカ独占禁止法[第2版]	村上政博	4000円
＊アメリカ証券取引法[第2版]	黒沼悦郎	2900円
＊アメリカ民事手続法[第3版]	浅香吉幹	2600円
＊アメリカ代理法[第2版]	樋口範雄	3300円
＊アメリカ不法行為法[第2版]	樋口範雄	3700円
＊アメリカ製造物責任法	佐藤智晶	3000円
＊アメリカ憲法	樋口範雄	4200円
＊アメリカ渉外裁判法	樋口範雄	3800円
＊アメリカ高齢者法	樋口範雄	3700円
アメリカ銀行法	川口恭弘	
アメリカ憲法	松井茂記	
アメリカ租税法	水野忠恒	
アメリカ行政法	中川丈久	
アメリカ会社法	吉原和志	
アメリカ商取引法	藤田友敬	
アメリカ倒産法	松下淳一	
アメリカ医事法	丸山英二	

弘文堂

表示価格は2020年3月現在の本体価格(税別)です。＊は既刊